典藏诵读版

孙子兵法全鉴

〔春秋〕孙武◎著

余长保◎解译

国家一级出版社 中国纺织出版社 全国百佳图书出版单位

内 容 提 要

《孙子兵法》是迄今可以见到的世界上最早的兵书，也是中国兵学的奠基之作，是中华优秀传统文化的重要组成部分，其内容博大精深、思想精湛、逻辑缜密。历代军事家无不从中汲取养料，用于指导战争实践和发展军事理论。今天，《孙子兵法》已不仅仅是一部兵书，更是一本蕴含了处世哲学、商战谋略的典籍。本书将《孙子兵法》中的至理名言作导言，阐发蕴藏其中的智慧，并以生活和商业活动中的经典案例加以印证，并附赠配乐诵读音频，以帮助读者深入理解《孙子兵法》这一谋略宝库中所包含的智慧。

图书在版编目（CIP）数据

孙子兵法全鉴：典藏诵读版 /（春秋）孙武著；余长保解译. -- 北京：中国纺织出版社，2018.9（2025.1重印）

ISBN 978-7-5180-5237-0

Ⅰ. ①孙… Ⅱ. ①孙… ②余… Ⅲ. ①兵法—中国—春秋时代②《孙子兵法》—注释③《孙子兵法》—译文 Ⅳ. ①E892.25

中国版本图书馆 CIP 数据核字（2018）第 164365 号

策划编辑：曹炳熵　　责任校对：楼旭红　　责任印制：储志伟

中国纺织出版社出版发行

地址：北京市朝阳区百子湾东里 A407 号楼　邮政编码：100124

销售电话：010—67004422　传真：010—87155801

http://www.c-textilep.com

E-mail：faxing@c-textilep.com

中国纺织出版社天猫旗舰店

官方微博 http://weibo.com/2119887771

三河市祥达印刷包装有限公司印刷　各地新华书店经销

2018 年 9 月第 1 版　2025 年 1 月第 4 次印刷

开本：710×1000　1/16　印张：20

字数：256 千字　定价：59.80 元

前言

《孙子兵法》，又称《兵策》《吴孙子》《孙子十三篇》。全书十三篇，从十三个方面详细讲述了行军打仗的要诀与智谋，共五千九百余字，为春秋时代著名军事家孙武所著，是我国古代最早也是最著名的一部军事著作。

《孙子兵法》是中华民族五千年璀璨文化中的瑰宝，它那闳廓深远的军事哲学思想，博大精深的古典军事理论体系，辞如珠玉的文学语言以及历代雄杰贤俊对其研究的丰硕成果，对后世产生了极其深远的影响，长期被尊为"兵学圣典"、"百世兵家之师"。其流泽余韵也早已超越时空，跨出国界，在全世界广为流传，荣膺"世界古代第一兵书"的雅誉。

在《孙子兵法》一书中，充满着对睿智聪颖的赞扬，饱含了对昏聩愚昧的鞭挞，显露出对穷兵黩武的警告，贯穿着对军事哲理的探索，充分体现了"一代兵圣"孙武的远见卓识和创造天赋。该书中的许多名言警句揭示了战争发展的普遍规律，有着极其丰富的思想内涵。

历史上许多军事家、著名统帅、政治家和思想家都曾得益于这部旷世奇书。军事家们学习它，得以领悟制胜之术，成就一代功业；政治家们学习它，得以高瞻远瞩，点燃智慧的圣火。直到今天，《孙子兵法》的许多理论内核依然闪耀着真理的光芒，对现代军事理论的建设和发展、对现代战略学的奠定都具有重大的借鉴意义。

为了让读者从源头上了解《孙子兵法》，从不同的角度去感悟《孙子兵法》，我们编撰了《孙子兵法全鉴》典藏版。《孙子兵法全鉴》典藏版通过对《孙子兵法》的解读，全面地参悟及感受其中所蕴含的为人处世的哲理，兼具可读性和典藏性。同时，《孙子兵法全鉴》典藏版还通过用兵之法，以独特、全新的视角从商场的竞争进行品读分析，进而使每位读者都能从不同的角度找到自己立身处世的原则。

本书是《孙子兵法全鉴》的典藏诵读版，本书在对《孙子兵法全鉴》典藏版进行修订的基础上，附赠配乐诵读音频。本书将纸质图书和配乐诵读音频完美结合，以二维码的方式在内文和封面等相应位置呈现，读者扫一扫即可欣赏、诵读经典片段。诵读音频由中国国际广播电台、中央人民广播电台专业播音员，以及中国传媒大学等知名高校播音系教师构成的实力精英团队录制完成，朗读中融进了对传统文化的理解，声音感染力极强。希望本书为读者品鉴《孙子兵法全鉴》带来新的感受。

解译者

2018 年 6 月

目录

第一篇 始计篇

本篇是《孙子兵法》十三篇的开篇，号称孙子兵法的战略论，是全书的总则。孙子的战争观、谋略观及战术思想在本篇中都有十分精彩的阐述。

第二篇 作战篇

本篇是在接上篇“庙算”之后的用兵，即“先计而后战”之战。主要通过对战争依赖于经济的分析，论证了速战速胜的指导思想及其重要性，进而提出了达到速战速胜目的的有效方法。

第三篇 谋攻篇

本篇论述了“全胜”的战略思想，通过“伐谋”“伐交”达到“不战而屈人之兵”的目的，提出了“十围五攻”“知胜有五”等作战指导原则。

第四篇 军形篇

本篇主要论述军队作战首先要使自己立于不败之地，然后寻求敌人的可乘之机，以压倒性的优势打击敌人，达到“自保而全胜”的目的。这也是唐太宗说的：“攻是守之机，守是攻之策，同归乎胜而已矣。”

第五篇　兵势篇

本篇着重论述了如何发挥将帅的指挥才能，正确任人、择势，争取指挥主动权，造成军事态势上的优势，以奇制胜。

第六篇　虚实篇

本篇论述了军事战争中"虚""实"关系及其相互对立、相互转化这一具有普遍规律性的问题，并提出了"兵形象水"的用兵规律。

第七篇　军争篇

本篇以治敌术为中心，提出了军争“以诈立，以利动，以分合为变”的总体原则，重点论述两军争利、争胜，如何趋利避害，争取先机，以掌握作战主动权的问题。

第八篇　九变篇

本篇重点阐述了将帅不良素质“五危论”，战区不利地形“五地论”，战场特殊情况下的“五利论”。将帅只有通晓“九变”，善于应变，才能正确把握治军的基本原则。

第九篇　行军篇

本篇研究了“行军”作战的方法，提出了“令之以文，齐之以武”的治军思想，主要论述的是“处军”和“相敌”的作战原则，以最终达到“料敌”“取人”之目的。

第十篇　地形篇

本篇主要论述地形在战争中的作用，详论了六种地形的作战规律，分析了六种败相，以及判断取胜的三个重要因素，阐明了将帅与国君、士卒的关系。

第十一篇　九地篇

《九地篇》是《地形篇》的姊妹篇，主要论述了九种不同作战地区的用兵原则，特别强调要根据将士在不同的作战地区所产生的不同心理，制定切合实际的战略战术，确保战争的胜利。

第十二篇　火攻篇

本篇主要论述了火攻的种类、条件和实施方法，力图借助于自然之火来辅助进攻，即“以火佐攻”。同时提出了慎重对待战争的问题。

第十三篇　用间篇

本篇主要论述了战争中使用间谍的重要性，以及间谍的种类和使用方式，是孙子兵法中的间谍论专题。

本篇是《孙子兵法》十三篇的开篇，号称孙子兵法的战略论，是全书的总则。孙子的战争观、谋略观及战术思想在本篇中都有十分精彩的阐述。

用兵之道，攻心为上

【原典】

孙子曰：兵[1]者，国之大事[2]，死生之地，存亡之道，不可不察[3]也。

故经之以五事[4]，校之以计，而索其情[5]：一曰道[6]，二曰天，三曰地，四曰将[7]，五曰法[8]。道者，令民与上同意也[9]，故可以与之死，可以与之生，而不畏危[10]。天者，阴阳[11]、寒暑、时制[12]也。地者，远近、险易、广狭、死生也。

【注释】

①兵：本义为兵械。《说文》："兵，械也。"后逐渐引申为兵士、军队、战争等。这里作战争解。②国之大事：意为国家的重大事务。③不可不察：察，考察、研究。不可不察，意指不可不仔细审察，谨慎对待。④经之以五事：经，度量、衡量；五事指下文的"道、天、地、将、法"。此句意谓要从五个方面分析、预测。⑤校之以计，而索其情：校，衡量、比较；计，指筹划；索，探索；情，情势，这里指敌我双方的实情，战争胜负的情势。全句意思为：通过比较双方的谋划，来探索战争胜负的情势。⑥道：本义为道路，途径，引申为政治主张。⑦将：将领。⑧法：法制。⑨令民与上同意也：令，使、让的意思；民，普通民众；上，君主、国君；意，意愿、意志。令民与上同意，意为使民众与国君统一意志，拥护君主的意愿。⑩不畏危：不害怕危险。意为民众乐于为君主出生入死而丝毫不畏惧危险。⑪阴阳：指昼夜、晴雨等不同的气象变化。⑫时制：指春、夏、秋、冬四季时令的更替。

【译文】

孙子说：战争，是国家的头等大事，是关系民众生死的所在，是决定国家存亡的途径，不能不认真加以考察、研究。

应该从五个方面去分析研究，通过具体比较双方的基本条件来探讨战争胜负的情形：一是“道”，二是“天”，三是“地”，四是“将”，五是“法”。所谓“道”，就是从政治上使民众与君主的思想一致，这样，民众就能与君主同生死共患难，誓死效命，毫无二心。所谓“天”，就是气候的阴晴、寒暑、四季节令的更替规律等。所谓“地”，就是指行程的远近，地势的险峻或平易，战场的广狭，是死地还是生地等。

解读

诸葛亮七擒孟获

孙子所说的“道”，其实就是指人心。所谓的“人心”，主要指民心、将心和军心。这三者既相互联系又密不可分。北宋文学家苏洵在他的《心术》中有这样的话：“为将之道，当先治心。”人心向背，是事业成功的关键。高明的人，无论是领导一个团体、指挥一支军队，还是治理一个国家，总是把争取人心放在首位。“得人心者得天下，失人心者失天下。”这句话，道出了治国安邦的真理。

三国时期，诸葛亮便曾采用“攻心为上，攻城为下，心战为上，兵战为下”的策略平定了南中之乱。诸葛亮采取反间计杀了叛乱首领雍闿、朱褒，全歼高定部后，五月渡泸，深入不毛之地，开始征讨孟获。孟获收编了雍闿等人的余部，继续与蜀军对峙。作为当地少数民族的首领，孟获在南中为“夷汉所服”，是当地一位很有影响力很有威望的人物。诸葛亮决定收服孟获，让他从心里臣服蜀汉政权，在西南少数民族中造成影响，以便长期稳定南中局势。

孟获在蜀汉大军到来时，聚集三洞元帅讨论，后派三位元帅各领兵五万，分左、中、右三路来迎战。诸葛亮用激将法，使赵云、魏延两位老将军杀奔敌军营寨，大败蛮兵，斩了敌军中路元帅，左、右两路敌军元帅从山路逃跑时被埋伏的蜀军擒获。

诸葛亮命人解去两位洞主元帅的绳索，赐给两人酒食衣服，并让两人各自归去。孟获闻知兵败，大怒，遂率兵进发。诸葛亮使王平诈败，引诱孟获军进入埋伏圈。孟获见蜀军旌旗四起，队伍杂乱，即生轻敌之意，驱兵追击王平。正追杀时，蜀将张嶷、张翼两路兵马突然杀出，截断孟获后路。王平又领兵杀回，赵云、魏延从两侧夹击，孟获抵挡不住，被魏延生擒活捉。

诸葛亮让人解去被俘蛮兵的捆绑，安抚说："你们都是好百姓，只是受他人蛊惑罢了，今受惊吓了。我想你们的家人一定倚门而望，盼着你们早日归家。我今天全放你们回去，以安各自家人之心。"士兵深感其恩，哭着拜谢归家。诸葛亮对孟获不杀不辱，反而加以款待，让他观看蜀军的营垒和阵容。孟获并未服气，声称自己是因为未知虚实而中了埋伏，并说再战必胜。诸葛亮便笑着放他回去，让他整顿好军马后再来交锋。结果孟获又一次兵败被捉。可他还是不服气，于是诸葛亮又把他放回去。就这样，捉一次放一次，直到孟获第七次被捉住。当诸葛亮微笑着又一次说要放他回去时，孟获终于心悦诚服地说："公，天威也，南人不复返矣。"这就是历史上诸葛亮"七擒孟获"的故事。

诸葛亮对孟获七擒七纵就是一种攻心的战术，他所采取的"不以力制，而取其心服"的策略，有着明显的进步性，并收到了很好的效果，"自是终亮

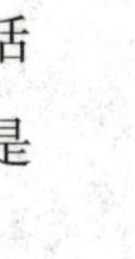

之世，夷不复返”。可见，攻心之术在战争中确实有着武力无法比拟的优势。

用兵之道，攻心为上，攻城为下。心理学研究表明，情感在人的心理活动中起着重要作用，它支配和组织着个人的思想和行为。用情感打动人，是一条直达人心的管人大道，是实践检验过的治人攻心绝招。

将者，智、信、仁、勇、严也

【原典】

将者，智、信、仁、勇、严①也。法者，曲制②、官道③、主用④也。凡此五者，将莫不闻⑤，知之者胜，不知者不胜⑥。故校之以计，而索其情，曰：主孰有道⑦？将孰有能？天地孰得？法令孰行？兵众孰强？士卒孰练？赏罚孰明？吾以此知胜负矣⑧。将听吾计⑨，用之必胜，留之；将不听吾计，用之必败，去之⑩。

【注释】

①智、信、仁、勇、严：智，智谋才能；信，赏罚有信；仁，爱抚士卒；勇，勇敢果断；严，军纪严明。此句是孙子提出作为优秀将帅所必须具备的五德。②曲制：有关军队的组织、编制、通信联络等具体制度。③官道：指各级将吏的管理制度。④主用：指各类军需物资的后勤保障制度。主，掌理、主管；用，物资费用。⑤闻：知道，了解。⑥知之者胜，不知者不胜：知，知晓，这里含有深刻了解，确实掌握的意思。⑦主孰有道：指哪一方国君政治清明，拥有民众的支持。孰，谁，这里指哪一方；有道，政治清明。⑧吾以此知胜负矣：我根据这些情况来分析，即可预知胜负的归属了。⑨将听吾计：将，作助动词，读作“江”，表示假设，意为假设，如果。⑩去之：去，离开。

【译文】

所谓将领，就是说将帅要足智多谋、赏罚有信、爱抚部属、勇敢坚毅、树立威严。所谓法制，就是指军队组织体制的建设，各级将吏的管理，军需物资的掌管。以上五个方面，作为将帅，都不能不充分了解。充分了解了这些情况，就能打胜仗。不了解这些情况，就不能打胜仗。所以要通过对双方七种情况的比较，来求得对战争情势的认识：哪一方君主政治清明？哪一方将帅更有才能？哪一方拥有天时地利？哪一方法令能够贯彻执行？哪一方武器坚利精良？哪一方士卒训练有素？哪一方赏罚公正严明？我们根据这一切，就可以判断谁胜谁负。若能听从我的计谋，用兵打仗就一定胜利，我就留下。假如不能听从我的计谋，用兵打仗就必败无疑，我就离去。

解读

五德皆备方可为将

孙子早在两千多年以前就已经认识到智、信、仁、勇、严是为将者的基本素质，这一观点极大地影响了后来的中外军事家。孙子认为智是五德之首，强调以智取胜，这是很有见地的，勇士可以带兵，却不能主军，这符合战场规律的要求。

彼得一世在位的时候，俄国同周围邻国连年作战。在作战中，彼得一世十分重视利用各种手段削弱敌人士气，鼓动自己部队的战斗意志。

1705 年，彼得一世把两个从瑞典逃回的俄国士兵带到英国、普鲁士和荷兰三国驻莫斯科大使面前。把这两个士兵介绍给三国大使。两个士兵的手指、脚趾全都被割掉了，样子惨不忍睹，三国大使看了之后惊愕不已。士兵告诉他们，这是当着瑞典国王的面被割掉的。让大使看过之后，彼得一世对他们说：“看吧，这就是瑞典人的暴行。他们说我们是野蛮人，可我们是怎么对待他们的俘虏的？我们替他们治伤，让他们吃饱吃好。瑞典人比我们野蛮一百万倍以上!”

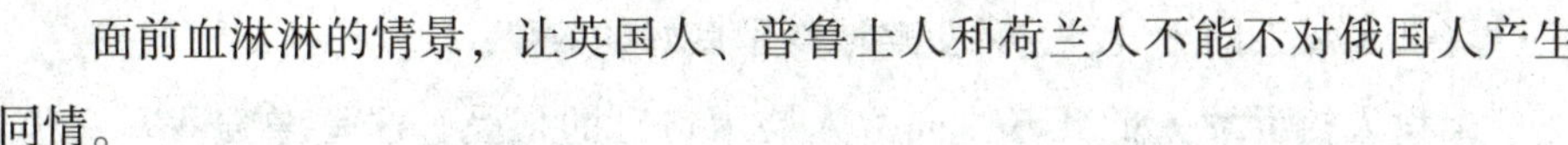

面前血淋淋的情景，让英国人、普鲁士人和荷兰人不能不对俄国人产生同情。

随后，彼得大帝让这两个士兵到俄国许多地方的部队，以现实遭遇讲述瑞典人的暴虐残忍。彼得还向俄军官兵宣讲瑞典人的种种恐怖行为：他们把一所里面囚禁着二百多个俄国俘虏的房屋浇上汽油，然后点火燃烧，里面的俄军被俘人员全部被活活烧焦；瑞典国王查理二世亲自下令，把那些被抓住的哥萨克骑兵用带刺的棍子打得皮开肉绽、鲜血淋漓、欲死不得、求生不能；所有在喀朗施塔得战役中遭俘获的俄军官兵都被瑞典人残酷地杀死，他们被叠成一堆，或两或三，瑞典人用刺刀、梭镖和马刀一一将他们剁成几段。

这些骇人听闻的残酷事例，引起俄军官兵一致的义愤。他们从心底里仇恨瑞典人，因此，他们在战斗中士气高昂、誓死拼杀，大有与敌人决一死战的气势。

与此同时，彼得大帝却宽厚地对待俘虏。他在亲自制定的《军队操典》中规定：军人必须遵守“军人道德”。“军人道德”其中的一条，就是要以仁慈宽大的态度对待敌方俘虏，并且在任何地方，不论是在盟国还是在敌国中，都不得扰害平民，违者处死。彼得曾给前线指挥官下达命令：“绝对不要胡作妄为，全体将士必须严格遵守善良军人所应有的一切道德。”

在坡尔塔瓦大战胜利后，彼得大帝下令把被俘的敌军战将请来，他和蔼地同他们讲话，亲手把战刀还给这些被俘的战将，并请他们与自己同席共进午餐。彼得的行动使被俘敌军将领十分感动。然后，彼得大帝下令设宴款待所有被俘军官。对被俘的普通士兵，他也交代给予丰盛的饭食。彼得大帝还拨发了一大笔款项用于赡养被俘的敌军官兵。

彼得宽仁厚待俘虏以及俄军友善对待俘虏的消息传到敌军耳朵里，大大动摇了他们拼死抗争的决心。有时战争进行到不利地步，敌军官兵往往不再抵抗。因为他们知道抵抗可能死去，而投降却不会有生命之危。

彼得大帝当然不是什么仁慈之人，他厚待敌军俘虏和他极力向俄军宣讲敌军虐待俘虏一样，无非是一种策略。而这种策略的确加强了俄军的力量，大大降低了敌人的士气，这种策略取得了良好的效果。

向世人控诉敌人的残暴，向敌人展示自己的仁爱，这是增强我军义愤、斗志，打击敌人士气、决心的一种有效的手段和策略。前者使敌人丧失了道义上的力量，失道寡助；后者则使天下人心尽归于我。

计利以听乃为势

【原典】

计利以听①，乃为之势②，以佐其外③。

【注释】

①计利以听：计利，计谋有利；听，听从，采纳。②乃为之势：乃，于是、就的意思；为，创造、造就；之，虚词；势，态势。此句意思是造成一种积极的军事态势。③以佐其外：用来辅佐对外的军事活动。佐，辅佐，辅助。

【译文】

我的军事思想您认为好并且能够接受，我将为您营造军事上的势，在对外的军事活动上辅佐您。

解读

虽有智慧，不如乘势

在分析了决定战争胜负的客观条件之后，孙子进而论述了主观因素对于战争成败的重要性，提出了“因利而制权”的战略原则，强调必须因势利导、灵活用兵才能够克敌制胜。

在《孟子·公孙丑下》里面说道：“虽有智慧，不如乘势。”“势”是敌对双方竞争的根本，也是任何一方获胜的关键。于是，谋势也就成了一门高深且不可不知的学问。

公元前684年，齐桓公在巩固了君位之后，自恃实力强大，不顾管仲的谏阻，决定兴师伐鲁，以报复鲁国一年以前支持公子纠复国的宿怨，企图一举征服鲁国，向外扩张齐国的势力。

当时鲁国执政的是鲁庄公，他闻报齐军大举来攻，决定动员全国的力量，同齐军一决胜负。就在鲁庄公准备发兵应战之时，鲁国有一位名叫曹刿的人认为当政者庸碌无能，未能远谋。他不忍心看到自己的国家遭受齐国军队的蹂躏，因而入见庄公，要求参与战事。曹刿询问庄公依靠什么同齐国作战。鲁庄公说：“对于衣物食品之类的东西，我总是要分赐给臣下，不敢独自享用。”曹刿指出，这样做不过是小恩小惠，不能施及全国，民众是不会出力作战的。

鲁庄公又说，自己对神明是很虔敬的，祭祀天地神明的祭品从不敢虚报，很守信用。但曹刿认为，对神守点小信，未必能感动神明，神也是不会降福的。鲁庄公想了一下又补充道，自己对待民间的大小狱讼，虽然不能做到明察秋毫，但必定揆情度理地予以处理。曹刿这时才说，这倒是尽到了君主的责任，为老百姓办了好事，具备了同齐国决一胜负的基本条件。为此，他请求随同鲁庄公奔赴战场，鲁庄公允诺了他的这一请求，让他和自己同乘一车前往长勺。

此时，齐军仗着兵强马壮，侵入鲁境。鲁庄公命令大军暂时避开齐军锋芒，撤退到有利于反攻的地方长勺（今山东曲阜北郊）。齐国由于之前乾时战争中的胜利，鲍叔牙和他的将士都轻视鲁军，认为他们不堪一击，于是发起声势浩大的攻击。鲁庄公见齐军攻击鲁军阵地，就要擂鼓下达应战的命令。曹刿劝阻说：齐兵势锐，我军出击正合敌人心愿，胜利没有把握，“宜静以待”，不能出击。庄公遂令鲁军固守阵地，只令弓箭兵射击，以稳住阵势。齐军没有厮杀的对手，又冲不进鲁军阵地，反而受到鲁军弓弩猛射而无法前进，只得向后撤退。经过稍事休整，鲍叔牙又下令展开第二次攻击，曹刿劝庄公仍然不要出击，继续固守阵地。齐军攻势虽猛，但仍攻不进阵内，士气不免下降，再退回到原阵地。

曹刿根据当时齐强鲁弱的客观情况，以逸待劳，待齐军疲劳后再伺机攻击，后发制人。齐军两次进攻，鲁军都没有应战，鲍叔牙和齐军将领都认为鲁军怯于应战，决定再次发动进攻。曹刿看到这次齐军来势虽猛，但势头没有前两次大，认为出击时机已到，立即向庄公提出反击齐军的建议。庄公亲自擂起战鼓，发出攻击命令。鲁军将士闻令，士气高昂，奋勇出击，争先恐后，锐不可当，把齐军打得七零八落，溃不成军，纷纷败退，鲁军获得了决定性的胜利。

鲁军战胜，庄公传令追击。曹刿认为齐乃大国，兵力素强，不容易判定是否真正失败，很可能另有埋伏，阻止庄公下达追击的命令。他登轼而望，见齐军旗鼓杂乱，兵器倒戈，又下车观察到齐军战车的车辙十分混乱，判定齐军是真正溃败时，才向庄公提出大胆追击的建议。庄公令下，鲁军猛打猛追，给齐军以沉重打击，俘获大量甲兵和辎重，把齐军赶出了国境，洗雪了乾时之战所蒙受的耻辱，国势为之一振。

我们可以通过势的改变，让自己的力量得到完美的协调、平衡和最有效的发挥；同时也可以通过势的改变，打破对手的协调和平衡，制约其行动自由，限制其力量的发挥。我们做工作、办事情，正确把握势就能事半功倍，达到预期的目的；与势不符，轻则事倍功半，重则贻误时机，一事无成。

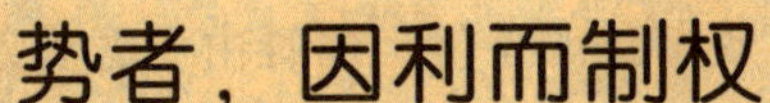

势者，因利而制权

【原典】

势者，因利而制权①也。

【注释】

① 因利而制权：因，根据，凭依；制，决定、采取之意；权，权变，灵活处置之意。意为根据利害关系采取灵活的对策。

【译文】

所谓造成军事上的势，就是在战争瞬息万变的情况中，抓住有利的时机，采取恰当的应变行动。

解读

失势时忽，得势时张

大禹治水，是因为他顺乎水的本性而行，因势利导，用疏导的方法，替水筑道，所以才取得了成功。“势”是一个比较抽象的概念，我们将它与具体的事物联系起来，它才会有许多特定的内容，如兵法中常说的形势、态势、权势、火势、地势、气势等。

唐朝著名兵家李靖曾指出:“兵有三势,将轻敌,士乐战,志励青云,气等飘然,谓之气势。关山狭路,羊肠狗门,一夫守之,千人不过,谓之地势。因敌怠慢,劳役饥渴,前营未合,后军半济,谓之因势。”说明高昂的士气、险峻易守的地形等,都是良好的战势,其中都蕴含了一种能够制胜的力量。历代兵家都认为,只有在战场上具备了有利态势,才可以收到用力少而获利多的效果。

所谓“棋胜先手,势在占位”。从“势”的方面来看,就要求我们不仅首先要在战前创造出有效御敌的条件,而且由于客观条件在不断变化,我们还必须通过自己的努力,做到因敌而变,及时先于敌人创造克敌制胜的态势,这样才能始终掌握战争的主动权。对于一个善于谋“势”的竞技者来说,“势”是无处不在的。韩信就是一位善于谋“势”的高手。

汉高祖四年(前203年)十月,韩信攻下了齐国历下,并一举占领了齐郡临淄。

齐王田广慌忙赶到楚国向楚王项羽求救:“霸王,您是各国盟主,现在敝国情况万分危急,您总不能见死不救吧!”

“你别把韩信吹得那样神乎,一位钻别人裤裆的将军竟把你吓成了这般样子!”楚王虽然看不起韩信,但他还是委派了大将龙且率两万兵卒,前往齐国联合抵抗韩信。

楚将龙且是个有勇无谋的人,用兵往往只求狠冲猛打,而不讲究计谋韬略。

十一月,齐楚联军与韩信的汉军在潍水两岸濒水对阵。好战惯斗的龙且几次要向汉军发起猛攻,都被齐王田广劝阻住了。

“将军,我们真的是再也经不起大的失败了,没有必胜的把握,过河去与汉军拼杀,我们实在是消耗不起啊!”

齐王苦口婆心地劝说龙且应伺机而动,不可鲁莽行事。可是,齐王的良言相劝终究没能阻止龙且给齐楚联军带来失败的厄运。

这天,韩信突然指挥大军渡河进击龙且军。可是,部队渡过一半时,汉军便有秩序地向回撤军了。

“龙将军，汉军不战自败，而且退得并不慌乱，可能其中有诈。”田广对龙且说。

“哈哈，我早就知道韩信这人是个胆小鬼！齐王，您可不要‘一朝被蛇咬，十年怕井绳’呀！”龙且根本听不进齐王田广的意见，一意孤行地指挥部队“乘胜追击”。

当龙且的将士渡河近一半时，潍水上游发起了洪水，激流滚滚，倾泻而下，一下子把龙且的部队冲散了。而对岸的汉军也趁机回身反击。在激流之中疲于奔命的龙且兵卒成了汉军的活靶子，而在潍水东岸的楚兵更是溃不成军、四散逃亡。汉军在韩信的指挥下过河乘胜追击，杀死了龙且，齐王田广也被韩信活捉。

原来，韩信设置了诱敌之计。早在齐楚联军赶到潍水两岸布阵之前，他已经在夜里让士兵做了一万多个布袋子，里面装满了细沙，然后再把这些袋子堆在潍水上游，这样潍水上游便形成了一个人工堤坝。于是，他再用佯装败退的战略，把敌军引入河中，然后让士兵在上游把沙堤打开，汉军借助洪水之势，轻而易举地打败了齐楚联军。

韩信利用了“击敌半渡”这样一种谋势的技巧，先是半渡，而后撤退来造成一种胆怯的假象，让敌人以为这是一次极佳的进攻机会。韩信真正的目的是在敌人半渡时，利用洪水冲破敌军阵营，反过来给自己制造一个“击敌半渡”的优势。“势”并非时时存在，更多的时候是无“势”可用，需要去“造势”。

“势”作为一种趋向，在情况发生变化之前，只是具有可能性。这种趋向的强弱往往是互变的，即强势可能变弱，弱势能够变强。针对不同的势，应掌握“应”的时机。对于顺势，宜应在势强之时，所谓民心所向，大势所趋，因势利导，能收到事半功倍的效果。

攻其无备，出其不意

【原典】

兵者，诡道也[①]。故能而示之不能[②]，用而示之不用[③]，近而示之远，远而示之近[④]。利而诱之[⑤]，乱而取之[⑥]，实而备之[⑦]，强而避之[⑧]，怒而挠之[⑨]，卑而骄之[⑩]，佚而劳之[⑪]，亲而离之[⑫]。攻其无备，出其不意。此兵家之胜[⑬]，不可先传也[⑭]。

【注释】

①兵者，诡道也：兵，用兵打仗；诡道也，诡诈之术。诡，欺诈，诡诈；道，学说。②能而示之不能：能，有能力，能够；示，显示。即言能战却装作不能战的样子。此句至“亲而离之”的十二条作战原则，即著名的“诡道十二法”。③用而示之不用：用，用兵。实际要打，却装作不想打。④近而示之远，远而示之近：实际要进攻近处，却装作要进攻远处；实际要进攻远处，却装作要进攻近处，致使敌人无法防备。⑤利而诱之：利，此处作动词用，贪利的意思；诱，引诱。意为敌人贪利，则以利来引诱，伺机打击之。⑥乱而取之：乱，混乱。意谓对处于混乱状态的敌人，要抓住时机进攻它。⑦实而备之：实，实力雄厚。指对待实力雄厚之敌，需严加防备。⑧强而避之：面对强大的敌人，当避其锋芒，不可硬拼。⑨怒而挠之：怒，易怒而脾气暴躁；挠，挑逗、扰乱。言敌人易怒，就设法激怒他，使他丧失理智，临阵指挥做出错误的抉择，导致失败。⑩卑而骄之：卑，小，怯。言敌人卑怯谨慎，应设法使其骄傲自大，然后伺机破之。也有另一种解释，是说己方主动卑辞示弱，给对方造成错觉，令其骄傲。⑪佚而劳之：佚，同“逸”，安逸，自在；劳，作动词，使之疲劳。此句说敌方安逸，就设法使它疲劳。⑫亲而离之：亲，亲近；离，离间，分化。此句意为如果敌人内部团结，则设计离间、分

化他们。⑬兵家之胜：兵家，军事家；胜，奥妙。这句说上述“诡道十二法”乃军事家指挥若定的奥妙之所在。⑭不可先传也：先，预先，事先；传，传授，规定。此句意即在战争中应根据具体情况作出决断，不能事先呆板地作出规定。

【译文】

用兵，是以诡诈为原则的。因而，“能”要使敌人看作“不能”，“用”要让敌人看作“不用”。“近”要让敌人看作“远”，“远”要让敌人看作“近”。敌人贪利，就诱之以利而消灭它；敌人混乱，就抓紧时机立刻消灭它；敌人实力雄厚，则须时刻戒备它；敌人精锐强大，就要注意避开它的锋芒；敌人褊急易怒，就挑逗它，使它失去理智；敌人小心谨慎，稳扎稳打，就设法使它骄傲起来；敌人内部和睦，就离间其关系。在敌人没有准备的情况下进攻，在敌人意想不到的条件下出击。这些，是军事家用兵之佳妙奥秘，是不可事先规定或说明的。

解读

突袭可以收到奇效

“攻其无备，出其不意”是孙子“权诈之兵”的精髓，这句话已成为千古传诵的军事名言。作战是一场十分复杂的军事行动，天时、地利、敌情，变化莫测，谁能根据战场的具体情况做出充分准备，谁就能掌握战场的主动权，谁就有可能获得胜利；反之，“优势而无准备”，也可能由优势而转为劣势，从而导致最终的失败。

因此，有备和无备，准备得是否充分，历来都是兵家所极其关注的。

军事上的“攻其无备”是指在敌方没有戒备的时间、地点等特定情况下突然对其实施攻击。这种突如其来的袭击能在军事上和心理上给敌方造成巨大的压力，从而使敌方在慌乱之中作出错误的判断，采取错误的行动，以致酿成更大的恶果。

做事跟打仗一样，不仅要有谋略，而且还要有在关键时刻果断行事的能力，再加上攻其无备、出其不意的策略，一定能把事情做成。

相信大家都听过“康熙帝智擒鳌拜”的故事。

康熙皇帝即位时年仅 8 岁，根据顺治皇帝的遗命，由索尼、苏克萨哈、遏必隆、鳌拜四位大臣辅政。

在四位辅政大臣中，鳌拜出身行伍，年轻时屡立战功，是皇太极时的旧臣，靠此老本，他野心勃勃，最为跋扈。他结权内外，植党营私，排除异己，自己独揽“辅政”大权；他欺康熙皇帝年幼无知，经常在康熙面前呵斥大臣，甚至吼叫着与幼帝争论不休，直到康熙让步为止。经济上，他徇私舞弊、巧取豪夺，肆无忌惮地贪污受；政治上，他以维护旧制为借口，把顺治时的一些改革做法全部推翻；思想感情上，他想牢牢地守住满族古老传统，反对学习汉文化。

康熙 14 岁开始亲政之后，他稚气未脱的眼睛就盯上了这个“庞然大物”——朝中最有权势的辅政大臣鳌拜。他要把到手的江山重新整治一番，要把兴盛的运势发展下去。而这时，鳌拜的独断专行不但没有丝毫收敛，反而变本加厉。他与其弟穆里玛、侄子塞本特及其党羽，经常借故不上朝，一切政事先于家中议定，然后实施；朝中诸臣事无大小，必先向他报告，不准自行启奏，俨然凌驾于朝廷和康熙帝之上。

康熙心里对鳌拜的独断专行一清二楚。鳌拜的存在，已成为皇帝权威的严重威胁。但康熙考虑到鳌拜集团势力强大，党羽众多，甚至宫中都有他的耳目，鳌拜本人又力大难敌，要除掉他，必须有周密的准备，而且只能智取，不能强攻，以免打草惊蛇，令其狗急跳墙，激成巨变。考虑至此，小康熙智出奇谋，双管齐下。

他一方面隐藏实力；另一方面，和亲信大臣索额图密商后，定出一条计策，假意痴迷布库游戏，以锻炼身体为名，招收一批强壮灵活、忠实可靠的少年入宫，练习摔跤。这些少年入宫以后，天天与康熙一起摸爬滚打、摔跤跌扑，不过一年，个个都练出一身钢筋铁骨。

康熙八年，不满16岁的玄烨，以讨论第二年自己的大婚仪式为名，宣鳌拜进宫。当时，鳌拜走进宫殿，由索额图陪行，他见到一帮少年互相摔跤打斗，毫不在意，见到皇帝后，还摆出辅政大臣的架子，正颜厉色地奏道："主子年已成人，为何别的不好要，独要招呼这班小孩子在内廷胡搅，成何体统！"康熙微微冷笑道："你还同朕讲起体统来了。"说着便历数鳌拜的件件恶行，然后向练摔跤的伙伴一招手，他们便扑了上来。众少年一拥而上，把鳌拜捆得结结实实，押入大牢。

隐秘实力的要义所在，是将自己的目的和意图深藏起来，使对方无法发现而麻痹大意；或者借用幌子使对方无从辨认，信以为真。然后，便有了条件和时机，从容完成原定计划。

多算胜，少算不胜

【原典】

夫未战而庙算[①]胜者，得算多[②]也；未战而庙算不胜者，得算少也。多算胜，少算不胜，而况于无算乎[③]？吾以此观之，胜负见矣[④]。

【注释】

①庙算：古代兴师作战之前，通常要在庙堂里商议谋划，分析战争的利害得失，制定作战方略。这一作战准备程序，就叫作"庙算"。②得算多：意为取得胜利的条件充分、众多。算，计数用的筹码，此处引申为取得胜利的条件。③多算胜，少算不胜，而况于无算乎：胜利条件具备多者可以获胜，反之，则无法取胜，更何况未曾具备任何取胜条件？而况，何况；于，至于。④胜负见矣：见，同"现"，显现。言胜负结果显而易见。

【译文】

未开战而在庙算中就认为会胜利的，是因为具备的制胜条件多；未开战而在庙算中就认为不能胜利的，是具备的制胜条件少。具备制胜条件多就胜，少就不胜，更何况一个制胜条件也不具备的呢？我从这些对比分析来看，胜负的情形就得出来了！

解读

刘邦未战先算而后胜项羽

计划是成功的保障，是成功必备的条件。如果你一边行动，一边计划，效果就会大打折扣了。研究神经语言学、激发心灵潜力的专家陈安之先生曾经提出：成功者之所以成功，是因为他把要做的事情变成一种习惯。因此，他们的成就总是超越别人。为了成功，你需要事先制订好计划。

如果不懂得在事前计划好，那么，盲目行动只会带来失败和损失。成功需要计划、需要安排，还需要一定的程序。做事的程序通常是志愿、意图、计划、行动、力量、效果。没有雄心壮志，就不会有超越时空的意图；没有超越时空的意图，就不会有无可比拟的计划；没有无可比拟的计划，就没有坚定果敢的行动和力量；没有坚定果敢的行动和力量，就难以取得预期的效果。从古至今，大事小事皆如此。所以说，计划是行动之父，而行动是成功之母。

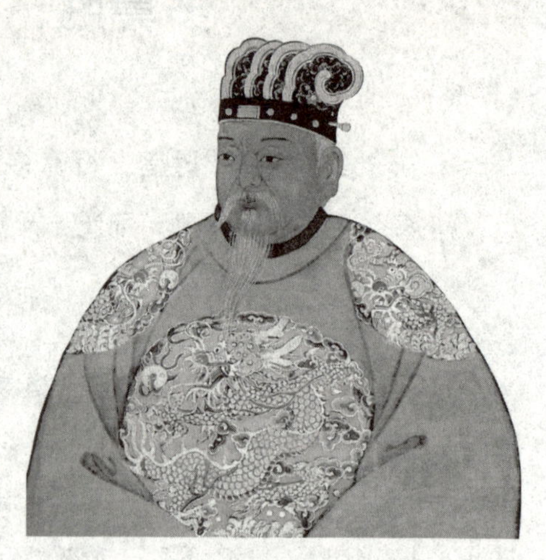

汉高祖刘邦像

刘邦，字季，西汉开国皇帝，庙号为太祖，谥号为高皇帝。

汉高祖刘邦在平息了梁王彭越的叛乱和杀死韩信后不久，曾为汉朝天下的建立做出重大贡献的淮南王英布兴兵反汉，这时，汝阳侯夏侯婴向刘邦推荐了自己的门客薛公。

汉高祖问薛公："英布曾是项羽手下大将，能征惯战，我想亲率大军去平叛，你看胜败会如何？"

薛公答道："陛下必胜无疑。"

汉高祖道："何以见得？"

薛公道："英布兴兵反叛后，料到陛下肯定会去征讨他，当然不会坐以待毙，所以只有三种情况可供他选择。"

汉高祖道："先生请讲。"

薛公道："第一种情况，英布东取吴，西取楚，北并齐鲁，将燕赵纳入自己的势力范围，然后固守自己的封地以待陛下。这样，陛下也奈何不了他，这是上策。"

汉高祖问："第二种情况会怎么样？"

薛公答："东取吴，西取楚，夺取韩、魏保住敖仓的粮食，以重兵守卫成皋，断绝入关之路。如果是这样，谁胜谁负，只有天知道。这是第二种情况，乃为中策。"

汉高祖说："先生既认为朕能获胜，英布自然不会用此二策，那么，下策该是怎样？"

薛公说："东取吴，西取下蔡，将重兵置于淮南。我料定英布必用此策，陛下长驱直入，定能大获全胜。"

汉高祖面现悦色，道："先生如何知道英布必用此下策呢？"

薛公道："英布本是骊山的一个刑徒，虽有万夫不当之勇，但目光短浅，只知道为一时的利害谋划，所以我料他必出此下策！"

汉高祖连连赞道："好！好！英布的为人朕也并非不知，先生的话可谓一语中的！"

汉高祖封薛公为千户侯，又赏赐给薛公许多财物，然后亲率十二万大军征讨英布。双方的军队在蕲西（今安徽省宿县境内）相遇后，汉高祖见英布的军队气势很盛，于是采取了坚守不战的策略，待英布的军队疲惫之后，再金鼓齐鸣、挥师急进，杀得英布落荒而逃。英布逃到江南后，被长沙王吴芮的儿子设计杀死，英布的叛乱就这样以失败而告终。

薛公指点汉高祖未战先算，算出英布可以使用的“上策”“中策”和“下策”，又算出英布必使“下策”。将敌人分析得如此透彻，怎么能不取得胜利呢？由于未战而“算”在先，汉高祖才胸有成竹地打败了英布，平息了这场叛乱。

薛公与刘邦的一席话，周密地分析了刘邦和英布各自的优劣长短，以及天下形势，计算他们的得失胜负，做出了正确的战略决策，可谓卓越的庙算。

宋人张预说：“筹测深远，则其计所得多，故未战而先胜。谋虑浅近，则其计所得少，故未战而先负。”凡事预则立，不预则废。一个人做一件事，尤其是大事，就要事先预测一下它的前景，分析一下它成功的概率有多大，要具备什么样的条件，先要做哪些准备工作等。

本篇是在接上篇“庙算”之后的用兵，即“先计而后战”之战。主要通过对战争依赖于经济的分析，论证了速战速胜的指导思想及其重要性，进而提出了达到速战速胜目的的有效方法。

兵马未动，粮草先行

【原典】

孙子曰：凡用兵之法①，驰车千驷②，革车千乘③，带甲④十万，千里馈粮⑤。则内外⑥之费，宾客之用⑦，胶漆之材⑧，车甲之奉⑨，日费千金⑩，然后十万之师举⑪矣。

【注释】

①用兵之法：法，规律、法则。②驰车千驷：战车千辆。驰，奔、驱的意思，驰车即快速轻便的战车；驷，原指一车套四马，这里作量词，千驷即千辆战车。③革车千乘：用于运载粮草和军需物资的辎重车千辆。革车，用皮革缝制的篷车，是古代重型兵车，主要用于运载粮秣、军械等军需物资。乘，辆。④带甲：穿戴盔甲的士兵，此处泛指军队。⑤千里馈粮：馈，馈送、供应。意为跋涉千里辗转运送粮食。⑥内外：内，指后方；外，指军队所在地，即前方。⑦宾客之用：指与各诸侯国使节往来的费用。⑧胶漆之材：通常指制修弓矢等军用器械的物资材料。⑨车甲之奉：泛指武器装备的保养、补充开销。车甲，车辆、盔甲。奉，同“俸”，指费用。⑩日费千金：每天都要花费大量财力。金，古代计算货币的单位，一金为一镒（二十两或二十四两），千金即千镒，泛指开支巨大。⑪举：出动。

【译文】

孙子说：凡兴师打仗的通常规律是，要动用轻型战车千辆，重型兵车千辆，军队十万，同时还要越境千里运送军粮。准备好前方后方的经费，款待列国使节的费用，维修器材的消耗，车辆兵甲的开销，每天耗资巨大，然后十万大军才能出动。

解读

为"将"要重后勤

兵强马壮无疑是取得作战胜利的前提，人要吃饭、马要食草，损坏了的兵器装备要有及时的补充，由此必须有切实可靠的后方勤务。对于这一点，两千多年前的孙武是独具慧眼的，他在兵书中直截了当地指出："军无辎重则亡，无粮食则亡，无委积则亡。"孙武的这段话，明白无误地向人们昭示着这样一个战争信条：军队无后勤，则不战自亡。

历史证明，没有经济条件与经济资源，是无法取得战争胜利的。古今中外的战争都是政治、军事与经济的竞赛，战争对经济的依赖性是较强的。经济是实施战争的基础，战争严格受物质条件的制约。只有在充足的物质条件保证下，才能确保战争的胜利。同时，战争又会严重地破坏经济，致使国家处于困境而无力再实施战争。孙武通过对战争费用的实际考察，认为充足的物资保障是实施战争的前提条件。战争极大地依赖于后勤，只有物资齐备，方可兴众举师征伐。

至正十七年（1357 年），朱元璋攻占徽州后，亲自到石门山拜访老儒朱升，请教夺取天下的计策。朱升高瞻远瞩地送给他一句话："高筑墙，广积粮，缓称王。"这句话的意思是说，要扩充兵力，巩固后方；发展生产，储备粮食；不图虚名，暂不称王。朱元璋认为老儒的话很有道理，即提出了一个在两淮、江南地区"积粮训兵，待时而动"的行动计划。

"兴国之本，在于强兵足食。"按照老儒朱升的提示，朱元璋首先抓紧军队建设，提高军队的作战本领，尤其重视军队纪律的训练和整顿，强调"惠受加于民，法度行于军"。同时，朱元璋大抓农业生产。他设置营田司，任命营田使，负责兴修水利。并且还抽出一部分将士，在战事之余开荒屯田；推行民兵制度，组织农村壮丁，一面练武、一面耕种。这样一来，军队的后勤

朱元璋像

军需有了保障，所生产的粮食不仅能自给自足，而且还能支援贫苦百姓，这一做法改变了军队历来吃粮靠百姓的习惯，深受百姓的欢迎。

为了发展自己的势力，朱元璋还礼贤下士，广揽人才。刘基、叶琛、宋濂、章溢四大名士被聘至应天，朱元璋称他们为“四先生”，特筑礼贤馆，给他们居住。

此外，朱元璋为了避免树大招风、较早暴露自己，防止在自己力量脆弱的时候被吃掉，他在形式上一直对小明王保持着臣属关系，用的还是宋政权的龙凤年号，打的还是红巾军的红色战旗，连斗争的口号也不改变。直到朱元璋改称吴王后，发布文告，第一句话仍是“皇帝圣旨，吴王令旨”，表示自己仍是小明王的臣属。朱元璋经过如此数年卧薪尝胆，积蓄力量，开拓疆土，巩固根据地，在外人毫不留意的情况下，培养了一支足以与元军相匹敌的军事力量。

随着朱元璋势力的一天天强大，原先的盟友为了争夺利益，也逐渐变成了对头，变成了朱元璋改朝换代的强大阻力。于是，朱元璋在同元军进行殊死搏斗的同时，不得不清除盘踞在周围的敌对势力。四周的陈友谅、张士诚、方国珍、陈友定部，以陈友谅部的势力为最大。

至正二十年（1360 年）五月，陈友谅攻下了南京外围的重镇太平，杀了朱元璋的养子朱文逊及守将花云。他还在太平立国，自称皇帝，并调集舟师，从江州向东直指应天，声称此役有张士诚配合，攻陷应天，指日可待。在陈友谅的嚣张气焰面前，朱元璋的部将感到了局势的紧张。有的主张出城决一死战，有的主张弃城转移，也有的主张献城投降。众说纷纭，莫衷一是。朱元璋也一时拿不定主意，便问站在一边默不作声的刘基。刘基斩钉截铁地回答：先斩主降者和言逃者，才能破敌获胜。他说：陈友谅劫主称帝，骄横一世，其心时刻不忘金陵。现在气势汹汹，顺江东下，乃是向我方示威，逼我方退让。我们不能让其得逞，只有坚决抵抗。他又说：常言道，后举者胜，陈友谅虽兵骄将悍，但他们行军千里来犯我，既是疲军，又是不义，而我们后发制人，以逸待劳，待敌深入后，我以伏兵击之，自当必胜。这一仗对我们来说关系重大，一定要打好。刘基的一番话，坚定了朱元璋抗击陈友谅的决心，他采纳了刘基的计策，巧出奇兵打败了陈友谅的进攻。朱元璋不仅取得了保卫应天的胜利，还一鼓作气地收复了太平，巩固了金陵这块根据地。

接着，朱元璋又采纳了刘基的建议，决定先征陈友谅，再攻张士诚，在全面胜利的道路上迈出了举足轻重的一步。

至正二十三年（1363 年）四月，陈友谅战死。消灭陈友谅势力以后，朱元璋马不停蹄，立即又挥戈东进，征伐张士诚。至正二十七年（1367 年）九月，攻占平江（今江苏苏州市）。张士诚走投无路，自缢身亡。自此，长江中下游地区尽归朱元璋所有。

朱元璋在围攻张士诚的同时，派大将廖永安去滁州假意迎接小明王至应天，从瓜州（今江苏六合东南）渡江时，廖乘机把船弄翻，使小明王溺死江中。这样，又为朱元璋以后的登基扫清了一个绊脚石。

与此同时，朱元璋还制伏了浙江的方国珍，平定了福建的陈友定，又乘胜南进攻克了广东、广西。在实现了整个南部中国除四川、云南以外的统一后，又不失时机地调集精锐部队实施北伐，同元朝政权展开了最后的大决战。

北伐战争按照朱元璋的计划顺利实施了。当年（1367 年）十一月，徐达率军推进到山东，平定了山东全境；继而兵分两路，又胜利进军河南，所向披靡，元朝将领纷纷归附。至第二年（1368 年）三四月间，北伐军包围元大都的战略已告完成。

朱元璋在朱升“高筑墙，广积粮，缓称王”的建议下，在后方稳步地发展了自己的势力，做好了战前的物质储备，一旦时机成熟，便一举消灭了陈友谅和张士诚，这时他的实力已经是无人能敌了。他在这个过程中，谨小慎微，步步为营，充分体现出他出色的战略决策意识。

军事后勤，是战争的物质基础，对战局的发展有着至关重要的作用。充足的物资保障是实施战争的前提条件。在做事情之前如果能充分准备，就增加了成功的砝码。

取用于国，因粮于敌

【原典】

其用战也胜，久则钝兵挫锐①，攻城则力屈②，久暴师则国用不足③。夫钝兵挫锐、屈力殚货④，则诸侯乘其弊而起⑤，虽有智者，不能善其后矣⑥。故兵闻拙速，未睹巧之久也⑦。夫兵久而国利者，未之有也⑧。故不尽知用兵之害⑨者，则不能尽知用兵之利⑩也。善用兵者，役不再籍⑪，粮不三载；取用于国，因粮于敌⑫，故军食可足也。国之贫于师者远输，远输则百姓贫。近于师者贵卖，贵卖则百姓财竭，财竭则急于丘役⑬。力屈、财殚，中原内虚于家。百姓之费，十去其七；公家之费，破车罢马，甲胄矢弩，戟楯蔽橹，丘牛大车，十去其六。

故智将务食于敌⑭。食敌一钟，当吾二十钟；萁秆一石⑮，当吾二十石。

【注释】

①久则钝兵挫锐：言用兵旷日持久就会造成军队疲惫，锐气挫伤。钝，疲惫、困乏的意思；挫，挫伤；锐，锐气。②力屈：力量耗尽。屈，竭尽、穷尽。③久暴师则国用不足：长久陈师于外就会给国家经济造成困难。暴，

同“曝”（音“铺”），露在日光下，文中指在外作战；国用，国家的开支。④屈力殚货：殚，枯竭；货，财货，此处指经济。此言力量耗尽，经济枯竭。⑤诸侯乘其弊而起：其他诸侯国便会利用这种危机前来进攻。弊，疲困，此处作危机解。⑥虽有智者，不能善其后矣：意谓即便有智慧超群的人，也将无法挽回既成的败局。后，后事，此处指败局。⑦兵闻拙速，未睹巧之久也：拙，笨拙，不巧；速，迅速取胜；巧，工巧，巧妙。此句言用兵打仗宁肯指挥笨拙而求速胜，而没见过力求指挥巧妙而使战争长期拖延的。⑧夫兵久而国利者，未之有也：长期用兵而有利国家的情况，未曾有过。⑨不尽知用兵之害：不尽知，不完全了解；害：危害，害处。⑩利：利益，好处。⑪役不再籍：役，兵役；籍，本义为名册，此处用作动词，即登记、征集；再，二次。意即不二次征集兵员。⑫因粮于敌：因，依靠、凭借。粮草给养依靠在敌国就地解决。⑬急于丘役：急，在这里有加重之意。丘役，军赋，古代按丘为地方行政单位征集军赋，一丘为一百二十八家。⑭智将务食于敌：智将，明智的将领；务，务求，力图。意为明智的将帅总是务求就食于敌国。⑮萁秆一石：秆，泛指马、牛等牲畜的饲料；石，古代的容量单位，三十斤为一钧，四钧为一石。

【译文】

用这样大规模的军队作战，贵在速胜。旷日持久就会使军队疲惫，锐气受挫。攻打城池，会使得兵力耗竭；军队长期在外作战，会使国家财力发生困难。如果军队疲惫、锐气挫伤、实力耗尽、国家经济枯竭，那么诸侯列国就会乘此危机发兵进攻，那时候即使有足智多谋的人，也无法挽回危局了。所以，在军事上，只听说过指挥虽笨拙但求速胜的情况，而没有见过为讲究指挥工巧而追求旷日持久的现象。战争久拖不决而对国家有利的情形，不曾有过。所以不完全了解用兵弊端的人，也就无法真正理解用兵的益处。善于用兵打仗的人，兵员不再次征集，粮草不多次运送。武器装备由国内提供，粮食给养在敌国补充，这样，军队的粮草供给就充足了。国家之所以因用兵而导致贫困，就是由于远道运输。军队远征，远道运输，就会使百姓陷入贫困。临近驻军的地区物价必定飞涨，物价飞涨，就会使百姓之家资财枯竭。

财产枯竭就必然导致加重赋役。力量耗尽，财富枯竭，国内便家家空虚。百姓的财产将会耗去十分之七；国家的财产，也会由于车辆的损坏，马匹的疲敝，盔甲、箭弩、戟盾、大橹的制作和补充以及丘牛大车的征调，而消耗掉十分之六。

所以，明智的将帅总是务求在敌国解决粮草的供给问题。消耗敌国的一钟粮食，等同于从本国运送二十；耗费敌国的一石草料，相当于从本国运送二十石。

解读

就地取材，以战养战

战争依赖于经济。诸葛亮六出祁山，屡战屡败、屡败屡战，其失败的一个重要原因，就是因为粮草供应不上。综观古代历次著名战役，为将者无不视后勤补给（特别是粮草）为生命之源、胜利之本。拿破仑远征莫斯科，俄国人坚壁清野，使得拿破仑在粮食告罄、御寒无衣的情况下，惨败而归。现代战争，如越南战争，美国耗费了近千亿美元，大伤国家元气，最终不得不以失败而告终。

孙子为解决后方补给和战场需要的矛盾，提出了“因粮于敌”的主张，反映了他取之于敌、用之于战、以战养战的战略思想。

秦二世二年（公元前 208 年）闰九月，刘邦奉楚怀王之命西进，由砀县

（今河南永城东北）出发，攻克成武（今山东成武县）。刘邦的部队以砀山起义军为基础，加上征集来的陈胜、项梁的散卒，总兵力还不满一万人。十二月，刘邦引兵至栗邑（今河南夏邑县），收编了刚武侯的反秦力量四千余人，并与魏将皇欣、武满共同打击秦军，连获小胜。当时，秦军主力已由章邯带到巨鹿与项羽交战，由于秦军在黄河以南机动部队很少，而且连荥阳、洛阳、开封、南阳、函谷关、武关的重镇险塞都没有增兵防守，这就给了刘邦西进以可乘之机。

秦二世三年（公元前209年）二月，刘邦北攻昌邑（今山东金乡县西北），遇到彭越率领反秦的农民起义军，两军协力攻城未克，刘邦乃引兵西进。

当刘邦经过高阳（今河南杞县西南）时，有一位名郦食其的老儒生求见。刘邦一向讨厌儒生，就很随便地说："让他进来。"郦食其一见刘邦如此傲慢无礼，于是也不下跪，只是躬身作了个揖。刘邦头也不抬，像没看见他一样。郦食其就高声道："足下带兵到此，是帮助秦打各路义军呢，还是帮助各路义军灭秦？"刘邦听他如此问话，便大怒道："哪里来的书呆子，普天下的人在秦的暴政下受苦已够长久了，各路义军这才联合起来攻秦，怎么说是帮助秦打各路义军呢？"郦食其道："既然要配合各路义军消灭暴秦，那么，你接见长者就不应该这样傲慢无礼。"刘邦听他出语非凡，立即站起来，整理好衣帽，恭恭敬敬地扶老人上座，虚心向他求教。郦食其口若悬河，滔滔不绝地阐述了六国失败的原因。刘邦非常佩服，就问他怎样才能战胜强秦。

郦食其笑笑，然后说："足下兵马不足万人，要直接深入秦地作战，就好比将头伸入虎口，危险得很！"

刘邦正为自己孤军作战、后勤补给困难重重而一筹莫展，急忙向郦食其求教，道："刘邦才疏智浅，请先生指教。"

郦食其道："兵法云'因粮于敌，故军食可足也'，将军为什么不到秦军的粮仓中去取运粮食呢？"

刘邦见郦食其话中有话，于是更加恭敬地向郦食其请教。郦食其慢吞吞地说："我们身边就有一个现成的大粮仓——陈留县城，那里面的粮食堆积如山，足够将军一万人马食用两年有余，将军何不挥师先取陈留，以解后顾之忧！"

刘邦道："还请先生明示刘邦夺取陈留的妙计。"

郦食其道："我与陈留县令相识多年，愿凭三寸之舌去劝说他归附将军，如若不从，请将军夜间带兵攻城，我在城里做内应。"

刘邦连连致谢。

郦食其告别刘邦，径至陈留县城。县令见是故人，盛宴相待。席间，郦食其纵谈天下大势，以利害得失示以县令，不料县令却慷慨陈词，愿与陈留共存亡。于是，郦食其便大谈守城之计，县令高兴起来，连连与郦食其"干杯"，不久就喝得酩酊大醉。

郦食其灌醉县令，到了夜半时分，悄悄跑到城门下，打开城门，将刘邦的人马放进城中。

刘邦命手下打开粮仓，果然看见粮食堆积如山，当即封郦食其为广野君。刘邦的部队有了足够的军粮，西进途中，不抢不掠，深得百姓拥护，队伍不断扩大。

三月，刘邦西攻开封未克，与秦将杨熊战于白马（今河南滑县东）和曲遇（今河南中牟县），大破之，杨熊被迫败走荥阳。四月，刘邦攻占颍川（今河南禹县），然后北攻平阴（今河南孟津县东），封锁黄河渡口，由此南下与秦军战于洛阳东。洛阳东一战，刘邦失利，南出轘辕（今河南偃师县东南）险道，退往阳城（今河南登封）。这时，张良率韩国之兵来投奔刘邦。

六月，刘邦和张良南下，大败秦南阳郡守吕齮，吕齮退守宛邑（今河南南阳县）。刘邦急欲由武关进入关中，想绕过宛邑西进。张良说："你只知急于入关，却不知秦军兵力尚多，据险自守。如今不攻下宛邑，宛邑守军从背后袭击我们，强大的秦军在前面阻击我们，太危险了。"于是，刘邦连夜引军绕道回来，把宛邑重重包围。吕齮无力抵抗，被迫投降。七月，刘邦由宛邑继续西进，接连攻克胡阳（今河南唐河县南）、郦析（今河南内乡县）等地，直逼关中东南门户武关（今河南西峡境内）。

同年八月，刘邦率数万大军兵临武关。秦王朝在行将灭亡之前，内部矛盾加剧，秦相赵高逼杀秦二世，遣使与刘邦谈判，企图和刘邦瓜分关中。九月，立子婴为秦王，去帝号，子婴计杀赵高，遣将扼守峣关（今陕西蓝田县东南），阻止起义军进一步西进。峣关前据峣岭，后靠蒉山，地势险要，是由武关北入咸阳的最后一关。张良认为不宜强攻，建议一面设疑兵，一面利诱峣关守将。秦峣关守将果然叛秦，并表示愿和刘邦一起进攻咸阳。张良又说："只是守将欲叛降我们，恐怕其士卒未必随从。不如乘其松懈发动攻击。"刘邦接受这一建议，乘峣关守备疏忽之际，绕过峣关，翻越蒉山，大败秦军于蓝田。十月，刘邦率军进至灞上（今西安市东南）。秦王子婴无力再抵抗，于是手捧皇帝玉玺，"素车白马"出城，向刘邦投降，秦朝至此灭亡。

"因粮于敌"是孙武重要的军事经济思想。这种"就地取材，以战养战"的办法，与商业活动中"借地生财""借钱生钱"是一致的。在商业经营中，"因粮于敌"也是一个重要策略。

冲锋陷阵，激励士气

【原典】

故杀敌者，怒也①；取敌之利者，货也②。故车战，得车十乘已上③，赏其先得者，而更其旌旗④。

【注释】

①杀敌者，怒也：怒，激励士气。言军队英勇杀敌，关键在于激励部队的士气。②取敌之利者，货也：利，财物；货，财货，此处指用财货奖赏的意思。若要使军队勇于夺取敌人的财物，就要先依靠财货奖赏。③已上：已，同"以"，"已上"，即"以上"。④更其旌旗：更，更换。此句意为在缴获的敌方车辆上更换上我军的旗帜。

【译文】

要使军队英勇杀敌，就应激发士兵同仇敌忾的士气；要想夺取敌人的军需物资，就必须借助于物质奖励。所以，在车战中，凡是缴获战车十辆以上的，就应奖赏最先夺得战车的人，并且把战车换上我军的旗帜，混合编入自己的战车行列。

解读

背水一战，鼓励士气

孙武反复倡导说，在夺取了敌人的资财后，就要分出一部分奖励部下，是为“掠乡分众”；在攻取土地后，就要分给有功者，是为“廓地分利”。这样可以达到激励士气的良好效果。激励士气的方法有智愚高下之分，掌握好其分寸尺度，灵活发挥，机智应用，可以让士兵拿出他们最大的力量，拼死效力。

公元前204年，韩信平定了魏国之后，黄河以北还有赵、代两个诸侯国。韩信向刘邦提出一个消灭这两个诸侯国、夺取齐地、迂回包抄项羽的作战计划。

刘邦采纳了韩信的这一意见，拨给他三万精兵，并派张耳去协助他。

韩信击破代国后，项羽正在猛攻荥阳。荥阳告急，刘邦只好把韩信的精兵都调到那里去，以加强荥阳的防守，而给韩信留下来的大部分是刚征集来的新兵，人数也只有几万，但韩信没有放弃攻打赵国的计划。

这一年的秋天，韩信领兵抵达太行山，进逼赵国。

赵国实际只有十多万军队，但却号称20万。赵王和赵军统帅陈余，听说韩信率领汉军打过来了，便把军队部署在赵国西面的一个隘口——井陉口。

井陉口是太行山8个隘口之一。它的西面有一条长约百里的狭窄驿道。这里地势险要，易守难攻。赵国的谋士李左车建议陈余说：“韩信攻灭代国，乘胜而来，锐气正盛，我们应该避开他的锋芒。”

接着，他向陈余献计说：“汉军有一个致命的弱点，就是他们是从远道而来，粮草得从千里以外运来。井陉口道路狭窄，车马无法并行通过。我带3万人马，抄近路夺取他们的粮草，并且堵住汉军的退路。您则率大军，深沟高垒，坚守不战。韩信求战不得，后退无路。这样不出10天，我们就会取胜。”

李左车的这个计谋着实厉害。可谁料想陈余是个书呆子，他骄傲自大，却又书生气十足。听了李左车的话，他不以为然地笑了几声，说：“讲道义的军队不使用诈谋奇计。何况兵法上不是早就说过‘兵力是敌人的十倍就围歼它；兵力比敌人多一倍，就可以交战吗？’现在韩信的军队号称几万人，其实不过几千人。他们从千里之外来攻打我们，已经极度疲劳了。像这样弱小的军队我们都避开不打，以后遇到强大的敌人那又该怎么办？再说，各路诸侯也会讥笑我们胆小，就会轻举妄动来进攻我们。”

陈余断然拒绝了李左车的建议。韩信得知这一消息后十分高兴，马上率领军队，开到离井陉口30里的地方驻扎下来。

半夜里，韩信开始布置作战任务。他挑选了2000名手脚灵活的骑兵，每人带着一面汉军的红旗，趁天黑，悄悄地从山间小路绕到赵军大营侧后方隐蔽了起来。韩信对他们说："你们埋伏在那里先不要动。等到我军后退，赵军离开军营追击我们时，你们就立即跑进赵军军营，把赵军的旗帜全部拔掉，换上我们汉军的红旗。"

2000名骑兵秘密出发后不久，韩信又派出1万人马，开到了井陉口附近绵蔓河的东岸。

绵蔓河水深流急，汉军士兵们望着奔流不息的河水，一肚子疑惑。正在疑惑之时，韩信命令他们背靠河岸，摆成了一个"背水阵"，这使汉军将士们更加疑惑起来。

当赵军的将士们知道韩信在绵蔓河背水列阵，都讥笑起韩信来：

"都说韩信深通兵法，用兵如神，原来他就是这种水平啊！"

"连起码的用兵常识都不懂。他把军队驻在河边，我们一进攻，看他们往哪里退？"

"退到河里喝水去吧！哈哈哈……"

"韩信真是个大傻瓜！"

赵军军营里高兴万分。汉军将士也难免议论起来：平日足智多谋的韩大将军，这次怎么想出这么个阵形，是不是一时糊涂了？

东方出现了鱼肚白，天渐渐地亮了，不平常的一天开始了。

汉军主力在韩信的亲自统率下，打着大将旗号，排列着队伍，朝井陉口开过来了。

陈余见此，兴奋地叫了起来："来得太好了，我就是怕汉军主力不出来。今天一定叫韩信这小子有来无回！"

陈余一声令下，10万赵军将士在一片"活捉韩信、张耳"的叫喊声中，漫山遍野地朝汉军冲杀过来。

一阵厮杀之后，赵军人多势众，汉军看起来有点招架不住了。他们丢下旗鼓，在韩信、张耳的带领下，朝着绵蔓河方向退却。

赵军一见汉军撤退，就紧追不放，正在这时，韩信带领主力部队退到绵蔓河边，跟原来背水列阵的1万汉军会合起来，回过头来，跟赵军重新展开了激战。

激战中，只听见韩信向汉军将士们高喊道："我们后面就是急流滚滚的绵蔓河，没有任何退路。如果不奋力拼杀，顶住敌人，大家就会被赶下水中淹死。弟兄们，让我们跟赵军拼个你死我活吧！"

随着喊声，汉军的战鼓擂得震天响。只有拼死杀敌，才是唯一的活路。汉军士兵们个个奋力杀敌，把十万赵军死死地拖在了绵蔓河边。

战至半夜，原来埋伏在赵军军营附近的两千名汉军骑兵，一看到赵军倾巢而出，立即乘虚冲进了赵军军营。他们拔掉了赵军的全部旗帜，换上了带来的汉军旗帜。赵军军营一下子变成了汉军军营。

赵军将领陈余得知后，吃惊不小，但已经晚了。韩信乘机向赵军进行了反攻，杀得赵军落花流水，陈余当场被杀死，赵王也成了汉军的俘虏。

优秀的将帅善于鼓舞部队高涨的士气，使士卒勇猛地冲锋陷阵、杀敌立功。高明的领导者懂得激励下属，激励的办法很多，总的来说就是两种：一种是金钱，另一种是荣誉。荣誉的作用是在精神上，更容易发挥人的主观能动性。

胜敌而我益强

【原典】

车杂而乘之[1]，卒善而养之[2]，是谓胜敌而益强[3]。

【注释】

①车杂而乘之：杂，掺杂、混合；乘，架、使用。意为将缴获的敌方战车和我方车辆掺杂在一起，用于作战。②卒善而养之：卒，俘虏、降兵。意为优待被俘的敌军士兵，使之为己所用。③是谓胜敌而益强：这就是说在战胜敌人的同时使自己更加强大。

【译文】

将缴获的敌方战车用于作战；对于敌俘，要优待并为我所用。也就是说，越是战胜敌人，自己也就越强大。

解读

他山之石，可以攻玉

孙子提出的“胜敌而我益强”的对敌原则，其意思就是：战胜敌人也就更加壮大自己。也就是揭子在《兵经》里所说的“借”字原理。

揭子说：“所谓的‘借’，就是指能借他人的力量壮大自己。”尤其在两军对阵时使用“借”法，才称得上巧妙。也就是说，如果自己的力量不够，就要设法借用敌人的力量。直接杀敌有困难，就要设法在敌人内部制造矛盾，使其自相残杀；缺乏物资，就要设法夺取敌人的储备，便等于借用了敌人的物资；缺乏兵将，就要设法收服敌人的兵将为我所用；自己智谋不够用，就要设法借用敌人的智谋，以达到自己的目的。韩信就是巧妙地运用了这一原理的高人。

韩信率军在井陉口背水一战，大破赵军，并俘虏了大批赵军。在泜水边斩了成安君，活捉了赵王歇。并传令下去，不可杀死广武君，如有人活捉了他，可赏赐千金。这时就有人把广武君绑了送到韩信的旗下，韩信立刻松了他的绑，请他面向东坐，自己执弟子之礼，坐东向西来跟他讲话。

韩信向广武君请教道：“在下想要向北攻打燕国，向东攻打齐国，怎样做才能成功呢?”广武君谦让地说：“臣听人说，打了败仗的将领，没有资格来谈英勇；亡了国的臣子，是不配来参与谋划长治久安之计的。现在我已是败军之将、亡国之臣，怎配得上跟您一道来商量国家大事呢?”韩信说：“在下也曾听说过：百里溪在虞国做官，虞国亡国了；他在秦国做相国，而秦国却成为天下了诸侯的霸主，这并不是因为他在虞国愚笨，而到了秦国就聪明起

来了！主要在于他的意见被秦国采用而不被虞国采用，虞君不听信他的意见，而秦君听从了他的意见啊！假如当初成安君真的采纳了您的计策，像我韩信这样的庸才，早已被您生擒活捉了；就是因为他不听从您的话，所以才有机会让我韩信陪侍您。”

接着韩信又坚决地向广武君请教，说道：“在下完全听从您的计谋，希望您不要推辞！”广武君说：“当然，臣听人说过，智者千虑，必有一失；而愚者千虑，也会有所收获！所以说，即使是无知狂人的话，圣人也可以选择采纳。但是又恐怕臣所献的计策不一定适合，不过臣愿意献上愚见。至于成安君，虽然他有百战百胜的计谋，然而也难免有失算的时候，所以部队在都城的附近打了败仗，以致身死于泜水之滨。现在将军用木筏涉过西河，俘虏了魏王，在阏与捉住了夏说，一战便攻破了井陉隘道，不到一个上午就打败了二十万赵军，杀了赵相成安君。您的威名传扬四海，威震天下，使得敌国的农夫们十分恐惧，都放下耕犁和锄头，只图眼前穿好些吃好些，侧着耳朵在等候着听您出兵的消息。像这些，都是将军您的长处啊！然而校尉们十分辛劳，士卒们已经十分疲乏，实在是很难叫他们再卖力作战了。现在将军您要想发动这一群疲乏困倦的军队驻扎到燕国坚固的城墙下，要跟他们战斗，恐怕会僵持很久，而又没有力量攻下它。如此情势，已被敌方知道得一清二楚，声势随之也削弱了。日子拖得久了，粮草一定就耗尽了。这时，你还不能降服较弱的燕国，而齐国一定来个坚壁清野，固守国境，以便使自己强大起来。燕国和齐国与您的军队形成僵持局面，不能解决，那么刘邦和项羽的胜负，还是未见分明的！像这些，是将军这方面的短处啊！臣很愚笨，但鄙意以为您攻燕伐齐的打算是错的！所以善于用兵的人，会利用自己的长处去攻击别人的短处，而不是拿自己的短处去攻击别人的长处。”

韩信说：“那么我该怎样行动呢？”广武君回答说：“现在为您打算，不如解下盔甲武装，放下兵器，镇守赵国，安抚百姓，存恤遗孤。百里之内的地区，每天都可以送来牛和酒，以宴请您的将士，犒赏您的兵卒。而后向北移军，把部队驻守到通往燕国的路上，摆出要攻打燕国的架势，接着派一个辩士，送一封信过去，向燕国显示您的长处，燕国一定不敢不听从您的命令。用威势把燕国降服了之后，再派说客向东去劝降齐国，齐国听到消息一定会被您降服的。即便再聪明的人，也不知道如何替齐国出主意了。这样一来，争取天下的大事，都可以图谋了！用兵之道，本来就有先声夺人、虚张声势，而后再采取实际行动的策略，这就是我所说的情况！”

韩信听了，说道：“好极了！”就照广武君的计策，派人到燕国去，燕国人听到了消息，立刻投降。韩信正是因为采取了广武君的建议，才取得了这一系列的胜利。

胜利之下，人非常容易轻躁，会看不见自己隐藏的弱点。汉军连连战捷，士气大盛，这对作战是很有利的。但是水满则溢，在连续作战的情况下，师劳兵疲，一旦受到挫伤，士气也很容易跌入低谷。广武君详细分析了优劣势所在，建议利用汉军连战连捷的声威，迫敌投降。即使燕国未降，休整后的汉军也一定是锐气十足，到那时再出兵，就定能破燕了。

韩信“借敌制敌”的策略确实高明，在战胜了对手的同时，也壮大了自己的实力。个人的智慧与力量终究是有限的，要想战胜对手，取得事业上的成功，就必须依靠他人之力，才能制定出高明的策略。

《兵经百字·借字》云：“己所难措，假手于人，不必亲行，坐享其利；甚至以敌借敌，借敌之借，使敌不知而终为借，使敌既知而不得不为我借，叫借法巧也。”

兵贵胜，不贵久

【原典】

故兵贵[①]胜，不贵久。故知兵之将[②]，生民之司命[③]，国家安危之主也[④]。

【注释】

①贵：重在，贵在。②知兵之将：知，认识，了解。指深刻理解用兵之法的优秀将帅。③生民之司命：生民，泛指一般民众。司命，星名，传说主宰生死，此处引申为命运的主宰。④国家安危之主：国家安危存亡的主宰者。主，主宰之意。

【译文】

因此，用兵打仗贵在速战速决，而不宜旷日持久。

懂得用兵之道的将帅，是民众生死的掌握者，是国家安危存亡的主宰。

解读

兵贵神速，以快制胜

孙子指出：作战应速决取胜。军队长期作战，会使国家经济发生困难或资财枯竭，对国家不利。作战最贵速胜，不宜久拖。主张兵贵神速，以万钧雷霆之势，突然行动，快速进攻，夺取战争和作战的胜利。

速度之所以重要，是因为速度就是力量。在方向、条件不变的情况下，速度与力量成正比。势速则难御。流水之所以能漂石，靠速度；飞鸟之所以能捕杀鼠兔，靠速度。有速度就有优势。我强敌弱，速进能胜；敌强我弱，速退能存。

关于兵贵神速的观点，孙子在《孙子兵法》中有多次论述，如《九地篇》说："兵之情主速。"意思是：用兵之理，贵在神速。

关羽败走麦城，蜀将孟达坐视不救，对关羽之死负有不可推卸的责任。关羽死后，孟达害怕刘备追究罪责，率亲信随从投降了魏国，被魏主曹丕封为建武将军、新城太守。

新城（今湖北房县）西南连蜀，东南连吴，是魏、蜀、吴三国之间的边防重镇。孟达是个反复无常、见利忘义的小人，出任新城太守后，秘密派人与蜀、吴相勾结，妄图实现其野心。

当时，诸葛亮正准备再次兴兵伐魏，对孟达的叛变深恶痛绝。诸葛亮了解到孟达与魏国的魏兴太守申仪不和，就派人将孟达与蜀、吴相勾结的事情告诉了申仪，打算借申仪之手铲除孟达。

申仪得知孟达勾结蜀、吴的消息后，立即报告给了驻兵在宛县的司马懿。

司马懿素知孟达的为人，新城是战略要地，他对孟达更不放心，接到申仪的报告后，就下定决心剿灭孟达。与此同时，孟达也探知申仪告发他的消息，打算一不做二不休，干脆举旗反魏。在这个节骨眼上，司马懿派人给他送来一封信，信上说魏帝和他都对孟达深信不疑，申仪之说纯系私怨，请他放下心来。孟达接信后，半喜半忧，对于是否立即反魏又犹豫起来。

司马懿给孟达的信不过是缓兵之计。信使才出发，他便立即调兵遣将，亲率一支大军奔赴新城。司马懿的部属劝道："这样大的一件事，不报告魏帝能行吗？"司马懿回答："从宛县到洛阳 800 里，到新城 1200 里，信使往来最快也要一个月，兵贵神速，如果报告魏帝那就什么事情都晚了。"

司马懿命令部队日夜兼程，轻装疾进，仅用了 8 天时间就兵临新城。

孟达大吃一惊，他没有做好防御司马懿的准备，新城之兵又不全是自己的嫡系，苦苦抵御了半个月，孟达就城破身亡了。

司马懿神速进兵，铲除了叛将孟达，使魏国西南边境得以稳定。

兵贵神速。我强敌弱，速进能胜；敌强我弱，速退能存。兵贵神速讲的就是要以快制胜这一道理。难得的是时间，易失的是机会，这不仅是兵家的至理名言，更是人们做事的警世箴语。

第三篇 谋攻篇

本篇论述了“全胜”的战略思想，通过“伐谋”“伐交”达到“不战而屈人之兵”的目的，提出了“十围五攻”“知胜有五”等作战指导原则。

不战而屈人之兵

【原典】

孙子曰：凡用兵之法，全国为上，破国次之①；全军为上，破军次之；全旅为上，破旅次之；全卒为上，破卒次之；全伍为上，破伍次之②。是故百战百胜，非善之善者也③；不战而屈人之兵，善之善者也④。

【注释】

①全国为上，破国次之：全，完整，国，春秋时，主要指都城，或者还包括外城及周围的地区；破，攻破，击破。此句是说以实力为后盾，迫使敌方城邑完整地降服为上策，而通过战争交锋，攻破敌方城邑则稍差一些。②军、旅、卒、伍：春秋时军队编制单位。12500人为军，500人为旅，100人为卒，5人为伍。③非善之善者也：不是好中最好的。④不战而屈人之兵，善之善者也：屈，屈服、降服。此句说不战而使敌人屈服，才能说是高明中最高明的。

【译文】

孙子说：一般的战争指导法则是，使敌人举国降服为上策，而击破敌国就略逊一筹；使敌人全军完整地降服为上策，而击溃敌人的军队则略逊一筹；使敌人全旅完整地降服为上策，而打垮敌人的旅则略逊一筹；使敌人全卒完整地降服是上策，而用武力打垮它就次一等；使敌人全伍降服是上策，而用武力击溃它就次一等。因此，百战百胜，并不是高明中最高明的；不经交战而能使敌人屈服，这才算是最高明的。

解读

善用兵者，不战而屈人之兵

春秋末期，各诸侯国轻启战端，攻伐不已，“争地以战，杀人盈野；争城以战，杀人盈城”（《孟子·离娄上》）。孙子鉴于当时战争对社会生产力的巨大破坏，使人民生活遭受深重灾难，主张战略应以安国保民为宗旨。从安国保民的总战略出发，作战应“谋攻”（用谋略战胜敌人）而不直接交兵。他创造性地提出“凡用兵之法，全国为上，破国次之；全军为上，破军次之；全旅为上，破旅次之；全卒为上，破卒次之；全伍为上，破伍次之”这样一个无比卓越的“全胜”战略思想。百战百胜历来是兵家所追求而又难以实现的，孙子却认为：“百战百胜，非善之善者也；不战而屈人之兵，善之善者也。”他申而论之：“善用兵者，屈人之兵而非战也，拔人之城而非攻也，毁人之国而非久也，必以全争于天下，故兵不顿而利可全，此谋攻之法也。”这里所讲的“不战而屈人之兵”与“屈人之兵而非战也”的“不战”“非战”都是指不与敌人直接交战，而不是放弃武装，反对战争。不经过直接交战而使敌人屈服的“全胜”战略思想，是孙子军事上所希望达到的最理想的境界。

孙子的“全胜”思想，就是用不流血的斗争方法，迫使敌人屈从于己方的意志，既不损己方兵力、财力，又不破坏敌方的兵力、物力，并将敌方的兵力、财力转化为我方所有的方式，实现己方的战略目的，收到“自保而全胜”的完美效果。这样，就使“用兵之害”降到最低，而“用兵之利”则

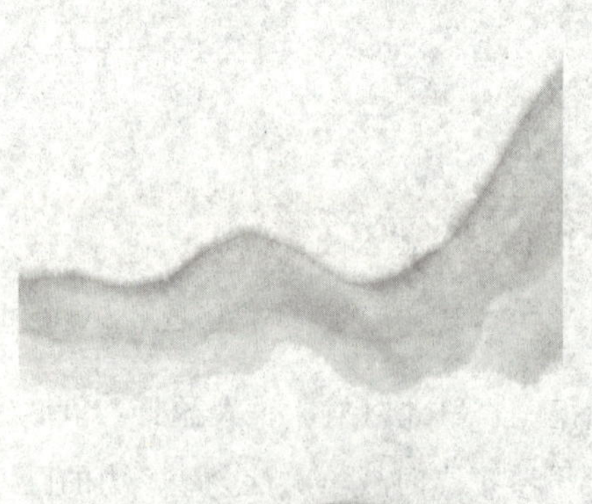

"可全"。战争如能这样取胜，自然远远不是经过流血战斗取胜所能比拟的，这无疑是军事上所有谋略中的最上策，即"善之善者也"。因此，孙子的"不战而屈人之兵"这一"全胜"思想，既是战略决策的最佳选择，也是战术决策的最佳选择。

在战争中，能够使敌人屈服投降，显然比击败战胜敌人要有利得多。这一思想作为兵家的一种理想追求和用兵指导原则，时常为后世的兵家不断地加以实践验证，并创造出许多精彩的例证。

"不战而屈人之兵"的全胜思想，不但是兵家取胜之法，而且生产经营亦同此理。

1978～1979年，我国香港的船王包玉刚和地产商李嘉诚携手，与实力雄厚的英资怡和洋行及和记洋行进行了争夺股票资本的一场商战。

李嘉诚握有英国怡和洋行所属九龙仓股2000万股，相当于该洋行九龙仓全部股票的18%。李嘉诚想占据和记洋行的黄埔股份有限公司，感到实力不足，包玉刚却有英资和记洋行的黄埔股份有限公司的股票9000万股，而且包氏想称雄九龙仓。于是包氏用谋，李氏响应。两人携手合作，暗中双双转手，李把九龙仓的2000万股转卖给包，包协助李购得和记黄埔股票9000万股。

在包、李对怡和洋行的争夺战中，五次交锋，使得怡和洋行屡屡吃亏败阵。

第一回合：包、李用谋，怡和九龙仓股票的18%原为李持有股票，转手给包，怡和认为李不再与自己竞争，并认为包买股票是盲从于李，又认为九龙仓股票会跌价，自己失去警惕上了当，还在讥讽包无知。

第二回合：等怡和发现九龙仓股票看涨，值得警惕时，包却如孙子所说的那样“动如脱兔”，又迅速地吸收了另外的1000万股，占据九龙仓股票全部份额的30%，怡和又吃了亏。

第三回合：怡和第三次上当。1979年年初，九龙仓股票价格高达每股50港元，怡和意识到情况不妙，准备出高价回收，孰知，包却突然把全部股票卖给包氏财团隆丰公司，价格每股55港元。因此，包氏的股票是明转暗不转。包如此做法，是进可攻、退可守的一着妙棋。攻，幸而得手即可得九龙仓；一旦失利，充其量赔掉隆丰公司而已。

第四回合：怡和第四次上当。九龙仓的资本大战打响时，包却去英国办事。怡和得知包出走消息后，自认为反攻时机成熟，下令其所属置地公司登出广告回收九龙仓股票。其实，包离港去英是假，静观怡和动静是真，包所施行的是麻痹对方思想的“金蝉脱壳”之计。当包得到家人电报情况后，在怡和置地公司登广告的第三天即返回香港，经商量决定登报宣布，在两天之内不惜以每股105港元之高价再收购九龙仓股2000万股，加上原有的股票合计5000万股，从而实力增大到完全可以与怡和一决雌雄。

第五回合：当包氏宣布以现金购买九龙仓股票2000万股时，怡和无动于衷，反而加以嘲笑！认为包氏无论如何不可能在两天内支付20亿港元现金，纵然靠印钞机也难以在一两日之内印出如此之多的现钞。可是包氏从1979年6月23日开始，在两天之内竟然履行了诺言。

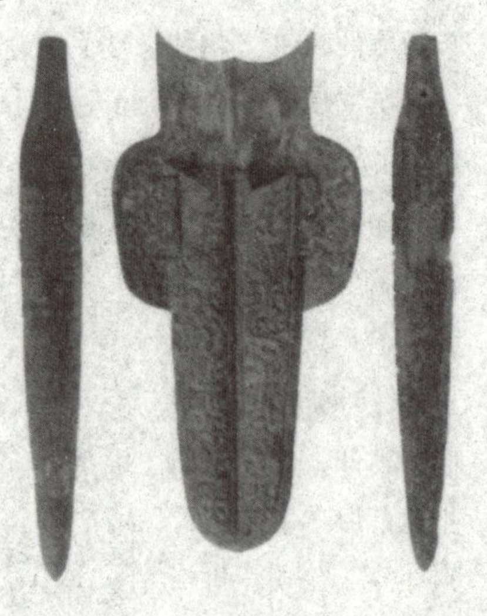

当怡和从梦中醒来，包氏请帖也已送到，邀请九龙仓的二股东怡和与置地的董事出席包氏主持召开的第一次新九龙仓股份有限公司的董事会议。从此包氏完全获胜，占有了九龙仓的财产。

借鉴孙子“全胜”的战略思想，在信息时代，“不战而屈人之兵”思想有着真正得以实现的条件。但“不战”必须以实力为前提，“不战”必须以敢战和能战为基础。只有有了“战则必胜”的客观能力，才能真正达到“不战而屈人之兵”的目的。

上兵伐谋，以巧求胜

【原典】

故上兵伐谋①。

【注释】

①上兵伐谋：上兵，上乘用兵之法；伐，进攻、攻打；谋，谋略。伐谋，以谋略攻敌赢得胜利。此句意为用兵的最高境界是用谋略战胜敌人。

【译文】

所以，用兵的上策是用谋略战胜敌人。

解读

大成者必有大谋略

战争是政治通过另一种手段（暴力）的继续，因此，战争具有政治和暴力两重属性。战争的胜利不单纯靠暴力手段，而自始至终贯穿着非暴力手段。自有战争以来，这两种手段都在自觉和不自觉地被人运用着。但当人们开始感觉到战争中非暴力手段的存在时，并没有立即深刻地认识到这一点，是孙子创造性地提出了这个问题。他第一次把非暴力手段概括为“不战而屈人之兵”，并系统地论述了其在战争中的作用、地位和实施方法，从而成为战略理论的重要组成部分。以后，“不战而屈人之兵”的思想，便成了非暴力斗争（政治斗争）与暴力斗争（军事斗争）相结合而突出非暴力手段的战争指导思想。在《谋攻篇》中他明确提出：“故上兵伐谋，其次伐交。其次伐兵，其下攻城。”这里，他把属于非暴力手段的“伐谋”和“伐交”放在第一、第二位，而把属于暴力手段的“伐兵”“攻城”置于第三、第四位，足见他对前者的重视。这种综合运用“伐谋”“伐交”“伐兵”而达到“不战而屈人之兵”的谋略，是一种高水平的战争指导思想。

“上兵伐谋”是说以智谋挫败敌人的战略计谋，乃是用兵作战的上策。据颜师古注：“言知有谋者，则以事而应之，阻其所为，不用兵事，所以为贵耶。”但是，“伐谋”必须以军事实力为后盾，又和战场上的军事行动紧密相连。在一定条件下，指挥者计谋运用得当，常可以不用武力而使敌人屈服，避免或推迟一次战争的爆发。

大成者必有大谋略，这大谋略又出自智慧。巧妙的全胜，不能以蛮力求强，而应当以巧求强，这才是聪明人的智举。此可谓顺势而行之道。

三国时期，曹操平定河北之后，大举南下，征伐荆州。刘琮自知不是曹操的对手，便率众投降。这样，曹操不费吹灰之力便占领了襄阳。

刘备因寡不敌众，只好率部退往江陵，但在长坂坡被曹军追击。双方血战一场，刘备大败，幸得张飞保护，且战且走。待到天明，见追兵渐远，刘备方敢下马歇息。

这时，赵云、糜竺、简雍等均不知下落，刘备身边只剩下一百多名骑兵。正凄惶之间，忽见糜芳身带数箭，踉跄而来，口称“赵云投降曹操去了”。

刘备不信，张飞说：“他见我们势穷力尽，所以投降曹操，以便图取富贵。我现在就去找他，如果撞见，就一枪刺死他。”说完，不听刘备劝阻，飞身上马，率二十多名骑兵回到长坂桥边。他见桥东有一大片树林，心生一计，叫那二十多名骑兵都砍下树枝拴在马尾上，在树林中往来奔驰，冲起尘土作为疑兵；自己则横矛立马于桥上，向西而望。

其实，赵云并未投降曹操。撤退时，他受命保护老小，在长坂坡被曹军冲散，便不顾死活，翻身杀入重围。经过一天血战，赵云先后救出简雍、糜竺、甘夫人和阿斗，杀死曹营名将五十多员直突重围，到达长坂桥边时，已经是人困马乏。他见张飞挺矛立马于桥上，便大呼："翼德援我!"张飞因有简雍报信，已知赵云并未背叛，便说："子龙快走，追兵有我抵挡!"赵云纵马过桥。此时，曹军大将文聘引军至桥边。他见张飞倒竖虎须，圆睁环眼，手持蛇矛，立马桥上；又见桥东树林之后尘土飞扬，疑有伏兵，便勒住马，不敢近前。不一会儿，曹仁、李典、张辽、许褚都来到长坂桥，见张飞怒目横矛立马于桥上，都恐怕是诸葛亮用计，谁也不敢向前，只好扎住阵脚，一字儿摆在桥对面，派人向后军飞报曹操。

曹操得到报告，赶紧催马由后军来到桥头。张飞站于桥上，隐隐约约见后军有青罗伞盖、仪仗旌旗来到，料到是曹操起了疑心，亲自来阵前查看。张飞等得心急，大声喝道："我乃燕人张翼德，谁敢来与我决一死战!"声音犹如巨雷一般，吓得曹兵两腿发抖。曹操赶紧命左右撤去伞盖，环视左右将领，说："我以前曾听关云长说过，张飞能于百万军中取上将头颅如在囊中取物那么容易。今天遇见，大家千万不可轻敌。"曹操话音刚落，张飞又圆睁双目大声喊起来："燕人张翼德在此，谁敢来与我决一死战!"曹操见张飞如此气概，自己已是心虚，准备退军。张飞看到曹操后军阵脚移动，又在桥上大声猛喝道："战又不战，退又不退，却是何故?"喊声未绝，曹操身边一员大将夏侯杰惊得肝胆碎裂，从马上栽倒地下，气绝而死。曹操赶紧掉转马头，回身便跑。于是，曹军众将一起往西奔逃而去。一时弃枪落盔者不计其数，人如潮涌、马似山崩、自相践踏。

张飞见曹军一拥而退，不敢追赶，急忙唤回二十余骑士兵，解去马尾树枝，拆断长坂桥，回营交令去了。

上兵伐谋，其次伐交，其次伐兵，其下攻城。打仗首先要靠动脑子，做事情也是如此。做事情讲究方法，同样的实力，只要方法正确，就能事半功倍；方法错误，就会事倍功半。

以交代兵，赢取胜利

【原典】

其次伐交[①]。其次伐兵[②]，其下攻城。攻城之法[③]，为不得已[④]。修橹轒（fén）辒[⑤]，具器械[⑥]，三月而后成，距闉（yìn）[⑦]，又三月而后已[⑧]。将不胜其忿而蚁附之[⑨]，杀士三分之一，而城不拔者[⑩]，此攻之灾也。

故善用兵者，屈人之兵而非战也[⑪]，拔人之城而非攻也[⑫]，毁人之国而非久也[⑬]，必以全争于天下[⑭]，故兵不顿而利可全[⑮]，此谋攻之法也[⑯]。

【注释】

①其次伐交：交，交合，此处指外交。伐交，即进行外交斗争以争取主动。当时的外交斗争，主要表现为运用外交手段瓦解敌国的联盟，扩大、巩固自己的盟国，孤立敌人，迫使其屈服。②伐兵：通过军队间的交锋一决胜负。兵，军队。③攻城之法：法，办法，做法。④为不得已：言实出无奈而为之。⑤修橹轒辒：制造大盾和攻城的四轮大车。修，制作、建造；橹，藤革等材料制成的大盾牌；轒辒，攻城用的四轮大车，用桃木制成，外蒙生牛皮，可以容纳兵士十余人。⑥具器械：具，准备。意为准备攻城用的各种器械。⑦距闉：距，通“具”，准备；闉，通“堙”，土山。为攻城做准备而堆积的土山。⑧又三月而后已：已，完成、竣工之意。⑨将不胜其忿而蚁附之：胜，克制、制伏；忿，愤懑、恼怒；蚁附之，指驱使士兵像蚂蚁一般爬梯攻城。⑩杀士三分之一，而城不拔者：士，士卒；杀士三分之一，即使三分之一的士卒被杀；拔，攻占城邑或军事据点。⑪屈人之兵而非战也：言不采用直接交战的办法而迫使敌人屈服。⑫拔人之城而非攻也：意为夺取敌人的城池而不靠硬攻的办法。⑬毁人之国而非久也：非久，不要旷日持久。指灭亡

敌人之国不需旷日持久。⑭必以全争于天下：全，即上言“全国”“全军”“全旅”“全卒”“全伍”之“全”。此句意为一定要根据全胜的战略争胜于天下。⑮故兵不顿而利可全：顿，同“钝”，指疲惫、挫折；利，利益；全，保全、万全。⑯此谋攻之法也：这就是以谋略胜敌的最高标准。法，标准、准则。

【译文】

其次是挫败敌人的外交联盟。再次就是直接与敌人交战，击败敌人的军队，下策就是攻打敌人的城池。选择攻城的做法实出于不得已。制造攻城的大盾和四轮大车，准备攻城的器械，费时数个月才能完成；而构筑用于攻城的土山，又要花费几个月才能完工。如果主将难以克制愤怒与焦躁的情绪而强迫驱使士卒像蚂蚁一样去爬梯攻城，结果士卒损失了三分之一而城池却未能攻克，这就是攻城带来的灾难。

所以，善于用兵的人，使敌人屈服而不是靠交战，夺取敌人的城池而不是靠强攻，毁灭敌人的国家而不是靠久战。一定要用全胜的战略争胜于天下，这样既不使自己的军队疲惫受挫，又能取得圆满的、全面的胜利。这就是以谋略胜敌的标准。

解读

外交手腕巧胜敌

《谋攻篇》中所提出的“伐谋”“伐交”“伐兵”“攻城”等克敌制胜方式的选择，孙子认为，从“不战而屈人之兵”而论，“伐谋”为上，而“伐交”则较“伐谋”为次。但是，“伐交”在谋攻中仍占有重要位置，在统筹方略时，往往可以作为制胜的特殊手段。所谓“伐交”，西汉“单于和亲”瓦当张预注解：“伐交者，用交以伐人也。言欲举兵伐敌，先结邻国为犄角之势，则我强而敌弱。”李筌注解：“伐其始交也。苏秦约六国不事秦，使秦国

闭关十五年不敢窥山东也。”因此，国家首脑精于政治外交者，能以交为谋，以交代兵，夺取战争的胜利。所以古今中外，伴随政治、经济、军事斗争而施行“伐交”之丰富多彩，史不绝书。

“伐交”，也即外交，它在现当代各国、各企业的历史发展中仍起着举足轻重的作用。有时候，外交成功，就可以变危机为有利时机，变被动为主动，以至于扭转局势，并取得最终的胜利，或达到最终的目的。

唐朝在经历了“安史之乱”后，社会内部矛盾更加错综复杂，国力也日益衰弱，尤其是吐蕃统治集团早已对这块肥肉虎视眈眈。

没想到，一场叛乱却在这时掀起，引发叛乱的主要人物就是仆固怀恩。仆固怀恩曾经参与平定安禄山的叛乱，但是朝廷却没有赏赐他，他心里非常不满，就决定反叛。不久，他带领轻骑三百多人逃往灵州，并发誓与唐朝势不两立。为了推翻唐朝政权，仆固怀恩通过撒谎欺骗向吐蕃、回纥借来 10 万大军，从灵州向长安进攻。仆固怀恩的大军很快就到达奉天。长安受到严重威胁，朝内的文武百官，却都一筹莫展，政局又是一片混乱。皇帝惴惴不安，忙向大臣们问计。郭子仪说：“仆固怀恩曾做过我的部将，我了解他。他虽是一员猛将，但他不爱惜士兵。士兵虽然跟着他，只是迫于无奈，但心里都想乘机重返家园，所以只要我们指挥得当，打败他并不困难。”皇帝听了郭子仪的话，就立即任命他为关内河东副元帅，让他率领 10 万大军去讨伐仆固怀恩。

10万大军在仆固怀恩的率领下，横冲直撞、旁若无人，直朝奉天城而来。这恰好中了郭子仪诱敌深入的计策。仆固怀恩的将士刚要摆开阵势，就听见战鼓咚咚、杀声震天，奉天城外，唐军摆成一字阵势，非常严整，当中竖着一面帅旗，随风飘扬，旗上写一个“郭”字。仆固怀恩的将士一听说郭令公的大名，都吓得丢盔弃甲，四散逃跑，郭子仪可以说是不战而胜。仆固怀恩只得带领残兵败将又回到灵州。唐军取得了这次战役的胜利。

这次失败并没有让仆固怀恩死心，后来，他又勾结吐蕃、回纥、吐谷浑共10万多人，再次进犯长安。

为了阻挡各路叛军的进犯，郭子仪传令各地驻军，必须坚守要塞，抵制敌兵，不让敌兵前进一步。

郭子仪深知这场战争战必失败，退则被歼，只能“智取”，不能“力敌”。他决定寻找机会主动出击。

郭子仪召集所有的将领一起来商量退敌的策略。任命部将白孝德为副元帅，让他死守泾阳，等待援军；派牙将李光瓒去见回纥王，表示愿和回纥王联合平定吐蕃。回纥王听说郭子仪还健在，十分惊奇，半信半疑。他对李光瓒说：“郭令公真在人间？你不是欺骗我吧？如果他还活着，我可以见见他吗？”

李光瓒把回纥王的这番话告诉了郭子仪。郭子仪是个足智多谋、不畏凶险的将领，为了劝退回纥兵，他决定一个人去见回纥王。他对将士们说：“敌强我弱，实力相差悬殊，很难用武力战胜。过去唐朝和回纥的关系密切，曾订过互不侵扰盟约。为今之计，我不如亲自去说服他们。兵不血刃，退回纥兵。”郭子仪要冒着生命危险，单枪匹马去回纥军营中与他们谈判，将士们都很担心他的安危，准备选拔 500 名精锐骑兵随身保护他。郭子仪坚决拒绝，他说：“这样做，不但没有好处，反而会让回纥王有更深的防范，说不定还会有误解。”

郭子仪事先做了安排，在他到达回纥军营后，让人连声高喊：“郭令公来了，郭令公来了！”回纥兵闻者丧胆，情不自禁地都放下了武器。回纥兵的统帅药葛罗立即拿起弓箭，准备应战。郭子仪来到回纥军营门前，不慌不忙地翻身下马，摘掉头盔，脱去铁甲，放下刀枪，勇敢沉着地向回纥营中走去。回纥兵都很吃惊，大眼瞪小眼，不约而同地说：“果真是郭令公呀！”药葛罗也放下弓箭，赶忙走过来迎接郭子仪。郭子仪握着药葛罗的手，非常严肃地说：“你们回纥替唐朝立过大功，唐朝万分感激，为什么违背盟约，向唐朝进攻？你们丢掉过去的功劳，帮助叛臣仆固怀恩作乱，同唐朝结怨仇，是不明智的选择啊！仆固怀恩叛唐弃母，被人唾骂，像他这样寡廉鲜耻的人，能为你们带来什么好处呢？今天我独自一人来到这里，早就把生死置之度外，如果你们真心同唐朝和好，应该马上撤兵。不然，我将传令三军，一气杀来，管叫你们片甲不留。如果你们现在敢把我杀死，唐军一定不会答应。”郭子仪的一番话，吓得药葛罗惊慌失措，连连说：“我们受了仆固怀恩的欺骗，他说皇帝已死，说你早已在阵前丧命，朝内一片混乱，没有主人，因此我们才敢跟仆固怀恩来进犯。现在我们知道皇帝仍然坐镇京城，又亲眼看到你，我们怎么还敢和唐军对抗呢？

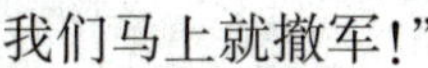

我们马上就撤军!”

看到事情成功，郭子仪心里十分高兴。为了粉碎回纥与吐蕃的联盟，他抓紧机会，又劝药葛罗说：“吐蕃王不讲道义，反复无常，趁着唐朝内乱，便抢占土地、烧毁城市、破坏乡村，还掠去大批财物。假如你们肯帮助我们打退吐蕃，继续保持同唐朝的友好关系，唐朝就把吐蕃抢去的东西，全部送给你们，你们不要失去这个好机会啊!”药葛罗听了又感激、又惭愧地说：“令公的话开导了我，我愿帮助唐军打退吐蕃兵，以便立功赎罪。不过，请你不要把仆固怀恩的儿子杀掉，因为他是我们王后的兄弟，杀了他，我们王后会很伤心的。”郭子仪答应了他的请求。先前一直在旁边观望的回纥兵，这时稍稍转向前来，郭子仪的随从人员怕他们伤害郭子仪，也紧紧跟上几步，加强戒备。郭子仪却毫不惊慌，挥手叫部下退回。药葛罗一面喝退士兵，一面叫人摆出酒席，同郭子仪同饮共欢。药葛罗要试一下郭子仪是否有诚意，请他举起酒杯发誓，郭子仪对众多将士说：“大唐天子万岁！回纥可汗万岁！谁若违背誓言，就叫他死在阵前!”药葛罗也照样发了誓。双方互相立了盟约后，郭子仪就领着几个部下回到了唐营。

不费一兵一卒，郭子仪就这样又平定了一场叛乱，并且还为唐朝争取到了一个盟友。

“伐交”是孙子兵法理论的重要原则之一，孙子很强调“伐交”，认为它的作用仅次于“伐谋”。通过外交斗争瓦解敌方的联盟，扩大、巩固自己的联盟，以争取战略上的主动，孤立敌手，迫其屈服，从而以不直接进行战场交锋的途径取得胜利。做事情，要学会打外交牌。

小敌之坚，大敌之擒

【原典】

故用兵之法，十则围之①，五则攻之，倍则分之②，敌则能战之③，少则能逃之④，不若则能避之⑤。故小敌之坚，大敌之擒也⑥。夫将者，国之辅也⑦，辅周则国必强⑧，辅隙则国必弱⑨。

【注释】

①十则围之：兵力十倍于敌就包围敌人。②倍则分之：倍，加倍。分，分散。有一倍于敌人的兵力，就设法分散敌人，造成局部上的更大优势。③敌则能战之：敌，指兵力相等，势均力敌。能，乃、则的意思。此处与则合用，以加重语气。此句言如果敌我力量相当，则当敢于抗击、对峙。④少则能逃之：少，兵力少。逃，逃跑躲避。⑤不若则能避之：不若，不如，指实际力量不如敌人。⑥小敌之坚，大敌之擒也：小敌，弱小的军队。之，助词。坚，坚定、强硬，此处指固守硬拼。大敌，强大的敌军。擒，捉拿，此处指俘虏。弱小的部队坚持硬拼，就会被强大的敌人所俘虏。⑦国之辅也：国，指国君。辅，原意为辅木，这里引申为辅助、助手。⑧辅周则国必强：言辅助周密、相依无间国家就强盛。周，周密。⑨辅隙则国必弱：辅助有缺陷则国家必弱。隙，缝隙，此处指有缺陷、不周全。

【译文】

因此，用兵的原则是，拥有十倍于敌人的兵力就包围敌人，拥有五倍于敌人的兵力就进攻敌人，拥有两倍于敌人的兵力就设法分散敌人，兵力与敌人相等就要努力抗击敌人，兵力少于敌人就要退却，兵力弱于敌人就要避免

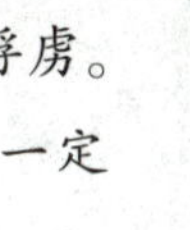

决战。所以，弱小的军队如果一直坚守硬拼，就势必成为强大敌人的俘虏。将帅是国君的助手，辅助周密，国家就一定强盛，辅助有缺陷，国家就一定衰弱。

解读

不要和强大的对手硬碰硬

在孙子看来，用兵的原则是，拥有十倍于敌人的兵力就包围敌人，拥有五倍于敌人的兵力就进攻敌人，拥有两倍于敌人的兵力就设法分散敌人，兵力与敌相等就要努力抗击敌人，兵力少于敌人就要退却，兵力弱于敌人就要避免决战。所以，弱小的军队如果一直坚守硬拼，就势必成为强大敌人的俘虏。以小博大，硬碰硬肯定是自找苦吃，这就像拿鸡蛋碰石头一样，最终的结果只能是自己粉身碎骨。

对于在市场竞争中实力处于劣势的一方来说，必须学会采取灵活的竞争策略，避免和有足够实力的企业打“阵地站”，要学会避其锋芒。当力量对比悬殊时，应该凭借自身的优势，取长补短；在竞争中，采取“避”“借”“联”的策略。

“避”是弱势一方要避免和大型企业的正面冲突，避免生产和大型企业拳头产品相同的产品，避开大型企业的强势市场大本营，避开大型企业传统的分销渠道，避开使用大型企业惯使的促销绝招。否则，采用和大型企业相同的营销策略，不仅会因为相互撞车而自取灭亡，还会由于总是生活在“巨人”的阴影下而难以得到发展。

“借”是小企业应充分利用大型企业的资源来发展自己。大型企业有良好的商誉和响当当的品牌，小企业可以借之，大型企业有宽广快速的营销网络，小企业可以借之；大型企业有充裕的资金和先进的管理技术，中小企业也可以借之……只要小企业具有整合资源的良好能力，一切都能为它所用。

“联”是小企业自身的联合与支援。在没有外援的情况下，小企业自己相互抱聚成团，由小而大、由大而强，会大大增强抵抗风险的能力。

哈勒尔在1967年凭借买断“配方409”清洁喷液的批发权，已占据美国清洁剂5%的市场，几乎50%的清洁喷液市场。哈勒尔公司以及它的老板哈勒尔先生，过得异常舒服。

某年的一天，家用产品之王——宝洁公司开始眼红。它推出了一个叫“新奇”的清洁喷液。哈勒尔的生意遭遇到大的问题——显然，它不是宝洁的竞争对手。

按照宝洁的习惯做法，它在创造、命名、包装、试销和促销“新奇”这个产品时，要投入大量的资金，还要通过问卷调查、个别和集体访问作出心理和数字统计，也要耗费大量市场研究费用。

宝洁在丹佛市进行这项产品试销时，郑重其事，声势浩大。与此同时，在全国投入大笔资金展开广告攻势。结果在丹佛的试销小组报告：“所向披靡，大获全胜”。因此，宝洁在喜气洋洋的气氛下，信心十足，虚荣心也得到了全面满足。哈勒尔感到了恐惧——他得到的信息表明他即将被踢出清洁喷液的市场，他要垮掉——他必须冷静下来，设置对抗的谋略。

哈勒尔决定采取三步：扰乱对手的视线；打击对手主管人员的信心；限制对手产品在市场上的销售量，从而，使其因销量不佳，难以抵补已投入的大量资金而撤出这个“新奇”产品项目。

首先，宝洁在丹佛试销时，哈勒尔从丹佛撤出自己的“配方409”。当时有两种形式可供选择：第一种，全部把自己的产品从货架上搬走；第二种，先中止在丹佛的广告和促销，然后停止供货，渐渐使商店无货可补。大家注意：计谋在“计理”上讲究层深，一般设到第二层，胜算在80%以上。以上两种撤货形式实际上分别是哈勒尔第一步谋略的第一、第二层。哈勒尔选择了第二层，因为如果选择第一层，很容易让对手发觉。他静悄悄地、迅速完成了这个“游击战”。

哈勒尔成功了。仅仅是试销，已经让宝洁飘飘然，不可一世。

其次，实行第二步。在宝洁“新奇”大面积上市，正准备开展全国范围内的“席卷攻势”时，哈勒尔将“配方409”以原来价格的50%倾销，本来宝洁主管人员认为“哈勒尔已不在市场了”，此时却感到措手不及。

最后，同时实施第三步，哈勒尔用广告来大肆广而告之：“优惠期有限!”结果一般的清洁喷液消费者在很短的时间内几乎购买了可用半年以上的“配方409”清洁喷液。——也就是说，宝洁的“新奇”再好，甚至即便也跟进降价，但消费者在半年内也用不着再买此类商品了！在信心打击下，产品上市就严重滞销，宝洁内部开始认为“新奇”是项“错误的产品”，在议论纷纷中，不得不撤销“新奇”的生产销售计划。

哈勒尔赢的很险。企业在与对手的竞争中，可通过巧妙的竞争手段破坏对手消费者的印象，证明自己更符合消费者的需求，比竞争对手更好地满足消费者，从而达到最终取代竞争对手。

在双方实力相差悬殊的情况下，采用迂回战术，能有效避开正面冲突，保存企业实力。而避其锋芒，步步为营，又可以使企业稳扎稳打，最终对竞争对手形成有力的打击。

将能而君不御者胜

【原典】

故君之所以患于军者三[①]：不知军之不可以进而谓之进[②]，不知军之不可以退而谓之退，是谓縻军[③]。不知三军之事，而同三军之政者[④]，则军士惑矣[⑤]。不知三军之权而同三军之任[⑥]，则军士疑矣。

【注释】

①君之所以患于军者三：君、国君。患，危害。意为国君危害军队行动的情况有三个方面。②谓之进：谓，使的意思，即“使（命令）之进。”③是谓縻军：这叫做束缚军队。縻，束缚、羁縻。④不知三军之事而同三军之政者：不了解军事而干预军队的政令。三军：泛指军队。春秋时一些大的诸侯国设三军，有的为上、中、下三军，有的为左、中，右三军。同，此处是参与、干预的意思。政：政务，这里专指军队的行政事务。⑤军士惑矣：军士，指军队的吏卒。惑，迷惑、困惑。⑥不知三军之权而同三军之任：不知军队行动的权变灵活性质，而直接干预军队的指挥。权，权变，机动。任，指挥，统率。

【译文】

国君危害军事行动的情况有三种：不了解军队不能前进而硬使军队前进，不了解军队不能后退而硬使军队后退，这叫做束缚军队；不了解军队的内部事务，而去干预军队的行政，就会使得将士迷惑；不懂得军事上的权宜机变，而去干涉军队的指挥，就会使得将士产生疑虑。

解读

学会授权和充分信任

孙子明确阐述了由于君主干预、钳制军队作战行动所带来的危害，提出了“将能而君不御者胜”的科学论断。“将能而君不御者胜”反映了封建社会领兵挂帅的将军与君主之间的合作关系，特别强调要在思想上协调一致。君主应信任在外指挥作战的将领，不能乱加干涉、掣肘，这一点极为重要。

这是孙子关于机动灵活用兵的思想之一。将领选择好了就应授权让他独立指挥。将帅有能力组织、指挥军队作战，国君就不要越权干预指挥，应该大胆放手让将帅发挥主观能动性；作为将领应该在“唯人是保、利合于主”的最高原则下，结合战场实际情况大胆机断行事。当国君的命令不符合客观实际时，身在战场、熟知军情的将领要从实际出发，机断行事，绝不能囿于君主陈命而机械服从，这样才能取得战争的胜利。要做到这一点必须以君、将相互信任为前提，倘若君疑将骄，就会“三军既惑且疑”，必然导致自乱其军，自取败亡。

对一个企业而言，也是同样的道理。如果领导期望下属对自己忠诚，就必须对下属完全的信任。

信任可以增强下属的责任感。作为管理者，只有对下属充分地信任，以信任感激励下属的使命感，下属才能更加自觉地认识到自己工作的重要性，才能在工作中尽职尽责。

信任可以增强下属的主动进取精神。《寻求优势》一书中有这样一句话：“实际上，没有什么东西比感到人们需要自己更能激发热情。”信任就意味着放权，管理者因信任下属，也就敢于放权，下属得到了工作的主动权，就能放开手脚，积极大胆地工作，有所发明、有所创造。

信任可以留住人才。组织与组织之间的人员流动是正常的和不可避免的，但人才的流失，对组织是有害的。

刘备被曹操追至当阳长阪坡，有人说赵云投奔了曹操，刘备马上说："赵云是知交故友，乃忠义之士，在患难之际，绝非贰意。"结果，赵云救回后主而归。

对下属信任，他才会鞠躬尽瘁，因为你肯定他的奉献，衷心欣赏他的才华，把他视为朋友兄弟。作为领导，不能信听谣言或说三道四，无故怀疑下属的能力和才干，这都是对工作不利。

对下属的信任，可展示领导广阔的胸襟，能换取属下的信任与尊敬。

对下属的信任，体现为用人不疑。这个"不疑"是建立在择用人才之前的判定、考核基础上的。不用则罢，既用之则信任之。管理者只有充分信任下属，大胆放手让其工作，创造良好的前提条件让他独立地发挥才干，即委之以事，就要有放手让权的气魄，才能使下属产生强烈的责任感和自信心，从而激发下属的积极性、主动性和创造性。正确授权可以减少领导者工作负担，集中精力处理更重要更大的问题。也是对下属的一种信任，可以充分发掘下属的创造性力，调动下属的积极性，有利于领导发现人才、锻炼人才、培养人才，也有利于发挥专长、提高组织的整体力量，更有利于避免领导专断，降低错误决策风险，减小错误决策所造成的损失。所以领导必须学会授权艺术。

既惑且疑，诸侯难至

【原典】

三军既惑且疑，则诸侯之难至矣，是谓乱军引胜①。

【注释】

①是谓乱军引胜：乱军，扰乱军队；引，失去之意。此句意思为自乱军队，失去了胜机。

【译文】

军队既迷惑又心存疑虑，那么诸侯列国乘机进犯的灾难也就随之降临了。这叫作自乱其军，徒失胜机。

解读

千军易得，一将难求

孙子把深知用兵之道的将帅看作民众生死的掌握者，是国家安危的主宰者。自古千军易得，一将难求。而要求得这样的一个“将”，靠的就是信任。

兵将一旦感到领导者的信任，就会产生一种自我表现的强烈欲望，充分调动自身的潜能，把事情干得好上加好，以赢得领导者更大的信任。因此，选拔与重用是加速人才成长的重要途径。

信任是领导者的良好品格，会像磁石一样吸引住人才；猜忌、多疑则是一种病态心理，最容易导致人才的流失。

范雎，战国时期魏国人，是大夫须贾的门客。

这一年，魏昭王派须贾出使齐国，范雎随同前往。齐襄王召见须贾，向他提出一些问题，须贾答不出来，范雎站出来答复，有理有据，令齐襄王深为叹服。于是他派人劝范雎留在齐国。范雎说："臣与使者同出，而不同归，这是不信不义，今后何以为人？"

使者把此事报告了齐襄王，齐襄王更加喜爱范雎，并派人赐给他黄金、牛和酒，范雎没有接受。这件事被须贾知道了，他以为范雎把魏国的隐秘告诉了齐国。回国后，他把这事报告了魏国的相国魏齐。魏齐不问青红皂白，令人打了范雎一百竹板，打断了范雎的肋骨和牙齿，并让人把范雎用竹席卷上抬入厕所，他们则在屋中纵酒寻欢，还让人轮流往范雎身上撒尿。范雎佯装死去，待天色渐晚，只有一个小卒看守他时，他便对小卒说："只要您把我放出去，我家中还有黄金数百两，都送给您。"小卒见有利可图，便向魏齐报告说："厕间死人已经腥臭了，应该扔出去。"魏齐因为喝醉了酒，于是令小卒把范雎扔掉。

范雎逃回家后，对家人说："魏齐恨我，酒醒后必定来家里找我，我得赶快逃走。"魏齐酒醒后果然派人来寻找范雎，但范雎已在好友郑安平的帮助下隐匿起来，从此，他改名更姓叫张禄。

半年后，秦国使者王稽来到魏国。郑安平把范雎推荐给王稽，王稽和范雎一交谈，觉得此人非比寻常，于是在办完公事之后，悄悄用车把范雎带入秦国。

行至秦国的湖关，远远望见一队人马迎面跑来。一问王稽，方知是穰侯魏冉。范雎知道其人乃秦太后之弟，仗势专横，便说："我听说穰侯嫉妒能人，我还是躲一躲吧。"于是，在车上的箱子里藏了起来。

一会儿，穰侯到了。他斜眼看了看王稽的车子，说："你没带外国的客人来吧？这种人专门会说好听的话，其实完全没有用处。"王稽说："我可不敢带什么人来。"穰侯点点头就分别了。

待穰侯的人马远去，范雎从箱子里钻出来，对王稽说："穰侯遇事不敏感，见识短，方才他怀疑车里有人，却忘记了搜查，一会儿必然派人回来搜查，我还是躲开吧。"于是范雎下车，离开车队步行。走了十多里，魏冉果然

派人骑马回来搜车子，没搜到什么才离去，这样，范雎才得以与王稽一起进入咸阳城。

范雎到达秦国，虽然有王稽推荐，但秦王并没有相信王稽的话，一年也没接见过他。范雎深居简出，闭门读书，研究天下大事与诸侯纷争形势，坚信秦王总有一天会接见他、重用他。

秦昭王三十六年，秦国对楚国、齐国大举进攻，取得了一些胜利。但在国内，穰侯、华阳君以及昭王的弟弟泾阳君、高陵君都仰仗宣太后，权势日益增大，私家财富比王室的还多。范雎深为秦国的形势忧虑，遂恳切陈词，上书昭王。

秦昭王早已把范雎其人忘却，突然看到范雎上书，很受感动，于是派专车去请范雎，君臣相见，谈得甚为投机。

范雎对秦昭王说："大王的国家，四面都有天险作为屏障，进可以攻，退可以守，这是成就王业的土地。民众为国家打仗很勇敢，这是成就王业的基础。可秦国到现在闭关自守 15 年，大王的计策有失误的地方。"

秦昭王诚恳地说："寡人希望听您说说我的计策失误的地方。"

范雎侃侃而谈："穰侯越过韩、魏而进攻齐国，这不是好计策，少出兵不足以伤害齐国，多出兵却对秦国有害。"他向秦昭王献计说："大王不如采取结交远方的国家而攻取就近国家的策略，得到一寸土地就占有一寸土地，得到一尺土地就占有一尺土地……"

一席话，说得秦昭王口服心服，他封范雎为客卿，采用了范雎的策略，使秦国的领土不断扩大。几年后，秦昭王又采纳范雎的计策把穰侯、高陵君、华阳君、泾阳君逐出函谷关外，夺回了他们手中的权力，范雎也被任命为秦国的相国。

秦昭王此后对范雎信任有加，很多国事都交给范雎处理。秦昭王也因此得到了范雎这样一个良才。

知彼知己，百战不殆

【原典】

故知胜有五：知可以战与不可以战者胜；识众寡之用者胜①；上下同欲者胜②；以虞待不虞者胜③；将能而君不御者胜④。此五者，知胜之道也⑤。

故曰：知彼知己者，百战不殆⑥；不知彼而知己，一胜一负⑦；不知彼，不知己，每战必殆。

【注释】

①识众寡之用者胜：能善于根据双方兵力对比情况而采取正确的战法，就能取胜。众寡，指兵力多少。②上下同欲者胜：上下同心协力的能够获胜。同欲，意愿一致，指齐心协力。③以虞待不虞者胜：自己有准备对付没有准备之敌则能得胜。虞，有准备。④将能而君不御者胜：将帅有才能而国君不加掣肘的，能够获胜。能，有才能；御，原意为驾驭，这里指牵制、制约。⑤知胜之道也：认识、把握胜利的规律。道，规律、方法。⑥殆：危险、失败。⑦一胜一负：即胜负各半，指没有必胜的把握。

【译文】

所以能把握胜利的情况有五种：知道可以打或不可以打的能够胜利，了解兵多和兵少的不同用法的能够胜利，全军上下意愿一致的能够胜利，自己有准备来对付无准备的敌手的能够胜利，将帅有才能而国君不加掣肘的能够胜利。凡此五条，就是把握胜利的方法。

所以说，既了解敌人，又了解自己，百战都不会有任何失败的危险；虽不了解敌人，但是了解自己，那么有时能胜利，有时会失败；既不了解敌人，又不了解自己，那么每次用兵都会有危险。

解读

知彼知己，先胜后战

孙子强调“先知”，认为“先知”是“三军所恃而动”的根据。他说：“明君贤将，所以动而胜人，成功出于众者，先知也。”他认为，开明的国君，贤良的将帅，之所以一出兵便可战胜敌人，而战果辉煌，就在于能事先全面地了解敌情。与此相反，如果情况不明，正如“盲人骑瞎马，夜半临深池”，如此来决定事情，必遭覆军杀将的后果。

正因为先知与否事关胜败，所以孙子认为：“不知敌之情者，不仁之至也，非民之将也，非主之佐也，非胜之主也。”他把事先了解敌人情况，看成将帅、谋臣和国君是否高明的重要标志。

那么，如何用兵才是“知彼知己”，从而能够“百战不殆”呢？

孙子指出了五种可以预见到胜利的情况。这五种情况是：知道什么情况下可以打什么情况下不可以打的能胜利，懂得根据兵力多少而采取不同战法的能胜利，官兵有共同愿望、上下同心的能胜利；以有准备对待没有准备的能胜利；将帅有指挥才能而国君不加以牵制的能胜利。

孙子的结论是：了解敌人，了解自己，百战都不会失败；不了解敌人而了解自己，胜败的可能各半；不了解敌人，也不了解自己，那就会每战必败。

了解敌我情况，才能取胜。在当今国际竞争情况下，企业要了解竞争环境中的各种因素，如竞争对手、消费者需求变化、政府法律法规变化、技术创新、营销环境等。只有全面了解这些因素，才能领先竞争对手，并采取相

应的措施来削弱其优势，增强自己的实力。在国际竞争中，企业决策者的决胜之策在于正确运筹的判断艺术，而“知彼知己”，是企业决策者正确判断的基础。

春秋后期，吴、楚两国的战争进行了长达60年之久。两国均感到筋疲力尽，无力再继续战斗下去。但经过五年的休战之后，两国元气稍有恢复。周景王二十二年（公元前523年）冬，楚平王派兵夺取了吴军侵占的州来（今安徽凤台）。州来是扼守淮河上游的军事重镇，吴王僚率公子光等再次进攻州来。楚平王闻讯，立即遣使征集顿、胡、沈、蔡、陈、许六国之军，于周敬王元年（公元前519年）七月与楚军会师于鸡父（今河南固始县东南鸡备亭），准备救州来。鸡父位于大别山西北麓，亦为当时楚国的军事重镇，其地扼淮河上游要冲，六、群、舒诸小国环绕其东南，胡、沈、陈、顿、息、江、道诸小国屏列其西北。楚国控制这里对付吴国，进可战，退可守，由此还可以控制淮颍地区诸小国，保持其在东方的势力范围。

然而，楚令此时正在患病，勉强支撑病体驰赴鸡父，与诸侯之军相会。因途中劳顿，病情愈发严重，便让楚司马薳越代为指挥，率诸侯之军向州来前进。吴公子光见楚军及诸侯之军力量强盛，吴军与之相较众寡悬殊，于是，

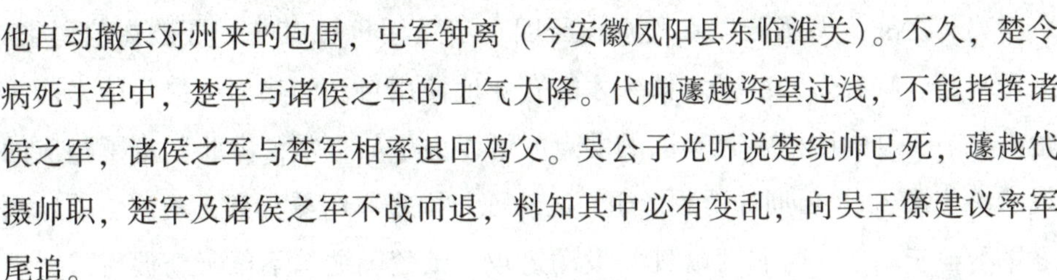

他自动撤去对州来的包围，屯军钟离（今安徽凤阳县东临淮关）。不久，楚令病死于军中，楚军与诸侯之军的士气大降。代帅薳越资望过浅，不能指挥诸侯之军，诸侯之军与楚军相率退回鸡父。吴公子光听说楚统帅已死，薳越代摄帅职，楚军及诸侯之军不战而退，料知其中必有变乱，向吴王僚建议率军尾追。

楚军及诸侯之军撤至鸡父后，薳越以为吴军未必敢深入楚境穷追，遂屯军鸡父，拟稍加休整后再决定行动。吴公子光对吴王僚说："跟随楚国与吴国作对的都是些小国，而且都是受楚国的胁迫而来的。胡、沈两国的国君年幼而轻狂，陈国大夫夏啮强硬而顽固，许、蔡两国素来愤恨楚国对他们的压迫。如今，楚帅已死，代行帅职的薳越资望浅，很难统率联军。况且楚军中多为楚王所宠信的人，不会服从薳越的指挥。七国联军同役而不同心，兵力虽多，也是可以打败的。如果分兵先向胡、沈、陈三国之军发动攻击，三国之军必然崩溃。三国之军一败，其余各国之军心就动摇了，各国一溃乱，楚军必然彻底崩溃。"吴王僚听取了公子光的意见。这年七月二十九日为"晦日"，双方交战于鸡父。"晦日"，自古为用兵作战的大忌，一般均闭营休息，以避此不吉之日。公子光故意选择"晦日"进攻，为的就是出敌不意，达到奇袭的目的。

薳越正在鸡父休兵，又值"晦日"，未想到吴军会突然发起攻击。他于仓促之中，让胡、沈、陈、许、蔡、顿六国之军为前阵，掩护楚军。吴军的进攻完全依照吴公子光预定的部署，以刑徒3000人为前阵，直攻胡、沈、陈三国之军。吴公子光率右军，公子掩余率左军，吴王僚率中军，紧随其后。刑徒未受过军事训练，刚刚接战即散乱后退。胡、沈、陈三国之军向前追赶，吴军从三面包围胡、沈、陈三国之军。胡、沈二国的国君，及陈国大夫夏啮均战死，吴军释放了胡、沈两军的俘虏，让他们逃到许、蔡、顿三国的军队去，一边狂奔一边叫嚷："我们的国君死了！我们的国君死了！"吴军呐喊着紧随乱兵之后，许、蔡、顿之军惊恐万分，未战先溃。楚军见乱军漫山遍野狂奔而来，许、蔡、顿之军动摇溃退，吴国大军掩至，只好向后败退。吴军大获全胜。

鸡父之战，吴军能以寡胜众，原因在于运用机智谋略，打破迷信习惯，出奇制胜。唯有先知敌人之情，才能有效地使用自己的兵力。吴公子光对于楚方七国将领的性格及其军队的弱点，可以说了如指掌，由此制定了相应的战术。若无3000名刑徒诱敌，胡、沈、陈三国之军叫嚣狂奔，则许、蔡、顿之军不至于动摇；若非“晦日”发动进攻，则楚国之军不至于仓促应战，以致阵列不整。总之，鸡父之战堪称知彼知己，依靠谋略作战而制胜的典型战例。

了解敌人，了解自己，百战都不会失败；不了解敌人而了解自己，胜败的可能各半；不了解敌人，也不了解自己，那就会每战必败。明察对手，审度自己，深谙知己知彼的原则，方能技高一筹，使自己立于不败之地。

第四篇 军形篇

本篇主要论述军队作战首先要使自己立于不败之地，然后寻求敌人的可乘之机，以压倒性的优势打击敌人，达到“自保而全胜”的目的。这也是唐太宗说的：“攻是守之机，守是攻之策，同归乎胜而已矣。”

先为不胜，待敌可胜

【原典】

孙子曰：昔之善战者，先为不可胜①，以待敌之可胜②。不可胜在己，可胜在敌③。故善战者，能为不可胜，不能使敌之可胜④。故曰：胜可知而不可为⑤。

【注释】

①先为不可胜：为，造成，创造；不可胜，使敌人不可能战胜自己。此句意为先创造条件，使敌人不能战胜自己。②以待敌之可胜：待，等待、寻找、捕捉的意思；敌之可胜，指敌人可以被我方战胜的时机。③不可胜在己，可胜在敌：指创造不被敌人战胜的条件，在于自己主观的努力，而敌方是否能被战胜，取决于敌方自己的失误，而非我方主观所能决定。④能为不可胜，不能使敌之可胜：能够创造自己不为敌所胜的条件，而不能强令敌人一定具有可能被我战胜的时机。⑤胜可知、而不可为：知，预知，预见；为，强求。意为胜利可以预测，却不能强求。

【译文】

孙子说：从前善于用兵打仗的人，先要做到不会被敌方战胜，然后捕捉时机战胜敌人。不会被敌人战胜的主动权操在自己手中，能否战胜敌人则取决于敌人是否有隙可乘。所以，善于打仗的人，能创造不被敌人战胜的条件，但却不可能做到使敌人一定被我战胜。所以说，胜利可以预测，但不可强求。

解读

首先保存自己，然后消灭敌人

战争的两种基本形式是攻与守。攻与守的目的都是保存自己，消灭敌人。但是，在战场上，许多情况下，敌人的兵力、物力或敌人所拥有的天时、地利往往要强于己方，己方不被消灭就不错了，奢谈战胜强敌，谈何容易！

孙子认为，在这种情况下，首先要积极创造条件，这是战胜敌人的客观基础。然后，在这个基础上，寻找战机，以弱制强。这样，战争的主动权才会掌握在自己的手中，取得胜利才更有把握。

什么事都有其前提条件，而条件是否充分、有利，将直接关系到事情的结果。所以，当准备做某件事时，一定要事先考虑周全、做好准备，充分有利的条件，会让所做的事情得以顺利完成。

俗语云："打铁还得自身硬。"为人处世与用兵作战一样，要想在激烈的竞争中出人头地，必须要有真才实学才行。

"善战者，先为不可胜"并非一句空话。只有创造必胜的条件，才能化弱为强。同时，懂得创造有利条件逆转当前的劣势，不但能让自身实力陡增，同时也会让对手变弱，这是在激烈的竞争中胜出的技巧之一。

战国末期，赵孝成王派李牧为将，镇守北边，帅府驻在代雁门郡（今山西省西北部宁武县以北）。为便于抗击匈奴，赵王特别赋予李牧可以根据战争的需要设置官吏的权力，而且一郡的田赋税收也全部归帅府，用作军事开支。

李牧到任后，每天宰杀几头牛犒赏士卒，加紧训练骑马射箭的技术；同时派精兵严守烽火台，以备随时报警；他又派出大量侦查敌情的情报员，以便有军情就可以及时报告。全军战士得到李牧的厚遇，人人争先，个个奋勇，都希望能为国家出力效劳。

平时，李牧总是明令部下："如果匈奴侵入边境掠夺物资，就赶快把物资收拾起来，退入城堡内防守，如有人擅自出战捕杀匈奴者，斩首示众。”

于是，每当匈奴入侵边境时，烽火台一报警。李牧立即下令收拾物资退入城堡，从不出战，这样过了几年，李牧没有人员伤亡，也没有损失过物资。然而，时间一长，匈奴兵将总以为李牧胆小怯战，根本不把他放在心上。就连赵国的士兵们也在下面偷偷议论，还有愤愤不平者，认为李牧胆小怯战。

后来，有人把李牧一意坚守不主动出击的消息报告给了赵孝成王，赵王派使者责备李牧，要求李牧出击匈奴。李牧却仍然和原来一样，只要匈奴一来，即深沟高垒，坚守不出。匈奴往往满怀希望而来，却一无所获而归。

赵王听说李牧仍然一味防守，灭了自己的威风，非常生气，也认为他胆怯无能。于是，立即免去了李牧的职务，派另外一员将领代替了他。

新将领到任后，废弃了李牧的全部规定，只是每天加紧训练，准备抗击入侵的匈奴。一年多以来，每当匈奴入侵，边将都下令出战，每次出战都不利，人员伤亡很大，物资损失也很多，而且边境上的百姓没有办法耕种和放牧，都纷纷逃亡。

实在没有办法，赵王只得又派使臣去请李牧重新担任代雁门郡郡守，李牧借口有病，坚决不肯就任。不得已，赵王只得下令强迫李牧出来。

李牧对赵王说：“大王，如果一定要让臣重新任北边守将，那就必须答应还照我从前的办法，我才敢接受命令。”赵王非常爽快地答应了。

这样，李牧又来到代雁门郡，命令将士还照以前的办法坚守。几年内匈奴几次入侵，都一无所获，总以为李牧胆小怯战。边疆将士因为天天得到犒赏，却没有出力的机会，都希望能在战场上为国家效力。李牧看时机已经成熟，于是，准备了经过严格挑选和修理好的战车1300辆，又挑选出精壮的战马13000匹，勇敢善战的士兵5万人，优秀射手10万人，然后把挑选出来的车、马、战士统统严格编队，进行战斗训练。一切准备就绪之后，让百姓满山遍野去放牧牲畜，引诱匈奴入侵。

没过多久，探子来报，发现小股匈奴兵到了离边境不远的地方。李牧派了一支小部队出战，刚一跟匈奴兵接触，就佯败拼命逃窜，丢下几十名百姓和牛羊让匈奴俘虏去。

听到前方战报，匈奴单于十分高兴，真的以为李牧怯懦可欺，于是，马上调动大部队侵入赵国的边境，准备大肆掳掠。

由于从烽火台报警和情报员报告中熟悉了敌情，所以，李牧早在匈奴来的路上埋伏了奇兵，当匈奴大部队一到，还没等单于布阵，李牧一声令下，左右两翼生力军早冲杀过去。将士们经过几年的养精蓄锐，个个生龙活虎，勇猛无比。

匈奴兵将一直不把李牧放在眼里，一心想着俘获女子和玉帛等回去享受，猛然受到赵军凶猛地进攻，阵脚很快被打乱，纷纷后退；李牧看到匈奴队列已乱，立即命令军中击鼓，中军主力也冲杀过去。李牧左右翼出击获胜，单于本来已经惊恐不安，眼看中军又冲杀过来，鼓声、人群喊杀声、战马嘶鸣声滚滚而来，单于吓得顾不得部下，自己掉转马头就跑。主帅一乱，匈奴兵更是一个个只顾逃命，哪里还有力量抵抗。李牧指挥部队，一路追杀。匈奴逃兵中途遇到李牧埋伏下的军队拦击，前后夹击，匈奴兵被杀得落花流水。这一仗，杀死匈奴十几万骑兵，缴获了无数马匹。

李牧大败匈奴之后，又趁势灭了在赵北部的匈奴属国檐褴、东胡、林胡等王国，迫使单于向遥远的北方逃去，完全清除了北方的忧患。这次战役以后，过了十几年，匈奴兵还不敢来入侵赵的边境。

攻与守是战争的两种基本形式，目的是保存自己，消灭敌人。首先要积极创造条件，积蓄作战实力，使自己立于不败之地，这是战胜敌人的客观基础。然后，寻找战机，以弱制强。这样，战争的主动权才会掌握在自己的手中，取得胜利才更有把握。

攻守相辅，进退自如

【原典】

不可胜者，守也；可胜者，攻也[①]。

【注释】

①不可胜者，守也；可胜者，攻也：意为使敌人不能胜我，在于我方防守得宜；而战胜敌人，则取决于我方进攻得当。

【译文】

想要不被敌人战胜，在于防守严密；想要战胜敌人，在于进攻得当。

解读

不胜则守，可胜则攻

在作战中究竟是采取攻还是守，这要以自己的军事实力为依据，在与敌军相对比后作出正确的决策。原则应该是当攻则攻，当守则守；否则，当攻而守，当守而攻，均为“败兵”之道。总的来看，孙武在攻与守的作用问题上，特别把防御看作“自保”的作战形式，把进攻看作取得胜利的作战形式。但孙武在这里所谋求的胜利不是一般的胜利，而是全胜。

防御战，是战略研究的起点。势劣力单时，不得不用守法。守与攻一样，是一种相当重要的战斗形式。克劳塞维茨在《战争论》中把防御比喻成盾牌，他说：“防御这种作战形式绝不是单纯的盾牌，而是由巧妙的打击组成的盾牌。”由此看来，这种作战形式的内涵比进攻形式还要丰富。

孙武描述防守的全胜战略时说：“善守者，藏于九地之下。”是说我军的防御形式如藏于深深的地下，使敌人无法窥其形态。敌人无法探知我方信息，而我方尽知敌军信息，从而稳操胜券。

从战术上来讲，进攻利大于弊。进攻战，在春秋时代已构成了体系性的战争形式，内容十分丰富。许多古代军事家的著述多谈论到进攻战，这主要是因为从战争的利弊来看，进攻几乎总是有利的。因为进攻可以把战祸带到敌国的领土上，消耗敌方资源，使本国免遭破坏，能提高我方士气并使敌方产生恐惧情绪。然而，主帅必须考虑到，主动的入侵性进攻必然会激起对方的抵抗，尤其是关系到对方国家命运的时候。进攻达到入侵程度时，战线虽然在敌国的领土上展开，但却是相当危险的。因为那里的山川要塞必然有利于防御而不利于进攻；民众强烈的反抗入侵者的情绪也会使进攻者无法安身。

进攻战中所遵循的运动原则为出其不意。在本篇中，孙武形象地描绘了善攻者的形象，“善攻者，动于九天之上，故能自保而全胜也”，是说善于进攻的军队行动如在高不可测的云天之上，使敌方无法探知其动向，而它则可以伺机而动，出敌不意地取得成功。因此，奇袭式进攻手段令古今中外军事史上的进攻者爱不释手，如今已发展成为军事艺术中一门独特的学问。

近代西方有军事家把进攻分为三种类型：一是所进攻的是一个大国的全部领土或大部领土，即入侵战争；二是所进攻的只有一个省，一道防线，即是一次普通的进攻；三是进攻的只是敌人的一个阵地，即攻击战役或战斗。

进攻的基本条件是能抓住机会。如在敌人恐慌惊惧时，巧妙调集兵力，聚而歼之，可以收到事半功倍的战果。趁敌退却和调换阵地时，加以进攻，是歼敌最难得的机会。在我军防守严谨时，也要随时注意寻求进攻的机会。可见进攻作为一种战争的指挥原则，并不是随意可为的决策，要在确保本军军力充实的基础上，把握战机、伺时而动、抓住机会，才能采取进攻行动。

在进攻战中，“主动”是将士行为的指南。主动常表现为先发制人，所以战争中最初的奋力一击，是战争成功与否的分水岭。猛攻就是奋力相击的形式，在进攻中，投入的力量越大，进攻越猛烈，自己的损失就越小。进攻的猛烈性，决定了进攻战术的连续性。在我方实力雄厚时，在适当的形势和条件下，进攻者发动连续不断的进攻，使对方没有喘息的余地，必然能取得胜利。

要在作战中取胜，必须妥善处理攻和守的问题。孙武认为，兵力不足就防守，兵力有余就进攻。防守时要十分严密地隐蔽自己，进攻时要打得敌人措手不及。这样，就能达到“自保而全胜”的目的。

在作战中究竟是采取攻还是守，这要以自己的军事实力为依据，在与敌军相对比后作出正确的决策。有余则攻，不足则守；先稳守势，再谋攻战；立足于攻，胜由攻来；攻中有守，有所防范。

守则不足，攻则有余

【原典】

守则不足，攻则有余①，善守者，藏于九地之下；善攻者，动于九天之上②，故能自保而全胜也③。

【注释】

①守则不足，攻则有余：采取防守的办法，是因为自己的力量处于劣势；采取进攻的办法，是因为自己的力量处于优势。②“九地、九天”句：九，虚数，泛指多，古人常把“九”用来表示数的极点。九地，形容地深不可知；九天，形容天高不可测。此句意为善于防守的人，能够隐蔽军队的活动，如藏物于极深之地下，令敌方莫测虚实；善于进攻的人，进攻时能做到行动神速、突然，如同从九霄飞降，出其不意，迅猛异常。③自保而全胜也：保全自己而战胜敌人。

【译文】

实行防御，是由于兵力不足；实施进攻，是因为兵力有余。善于防守的人，隐蔽自己的兵力如同深藏于地下；善于进攻的人，展开自己的兵力就像自九霄而降（令敌人猝不及防），所以，既能够保全自己，又能夺取胜利。

解读

善守善攻，收放自如

孙武在本篇中就“攻”与“守”进行了专题论述。他说：“不可胜者，守也，可胜者，攻也。守则不足，攻则有余。善守者，藏于九地之下；善攻者，动于九天之上，故能自保而全胜也。”孙武在这里就攻与守的作用、条件、特点和目的进行了全面的论述。其核心思想是根据敌我力量的不同，灵活运用作战的基本形式，掌握攻守之宜，能攻善守，以达到保存自己、取得全胜的目的。

三国时期的官渡之战，是曹、袁两大集团之间的一次主力决战，曹军取得了歼灭袁军7万精锐部队的胜利，奠定了统一北方的基础。这次战争，又是在北方平原上进行的坚固阵地防御战，也是中国历史上经典的以弱胜强、攻守相辅的成功战例。

公元198年冬，曹操消灭吕布，大体统一河南。次年春，袁绍消灭公孙瓒，统一河北。至此，在群雄混战九年多以后，北方诸雄基本覆灭。袁、曹两大集团的对抗成为历史必然。此时，袁绍兵力有十几万，其中精兵约10万，战争资源较充足。曹操总兵力约数万，远少于袁绍，且装备落后，战争潜力较差，但“士卒精练”，很有战斗力。为了集中力量对抗击袁绍，曹操在消灭吕布集团后，积极谋划，进行战争准备。袁绍亦深知曹操实力不凡，在消灭公孙瓒、发布进兵许都命令之后，也进行了半年的备战。

建安五年（公元200年）正月，袁绍向各州郡发布檄文，声讨曹操。二月，率10万大军进军黄河北岸重镇黎阳，官渡之战爆发。

面对袁军气势汹汹而来，曹军主力主动后撤，利用官渡的有利条件构筑主要防御阵地。为了掩护主力渡河，袁绍令大将颜良为先锋，率部渡过黄河，将曹军刘延部围困于白马。四月，曹操率官渡军主力北上解救白马之围，用荀攸之计，先到延津，佯示渡河袭击袁绍侧后，调动袁军来战。袁绍听说曹兵在延津企图渡河，果然分兵西应，削弱了白马对面黎阳的兵势。曹操分散袁军兵力成功后，率轻兵隐蔽，兼程奔袭白马。颜良发觉时，同曹军相距只有十来里，只得仓促迎战。颜良被曹操当时的部将关羽斩杀，袁军溃败。曹操以获胜之兵迁移百姓，沿河西撤。

五月，袁绍率主力渡河至延津，一面在延津以南构筑营垒，一面派出刘备、文丑追击西撤南下的曹军。曹操下令勒兵安营，使骑兵解下马鞍，把马放开，并将从白马缴获来的辎重运往大路以引诱袁军。文丑、刘备率骑兵五六千先后追到，部众开始争抢曹军丢弃的辎重，阵势顿时混乱。曹操见时机已到，令约 600 名骑兵全部上马出击，大破袁军，斩杀文丑。同时，令于禁、乐进率步骑 5000 名，从延津西渡河奇袭袁军后方，焚毁袁军各处囤积物资库 20 余处。初战虽胜，但迫于袁军之势，曹操引军退守官渡。

大将颜良、文丑被斩，袁军大为震惊，放慢了前进速度。七月，汝南郡黄巾义军的刘辟倒向袁绍。袁绍利用此有利时机派刘备率兵突击曹军后方，支援刘辟。曹操遣蔡杨攻击刘备不胜。此时，刘备已经想自立门户，不再为袁绍效力，因此其行动并没有达到袭扰曹操后方的目的。袁绍又令偏将韩猛率部切断曹军官渡以西通道，在鸡洛山（今河南密县东北 50 里）被曹仁击败。从此，袁绍不敢再分兵出击。

根据曹操兵粮少的情况，沮授劝袁绍打持久战，以守为攻，拖延时间以消耗曹军。袁绍不听，挥军进至阳武。八月，各军营齐头并进，以数十里宽的作战队形正面逼近官渡。面对袁军稳步推进，曹操令部下分别立营对峙。九月，曹操率军出击袁军失败，退回城垒固守。袁军实施强攻，激战异常。此时，曹操兵少粮尽，士卒疲乏，百姓困于征赋，多叛归袁绍。曹操想撤回许都，被谋士荀彧所谏阻。这时荀彧报告说，袁军运粮车将到，运粮将韩猛勇猛而轻敌，如果袭击他的粮车，一定能够获胜。曹操令徐晃、史涣二人带兵截击。于是，他们在袁军右翼侧后的故市（今河南荥阳东北），烧毁韩猛粮车数千辆，再次获胜。

十月，袁绍又派运粮车大规模运粮，并令淳于琼等五将率领万人北上迎接。淳于琼等护送运粮车至袁绍大营以北 40 里的乌巢（今河南封丘以西 7 公里）宿营。曹操命曹洪、荀攸坚守官渡营垒，亲自率 5000 名精锐步、骑兵前往偷袭。沿途冒用袁军旗帜，骗过袁军盘查。到达乌巢，包围淳于琼营，大肆放火。拂晓，淳于琼出营迎战，见形势不利，退回保营。曹操挥军攻杀，大破淳于琼，烧毁了乌巢全部粮草，并割下袁军千余人的鼻子及牛马唇舌，送到袁军大营，袁军十分恐慌。

袁绍得知曹操偷袭了乌巢，采纳郭图建议，命令高览、张郃率重兵攻击曹操本营，仅以轻骑兵增援淳于琼。高览、张郃率重兵攻击曹营，无法攻克。郭图把责任推给张郃，向袁绍进谗言。张郃等怕诛，临阵投降曹军。

曹操回营后，根据张郃投降等征候，判断袁军已陷入混乱，立即发起全面反攻。袁军听说乌巢粮草被烧，张郃投降，军心混乱，士无斗志，在曹军攻击下全线溃败，袁绍只带领 800 名骑兵仓皇渡过黄河。

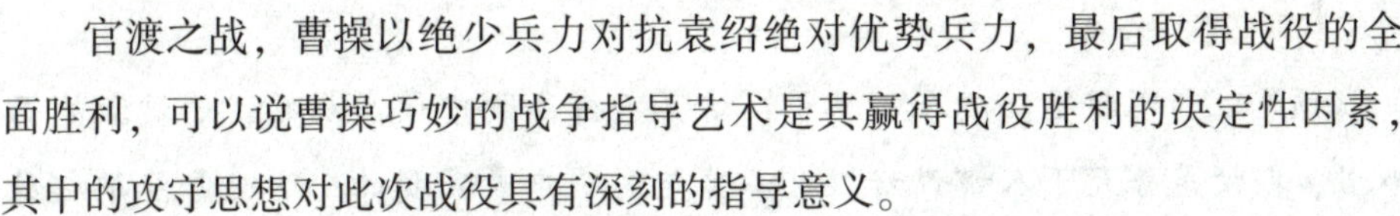

官渡之战，曹操以绝少兵力对抗袁绍绝对优势兵力，最后取得战役的全面胜利，可以说曹操巧妙的战争指导艺术是其赢得战役胜利的决定性因素，其中的攻守思想对此次战役具有深刻的指导意义。

从战术上讲，进攻的利大于弊。进攻战，在中国春秋时代便已形成体系，内容十分丰富。这种做法不仅使本国免遭破坏，而且还能提高我方士气，使敌方产生恐惧情绪。然而战争中的形势不是一成不变的，这就要求我们应适当地综合运用进攻和防守，使攻守相辅相成，进而达到克敌制胜的目的。

立于不败之地，不失敌之败

【原典】

见胜不过众人之所知①，非善之善者也；战胜而天下曰善，非善之善者也。故举秋毫不为多力②，见日月不为明目，闻雷霆不为聪耳③。古之所谓善战者，胜于易胜者也④。

故善战者之胜也，无智名，无勇功。故其战胜不忒⑤，不忒者，其所措必胜⑥，胜已败者也⑦。故善战者，立于不败之地，而不失敌之败也。

【注释】

①见胜不过众人之所知：见，预见；不过，不超过；众人，普通人；知，认识。②举秋毫不为多力：秋毫，兽类在秋天新长的毫毛，比喻极轻微的东西。多力，力量大。③闻雷霆不为聪耳：能听到雷霆之声算不上耳朵灵敏。聪，听觉灵敏。④胜于易胜者也：战胜容易打败的敌人（指已暴露弱点之敌）。⑤不忒：忒，音“特”，失误，差错。不忒即没有差错。⑥其所措必胜：措，筹措、措施。此处指采取作战措施。⑦胜已败者也：战胜业已处于失败地位的敌人。

【译文】

预见胜利不超越一般人的见识，这算不得高明中最高明的；通过激战而取胜，即使是普天下人都说好，也不算是高明中最高明的。这就像能举起秋毫称不上力大，能看见日月算不得眼明，能听到雷霆算不上耳聪一样。古时候所说的善于打仗的人，总是战胜那些容易战胜的敌人。因此善于打仗的人打了胜仗，既不显露出智慧的名声，也不表现为勇武的战功。他们取得胜利，是不会有差错的。之所以不会有差错，是由于他们的作战措施建立在必胜的基础上，能战胜那些已经处于失败地位的敌人。善于打仗的人，总是确保自己立于不败之地，同时不放过任何击败敌人的机会。

解读

抓住时机，攻打要害

孙子说："善战者，立于不败之地，而不失敌之败也。"孙子在本篇中一直强调，战争中要保持主动权，积极作战，善于抓住战机，伺机攻敌。只有这样，才能战胜敌人。

公元前1027年正月，周武王（姬发）以遵奉文王之命，与吕望、周公、召公等率兵车300乘，虎贲（周王近卫军）3000人，甲士45000人，自镐京（今西安西）出发，浩浩荡荡东进伐商。

其实，在此之前，武王的父亲周文王为了完成灭商大业，已进行了多年的精心准备。他一面向纣王装出贪图享乐的样子，解除纣王疑心；一面利用纣王给予的"得专征伐"的大权，争取盟国，翦除殷商羽翼，对殷都朝歌形成了包围的态势。文王在完成大业前夕逝世，武王姬发继位。他即位后，继承文王遗志，遵循既定的战略方针，并加紧整军备战。

公元前1029年，武王为了观察诸侯在文王死后的政治态度，检验灭殷的准备情况，曾载文王灵位兴师东进，前往孟津。据史料记载，当时不期而遇者有800诸侯，皆认为“纣可伐矣”。武王经过这次观兵得知大多数诸侯已归附于己，但顾虑殷商势强，伐纣时机尚未成熟，所以便以“未知天命”为由下令还师。

当时，商纣王已多少感觉到了周对自己构成的严重威胁，决定伐周。然而这一拟定中的军事行动，却因东夷族的反叛而化为泡影。为平息东夷的反叛，纣王调动部队倾全力进攻东夷，结果造成西线兵力极大空虚。与此同时，商朝统治集团内部的矛盾呈现白热化，纣王继续饰过拒谏，肆意胡为。残杀王族重臣比干，囚禁箕子，逼走微子，朝中大臣人人自危。看到时机已经成熟，武王便去征求军师太公吕尚的意见：“商朝的仁者和智者都已经离开了纣王，现在可以起兵讨伐它了吗？”吕尚回答道：“时难得而易失。”武王遂决定抓住这一有利时机，乘虚蹈隙，大举伐纣。

公元前1027年正月下旬，周军进抵孟津，与反商的庸、卢、彭、濮、蜀（均居今汉水流域）、羌、微（均居今渭水流域）等方国部落的部队会合。当时正逢岁星（木星）在东，迎岁星而进为用兵所忌，又值大雨日夜不停。为不失战机，武王率周军本部及八个方国部落军队于正月二十八日由孟津冒雨继续东进，从汜（今河南荥阳境内）渡过黄河，兼程北上，至百泉（今河南辉县西北）折而东行，直指朝歌。

周军进攻的消息传至朝歌（今河南淇县），殷商朝廷上下一片惊恐。商纣王无奈之中只好仓促部署防御。但此时商军主力还远在东南地区，无法立即调回。于是只好武装大批奴隶，连同守卫国都的商军，由纣王亲自率领，开赴牧野迎战周师。

二月初五凌晨，周武王率军布阵完毕，庄严誓师，史称“牧誓”。誓师后，武王下令向商军发起总攻击。他先派吕尚率领一支精锐突击部队向商军挑战，以牵制迷惑敌人，并打乱其阵脚。商军中的奴隶和战俘心向武王，早已无心恋战，这时便纷纷起义，阵前倒戈，帮助周师作战。武王乘势猛烈冲杀敌军，于是商军十几万之众顷刻土崩瓦解。纣王见大势已去，于当天晚上仓皇逃回朝歌，登上鹿台自焚而死。周军乘胜进击，攻占朝歌，商朝灭亡。

在这次战斗中，周乘商朝杀比干、囚箕子、贬微子，内部分崩离析、乱象丛生之时，抓住有利时机，乘虚蹈隙，发起了猛烈攻击，从而歼灭敌人，取得了胜利。孙子所谓的“善战者，立于不败之地，而不失敌之败也”的提示，在此战中得到了充分的证明。

胜兵先胜而后求战

【原典】

是故胜兵先胜而后求战[①]，败兵先战而后求胜[②]。

【注释】

①胜兵先胜而后求战：胜兵，胜利的军队；先胜，先创造不可被敌战胜的条件。句意为能取胜的军队，总是先创造取胜的条件，然后才同敌人决战。

②败兵先战而后求胜：指失败的军队总是开战，然后企求侥幸取胜。

【译文】

所以，胜利的军队总是先创造获胜的条件，而后才寻求同敌人决战；而失败的军队，却总是先同敌人交战，而后企求侥幸取胜。

解读

事备而后动，可得全胜

孙子要求“兵不必胜，不可言战；攻不必拔，不可言攻”。一言以蔽之，就是在作战中要遵循“先胜后战”的原则。所谓“先胜”，就是“先定必胜之计”，即在对敌作战之前，必须在知彼知己的基础上，制定出克敌制胜的总方略，以及多方面、多阶段的具体方针、计划、部署、措施等，根据现有及将有的积极因素分析考虑，确有必胜之把握，然后投入战斗，当然就会“百战不殆”了！

明代杰出军事家戚继光说过：“大战之道有三，有算定战，有舍命战，有糊涂战。”所谓“算定战”，实际上也就是“先胜后战”，是指在作战之前，预计主客观条件，有一定的胜利把握，充分做好战斗准备，然后投入战斗。这应属于“胜兵”一类。至于“舍命战”“糊涂战”就只能归入“先战而后求胜”的“败兵”之列了。

公元581年，北周丞相杨坚（即隋文帝）“受禅”，即位为皇帝，建立隋王朝。他有志吞并江南陈国，统一天下。但是，北方突厥不断南侵，威胁中原，因而制定先击突厥、后灭陈国的战略方针。在隋朝北击突厥期间，他假意与陈国交好，每次捕获陈国的间谍，非但不杀，而且还送给他们衣服马匹，并将他们礼送回陈。陈国逞州（今武汉市武昌）守将派使者到长安请求归降，他以隋陈和好为由，拒不接纳。为了增强国家实力，他颁布新令，奖励农民垦荒耕种，兴修水利，储粮备战。他还采取一系列措施，强化中央统治机构，革弊裁冗，完善官制；同时，提倡讲武，训练士卒，因而国力日强。与隋朝相反，南方的陈国却是主昏臣奸。国君陈叔宝（后主）即位之初，对隋还有所顾忌，多次派间谍潜入隋境刺探消息。后来他渐渐放松警惕，认为江南有长江天险可恃，隋军无法南渡，终日沉湎于酒色，不理朝政，国家大事竟交付于太监以及整日与他一起寻欢作乐的狎客处理。隋取得了对突厥作战的胜利后，就着手准备灭陈。

杨坚向尚书左仆射高颎询问有何灭陈的妙策。高颎对此熟思已久，这时侃侃陈述：“江北地寒，田收要比江南晚，我军可在江南收获时，调集兵力，扬言南袭。对方必然要征兵守备，这样，就会荒废对方的农事。对方兵马调集之后，我方立即收兵解甲从事农作。如此反复几次，陈军便习以为常，我方真正用兵时，对方还会不信，在犹豫之间，我军可突然渡江。”高颎又说：“江南粮仓多用竹木搭成，不同于北方的地窖。可以暗暗派人，因风纵火，烧毁粮仓，等他们修复后再烧。这样不出几年，陈国的财力、物力都耗尽了。”杨坚听到多方误敌、未战先胜的策略大为高兴，立即加以采纳。从此，陈国的收获锐减，经济困乏，国力更弱。为渡江作战的需要，杨坚早就派杨素为信州（今四川奉节一带）总管，训练水军，建造战舰。杨素造的战舰，最大的名“五牙”，可容800人，较小的名“黄龙”，可容100人。他还有意将造船废料顺流漂下造势，以威吓陈人，瓦解其军心。屯兵大江前沿的吴州总管贺若弼也采用麻痹陈军的策略，每次换防都大张旗鼓，遍列帐幕。陈军以为隋军要渡江，便紧张地调兵备战。陈军探明对方调防，虚惊一场之后，刚刚安定，又见江北尘土飞扬，人喊马嘶，只好再次准备迎战，不久又来报说是贺若弼率部在围猎。久而久之，陈军对隋军的行动也就习以为常了。边境形势如此紧张，而陈后主还是过着醉生梦死的糜烂生活。老臣章华冒死上奏，追述南陈祖先伟绩，指责后主宠信奸佞，排斥老臣，如不醒悟，“臣见麋鹿复游于姑苏台矣！”其意思是说后主如不改弦更张，将要像吴国一样灭亡。陈后主认为章华是在诅咒自己，便立即下令将章华斩首。

隋开皇八年（588 年），杨坚认为已经做好了斗争准备，胜券在握，便采取先声后实的策略，公开下诏，列举陈叔宝 20 条罪状，向江南散发 30 万份，争取江南士民的支持。同年十月，任命晋王杨广、秦王杨俊、清河公杨素并为行军元帅，由杨广节制各军，左仆射高颎为晋王元帅长史，指挥水陆军 51. 8 万人，同时从长江上、中、下游分八路攻陈。在发兵攻陈前，隋把陈国使者扣留在客馆内，陈使多次请求归国，都遭拒绝，唯恐泄密。隋文帝亲自到定城（今陕西潼关西）誓师，宣告攻陈，为出征将士饯行。十二月，各路军集结于长江北岸，与此同时，派遣大批间谍潜入陈境，进行破坏、扰乱，使陈国军民昼夜惊恐。杨素率先统领水师出战，战舰旌旗横亘大江，顺流出峡，直至流头滩（位于湖北宜昌市西与秭归县之间长江中）。杨素、刘仁恩率领一部登陆，配合水军进攻北岸陈军，并将之击破，隋军船队直驶而下。

隋开皇九年（589 年）正月，隋军兵临建康城下，陈后主这才孤注一掷下令出战，在城南布成“一字长蛇阵”。贺若弼集中兵力进击，陈军行动互不协调，一触即溃，只中领军鲁广达率部苦战不息，到日暮见大势已去，才解甲就擒。隋军乘胜攻入建康。这时，韩擒虎在朱雀门（都城正南门）进攻得手，引军入城。陈后主偕宠妃躲入枯井，被隋军士兵搜出，将其俘虏。其他各地的陈军得知建康已失，陈后主已降，都纷纷解甲归降。隋文帝杨坚前后不过用了 4 个月的时间，就灭了陈国，结束西晋末年以来将近 300 年的长期分裂局面，完成了统一大业。

在作战中要遵循“先胜后战”的原则。“先胜后战”就是不打无准备之仗，不打无把握之仗。凡事预则立，不预则废。要想成就任何一件事，必须要有明确的目标，认真地准备，周密地安排。所以充分的准备永远是获得佳绩的强大保障。

修道而保法

【原典】

善用兵者，修道而保法①，故能为胜败之政②。

【注释】

①修道而保法：道，政治，政治条件；法，法度，法制。句意为修明政治，确保各项法制的贯彻落实。②故能为胜败之政：政，同“正”，引申为主宰的意思。为胜败之政，即成为胜败的主宰。

【译文】

善于指导战争的人，必须修明政治，确保法制，从而能掌握战争胜负的决定权。

解读

道可道，非常道

孙子说：“道者，令民与上同意也，故可以与之死，可以与之生，而不畏危。”（《始计篇》）孙子所说的“道”，杜牧释为“广义”；张预注为“抚众”，即所谓“以恩信道义抚众”者而得民心，得民心者胜。在孙子稍后，孟子在关于“道”的问题上曾说：“得道者多助，失道者寡助；寡助之至，亲戚叛之；多助之至，天下顺之。以天下之所顺，攻亲戚之所叛，故君子有不战，战必胜矣。”（《孟子·公孙丑下》）因此，欲取得战争的胜利，首先要“修道”，即修明政治，使上下同；其次要“保法”。所谓法，是指军队的编制、指挥号令、各级官吏的职责划分及任用、军需品配置等制度规定。当然，除了对此确实加以保证执行之外，还得坚守克敌制胜的用兵法则。

“修道而保法”，是古代兵家共同的主张，被认为是用兵作战、克敌制胜的先决条件，历史上这方面的事例很多。

战国时期的大将吴起非常善于用兵，他认为，要充分发挥军队的战斗力，就必须内部团结。因而他提出，国内不协调，不能出兵；军队不协调，不能取胜。所以，善于治理国家的君主，在动员民众打仗时，首先要搞好内部团结，方能克敌制胜。吴起是这样说的，也是这样做的。平时，他与军中士卒同吃一锅饭，同穿一样的衣服，睡觉不另设床铺，行军不乘坐车马，见士兵背的粮食太重，赶紧与其分担。一次，有一个年轻的士兵身上长毒疮，吴起为他吸出毒疮里的脓血，还亲自调药敷上。这个士兵的母亲听说后，就痛哭起来。有人不解地问：“您儿子是个小小的士兵，吴起身为大将，亲自替您儿子吸出毒疮里的脓血，您不高兴，还哭什么？”这位母亲回答说：“您不知道，从前孩子的父亲身上长毒疮，也是吴大人用嘴替他吸脓，结果孩子的父亲打起仗来奋不顾身，一往无前，终于战死在沙场。今天，吴大人又同样对待我的孩子，我真不知道这孩子将来会死在什么地方，所以伤心流泪。”这位母亲

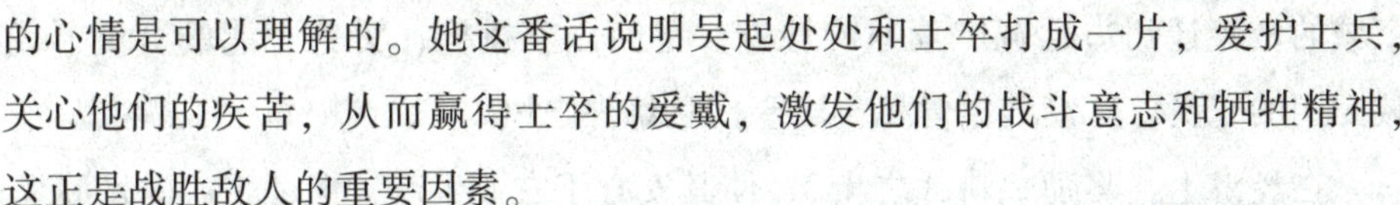

的心情是可以理解的。她这番话说明吴起处处和士卒打成一片，爱护士兵，关心他们的疾苦，从而赢得士卒的爱戴，激发他们的战斗意志和牺牲精神，这正是战胜敌人的重要因素。

另外，吴起还认为：“兵不在多，以治为胜。”也就是说善于治军，必须要有正确的政策和法令。有一次，武侯问他：“军队依靠什么打胜仗？”他回答说：“要靠治理得好。”武侯又问：“难道不在于人多吗？”他肯定地回答：“如果法令不明，赏罚不严，鸣锣不收兵，擂鼓不冲锋，虽有百万大军，又有何用处呢？”因此，他建议武侯对有战功的将士要加倍赏赐；对临阵脱逃的要重重地惩罚；对死难将士的家属，每年要派人慰问，加以抚恤。吴起特别强调军队必须服从命令，认为这是治理军队的前提。不然，部队平时就要发生混乱，作战时就要打败仗。只有守信用、讲政策、明法令，才能做到发号施令，将士乐于贯彻执行；兴师动众，将士就乐于出征；交兵接刃，将士便乐于拼命。

由于杰出的军事才能和巨大的战功，吴起深受魏武侯的器重，但是，却被公叔、王错等人忌妒，在魏君前加以陷害，魏武侯因此不再信任吴起。吴起担心日后遭杀害，只好离开了魏国。

吴起于公元前 383 年被迫离开魏国，投奔楚国，楚悼王早听说吴起很有才能。因此，吴起到达楚国就受到重用。开始，悼王任命他为宛（楚国北部边防要地，今河南南阳）守，后任命他为令尹，执掌楚国的军政大权。吴起经过对楚国情况的具体分析，向悼王建议说：“楚国的地方很大，军队人数也很多，照理说应该比其他诸侯国强。可事实上，连与其他强国平起平坐的地位都没有，这是什么原因呢？我认为，大臣的权势太重，受封的贵族闲人太多，对上威逼君主，对下虐待士民，这是国贫、军无战斗力的根本原因。应从根本制度上改革。”尽管当时有人极力反对，楚悼王仍采纳了吴起的意见，在全国实行变法。

在政治上，提倡“明法审令”，使人人知道国家的法令，以便贯彻执行。改革世袭和分封制，规定分封的贵族传三代后，一律收回封爵和俸禄。废除远房公族的宗室谱籍，并取消世袭多年的贵族特权。打击旧贵族，将居住在京城的贵族迁到边远宽广荒凉的地方。精简国家机构，罢免无能的官吏，裁减无用的冗员。严禁结党营私，堵塞徇私舞弊之风。

在经济上，奖励“耕战之士”，使其安心于农业生产，保证生产的发展。

在军事上，提出磨利武器，整顿军队，伺机争雄于天下。建立一支精锐的军队，由国君统一指挥，以便用来达到统一中国的目的。为了加强国都的防卫，把城墙在两版的基础上加高到四版（今二丈二尺左右）。

吴起主持的变法仅实行一年，贫弱的楚国就开始富强起来，政治修明，兵力强大，致使其他诸侯畏惧。因而，楚国能够南边平定百越（当时居住在我国南部的越族）；北边吞并陈国（今河南东部、安徽西部一带）和蔡国（今河南中部一带），击退了魏、韩、赵三国的袭扰，使之不敢向南图谋楚国；西边还讨伐了秦国。

吴起因深知治国无“常道”，所以大举变法，使楚国再次强大，威震中原。而他杰出的军事思想和变法革新的主张，即所谓“修道保法”，对后世产生了很大的影响。

运筹帷幄，决胜千里

【原典】

兵法：一曰度[①]，二曰量[②]，三曰数[③]，四曰称[④]，五曰胜。地生度[⑤]，度生量[⑥]，量生数[⑦]，数生称[⑧]，称生胜[⑨]。

故胜兵若以镒称铢[⑩]，败兵若以铢称镒。

胜者之战民也[⑪]，若决积水于千仞之溪者[⑫]，形[⑬]也。

【注释】

①度：指土地幅员的大小。②量：容量，数量，指物质资源的数量。③数：数量，数目，指兵员的多寡。④称：衡量轻重，指敌对双方实力状况的衡量对比。⑤地生度：生，产生，言双方所处地域的不同，产生土地幅员大小不同之“度”。⑥度生量：指因度的大小不同，产生物质资源多少的“量”的差异。⑦量生数：指物质资源多少的不同，产生兵员多寡的“数”的差异。⑧数生称：指兵力多寡的不同，产生军事实力的对比强弱的不同。⑨称生胜：指双方军事实力对比的不同，产生、决定了战争胜负的不同。⑩以镒称铢：镒、铢，皆古代的重量单位。一镒等于二十四两，一两等于二十四铢；铢轻镒重，相差悬殊。此处比喻力量相差悬殊，胜兵对败兵拥有实力上的绝对优势。⑪胜者之战民也：战民，指统军指挥士卒作战。民，作“人”解，这里借指士卒、军队。⑫若决积水于千仞之溪者：仞，古代的长度单位，七尺（也有说八尺）为一仞。千仞，比喻极高。溪，山涧。⑬形：指军事实力。

【译文】

兵法的基本原则有五条：一是“度”，二是“量”，三是“数”，四是

"称"，五是"胜"。敌我所处地域的不同，产生双方土地幅员大小不同的"度"；敌我地域大小——"度"的不同，产生双方物质资源丰瘠不同的"量"；敌我物质资源丰瘠——"量"的不同，产生双方军事实力强弱不同的"称"；敌我军事实力强弱——"称"的不同，最终决定了战争的胜负。

胜利的军队较之于失败的军队，有如以"镒"比"铢"那样，占有绝对的优势。而失败的军队较之胜利的军队，就好像用"铢"比"镒"那样，处于绝对的劣势。

胜利者指挥军队与敌作战，就像在万丈悬崖决开山涧的积水，所向披靡，这就是"形"——军事实力。

解读

未战先计，运筹为先

用数学统计方式完成军事决策的科学，称之为军事运筹学。中国古代的军事运筹起源于孙武，这是世所公认的。孙武在本篇中，以兵法"度、量、数、称、胜"五论，展开与深化了关于地形、兵员、资源等问题的论述。这种运用数学衡量判断双方军力的方法，就是军事谋策科学中的军事运筹研究。

"度、量、数、称、胜"五事，是未战先计的谋略内容。中国古代军事家多认为："五者皆因地形而得，故自地而生之也。"即根据国家、战场的土地面积、地形特征估量人口、兵员，进而计算地产、物资；进而权衡军事实力；最后综合判断敌我双方军事实力，决定胜战方案。

三国时，曹操任命夏侯惇为都督，于禁、李典、夏侯兰、韩浩为副将，领兵10万，到博望坡见机行事。

当时，诸葛亮正在招募民兵，已经招到了3000人，诸葛亮从早到晚教他们演练阵法。士卒忽然来报，曹操派夏侯惇领兵10万杀奔新野而来。刘备急忙请诸葛亮商议对策。诸葛亮怕众将不听号令，向刘备借了印和剑，然后聚集众将传令。

诸葛亮说："博望坡左面有山，名叫豫山；右面有片树林，名叫安林，这两处可以埋伏军马。云长可以带1000名军兵去豫山埋伏，等敌军到来，放他们过去，别打；他们的辎重粮草必定在后面，只等看见南面火起，再让军兵出击，焚烧他们的粮草。翼德带1000名军兵到安林后面的山谷中埋伏，只要看见南面火起，就可以出来，到博望城旧的囤粮之处放火烧粮草。关平、刘封领500名军兵，预备引火的用品，在博望坡后面两边等候，等初更时敌兵一到就放火。"然后，诸葛亮又从樊城召回赵云，命他为前部，不要赢，只要输，最后请刘备带一队人马作后援。诸葛亮命令众人："各自必须按计划做事，不许失误！"云长说："我们都出去迎敌，不知军师却做什么事？"诸葛亮说："我就坐守县城！"张飞大笑说："我们都去拼杀，你却在家里闲坐，好自在哟！"诸葛亮说："剑印在这里，违令的人杀头！"刘备也说："难道没听过'运筹帷幄之中，决胜千里之外'吗？二位兄弟，不能违令。"张飞冷笑着走了。云长说："我们且看他的计策应验不应验，那时再来问他也不迟！"

当夏侯惇领兵到博望坡后，赵云立即分出一半精兵作为前队，其余的都保护粮车前进。曹军正在赶路，忽然看见前面尘土飞扬。夏侯惇把人马摆开，问明前面就是博望坡，后面是罗川口。他让于禁、李典压住后阵，亲自出马到阵前，一望敌军，就大笑起来，说道："我笑徐元直在丞相面前把诸葛亮夸成神仙；现在看他用兵，用这样的军马和我对阵，真像是赶着狗和羊去与虎豹相斗了！我在丞相面前夸口，要活捉刘备、诸葛亮，今天必定能实现我的诺言了！”随即纵马向前，对赵云骂道：“你们跟着刘备，就像孤魂跟着野鬼一般！”赵云大怒，纵马来战，没战几个回合，赵云就假装败走。夏侯惇从后面追赶，跑了十多里，赵云回马又战，没几回合，又再逃走。韩浩提醒夏侯惇谨防埋伏，夏侯惇却说：“这样的敌军，就算十面埋伏，我又怕什么呢！”他不听劝阻，继续向博望坡追去。后来，遇到刘备接应交战，夏侯惇笑着说：“这就是埋伏的兵马啊！今天晚上，我不到新野，誓不罢兵！”催着军兵前进。刘备、赵云立即逃走。

这时天色已晚，浓云密布，没有月光；白天已刮起大风，这时就越刮越大了。夏侯惇只顾催军追赶。于禁、李典赶到狭窄的地方时，看到两边都是芦苇，担心遭到火攻，李典马上让后军停止前进，于禁去前军劝夏侯惇多加防备。哪知，人马走疯了，后军一时也阻拦不住，于禁赶到前军劝住都督，此时回军，为时已晚。话还没说完，背后喊声大起，燃起一派火光，很快烧着了两边芦苇。一时间，四面八方全都是火，又赶上风大，火势更猛。曹军人马自相践踏，死伤不计其数。赵云回军赶杀，夏侯惇只得冒着烟火逃跑了。

李典一见大势不好，急回博望城，却被一将拦住，原来是大将关云长。两军混战，李典夺路逃跑，于禁一看粮草车辆全都被烧，就从小路逃跑了。夏侯兰、韩浩来救粮草，正遇张飞。没有几个回合，张飞一枪刺死夏侯兰，韩浩夺路逃跑。一直杀到天亮，真是杀得尸横遍野，血流成河。

诸葛亮运筹帷幄，火烧博望坡，大败魏军，立刻在军中树起了威信，此后，张飞、关羽等人对诸葛亮也是佩服万分。

“度、量、数、称、胜”五事，是未战先计的谋略内容。这个军力判断的过程，表现为对“度、量、数、称、胜”之间相互制约关系的综合考量。运筹帷幄，方能决胜千里。

第五篇 兵势篇

本篇着重论述了如何发挥将帅的指挥才能，正确任人、择势，争取指挥主动权，造成军事态势上的优势，以奇制胜。

分数、形名

【原典】

孙子曰：凡治众如治寡[①]，分数是也[②]；斗众[③]如斗寡，形名是也[④]；三军之众，可使必受敌而无败[⑤]者，奇正是也[⑥]；兵之所加，如以碫投卵[⑦]者，虚实[⑧]是也。

【注释】

①治众如治寡：治，治理、管理，意为管理人数众多的部队如同管理人数很少的部队一样。②分数是也：分数，此处指军队的编制。把整体分为若干部分，就叫分数，这里是指分级分层管理之意。③斗众：指挥人数众多的部队作战。斗，使……战斗（使动用法）。④形名是也：形，指旌旗；名，指金鼓。在战场上，因为投入兵力众多，分布面积也很宽广，临阵对敌，无从知道主帅的指挥意图和信息，所以设置旗帜，高举于手中，让将士知道前进或后退等，用金鼓来节制将士或进行战斗或终止战斗。⑤必受敌而无败：必，“毕”的同音假借，意为完全、全部。⑥奇正是也：奇正，古代兵法常用术语，指军队作战的特殊战法和常用战法。就兵力部署而言，以正面受敌者为正，以机动突击为奇；就作战方式言，以正面进攻为正，以侧翼包抄偷袭为奇；以实力围歼为正，以诱骗欺诈为奇等。⑦以碫投卵：碫，《说文》：“碫，砺石也。”即磨刀石，泛指坚硬的石头。以碫投卵，比喻以坚击脆，以实击虚。⑧虚实：古代兵法常用术语，指军事实力上的强弱、优劣。有实力为“实”，反之为“虚”；有备为“实”，无备为“虚”，休整良好为“实”，疲敝松懈为“虚”。此处含有以强击弱、以实击虚的意思。

【译文】

孙子说：通常而言，管理大部队如同管理小部队一样，这属于军队的组织编制问题；指挥大部队作战如同指挥小部队作战一样，这属于指挥号令的问题；整个部队遭受敌人的进攻而没有溃败，这属于“奇正”的战术变化问题；对敌军所实施的打击，如同以石击卵一样，这属于“避实就虚”原则的正确运用问题。

解读

企业必须要有一个健全的组织结构

孙子说：“通常而言，管理大部队如同管理小部队一样，这属于军队的组织编制问题；指挥大部队作战如同指挥小部队作战一样，这属于指挥号令的问题。”在这里，孙子谈到了组织学的问题，这对当今企业管理有重要的借鉴意义。组织是企业一切经营管理活动的基础，没有了组织或组织体系不健全，势必会削弱企业在市场中的竞争力，甚至导致整个企业分崩离析。如何建立责任明确、权力科学分配、高效适用的组织体系并有效运行，这是困扰众多企业管理者的难题。

对于一家企业来说，要想企业高速发展，必须要有一个科学合理的组织，这样才能有效地将不同个性的人紧紧地团结起来，形成一个稳定的团体。组织要合理化，必须解决好建立什么样的组织，即组织机构的构想；怎样有效地设立这些机构；如何发挥这些机构的作用等问题。

企业是人的集合，是为了搞好企业的生产经营活动这个目标而集合在一起的。人各有思想，如何集个人意志为集体意志？须靠科学的组织，靠科学的制度。公司就像一台大机器，各部门必须协调一致，并遵守统一的纪律，才能最高效地运转。试想：如果市场部门懒散拖沓，又如何准确反映市场变化的信息呢？如果产品研发部门组织松散，又如何要求其完成产品上市计划呢？

组织结构作为企业资源和权力分配的载体，在人的能动行为下，通过信息传递，承载着企业的业务流动，推动或者阻碍企业使命的进程。高效能、高效率和高安全性是组织结构的三大目标，也是企业行为的目标。组织结构不仅提供了一个客观的企业运作平台，还需要企业领导者、管理人员、技术人员和一线员工发挥创造性来赋予其生命。一方面，组织结构本身的设计，应该在流程、部门划分、职能界定、责权利的规范上为高效率奠定基础；另一方面，只有人的主观能动性得到充分调动，才能让组织结构的效率充分体现出来，并得到高效能、高安全的成果。只有人事相宜，上下同欲，才能众志成城。

在一个庞大的组织系统之内，如果企业组织具有最佳结构，其成员同心同德，互相取长补短，自然就会兴旺发达。

美国通用电气公司（GE）经过一百多年的发展，由小到大，由单一的电灯电器制造公司发展成为集制造业和金融服务业于一体的综合性跨国公司，在经营管理模式上也经历了一个由简单到繁复的过程。

当韦尔奇于 1981 年当选为 GE 公司董事会主席兼总裁时，他所面临的公司由 64 个事业部组成，从上到下共设了 5 个管理层次，机构庞大、层次繁多，公司很难形成合力，决策和贯彻过程既复杂又拖沓，已跟不上瞬息万变的市场竞争需要。

上任后的韦尔奇对公司内部的经营和管理体系进行了一系列改革。首先是精简机构，将 64 个事业部按照产品性质或地区重新划分，组成 38 个战略经营单位，进而又合并为 14 个产业集团；同时管理层次由过去的 5 个减少到 3 个。

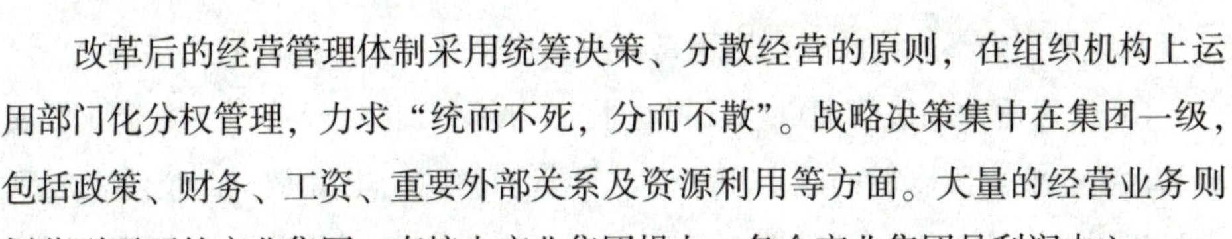

改革后的经营管理体制采用统筹决策、分散经营的原则，在组织机构上运用部门化分权管理，力求“统而不死，分而不散”。战略决策集中在集团一级，包括政策、财务、工资、重要外部关系及资源利用等方面。大量的经营业务则划分到下面的产业集团，直接由产业集团操办，各个产业集团是利润中心。

产业集团具有充分的经营自主权，否则不可能对迅速变化的市场需求作出灵敏的反应。各个产业集团根据市场情况来决定销售策略、产品策略、人员任用及经营方式。

产业集团的规模有大有小，是按照产品性质或地区来划分的。各个产业集团都集产、供、销于一身，一般由下面一些部门组成：销售、市场开发、技术、生产、财务、供应及一些专业分部。销售部门负责统一对外销售本产业集团下属工厂产品，而材料供应则由产业集团的供应部门统一提供。因此，每个产业集团都是一个独立核算的经营实体，又称战略经营单位，是一级利润中心。

总公司对产业集团主要考核其上缴利润及用于技术改造的投资预算两项指标。由于各产业集团所从事的业务领域不同，在总公司整个战略决策中的地位也不相等，因此，每年上缴的基数核定及用于扩大再生产的投资规模也不同。

为了鼓励竞争，防止在经营上各产业集团吃总公司的“大锅饭”，总公司内部各利润中心之间的经济业务往来一律以价格结算，相互之间没有优惠条件，这样总公司内部也存在竞争。

产业集团下属的工厂是按专业化及成本中心的原则组建的，工厂只负责生产。产业集团对工厂主要考核成本这项指标，当然还有交货期和质量，因此工厂又称成本中心。成本中心是以预算来控制的，这样可以防止因追逐本身经济利益而影响总的经营战略，这也有利于专业化的发展和成本的降低。

改革后的 GE 公司实行三级管理，砍掉了两个中间层次和繁复的横向联系的管理环节，形成了“决策—经营—生产”这样层次分明、职责明确的管理体系，使整个公司的指挥和运转系统灵活自如。

由于市场是动态的，因此企业的组织机构也必须随着市场形势的变化而变化。产业集团是 GE 公司内基本的经营单位，这一级变动最为频繁和明显。

至于产业集团内部机构的变动则更是常事，这充分反映了他们的灵活性。

GE 公司这种三级管理机构设置基本上反映了在市场经济中一个企业发展成为大型企业集团以后的企业组织形式和管理模式。也就是说，企业发展到大型集团公司这一级，已经拥有了相当的经济实力和技术实力。为了在市场开发和市场竞争中占据更有利的位置，企业可以在公司内部发展专业化生产，进行集约化经营，以追求更高的经济效益。这时的组织机构形式表现在生产中，是建立许多专业化生产的成本中心；表现在经营上，是建立全球性的销售服务网络，从而成为生产发展的有力支柱。

企业组织的规模和管理体系同企业规模、产品种类、技术水平、人员素质、管理手段，以及企业所拥有工厂的地理位置分布都有着密切的关系，并不存在某种可以为所有企业照搬套用的固定不变的模式。

战略的变化将决定组织结构的形式。没有一种组织结构可以适应任何经营环境和战略，也不是所有的组织结构在任何环境下和不同的战略条件下都可以发挥出同样的作用。适者生存，只有那些在环境发生变化、企业经营战略进行调整之后，对组织形式迅速进行调整的企业，才能在激烈的市场竞争中得以生存。

战以正合，战以奇胜

【原典】

凡战者，以正合，以奇胜①。故善出奇者，无穷如天地，不竭如江河②。终而复始，日月是也；死而复生，四时是也③。声不过五④，五声之变，不可胜听也⑤。色不过五，五色之变，不可胜观也。味不过五，五味⑥之变，不可胜尝也。

【注释】

①以正合，以奇胜：合，交战，合战。此句意即以正兵合战，以奇兵制胜。②无穷如天地，不竭如江河：比喻正奇之变化有如宇宙万物之变化无穷，江河水流之不竭尽。③死而复生，四时是也：去而复来，如春、夏、秋、冬四季的更替。④声不过五：声，音乐之最基本的音阶，即宫、商、角、徵、羽五音。故此言声不过五。⑤五声之变，不可胜听也：即宫、商、角、徵、羽五声的变化，听之不尽。变，变化；胜，尽，穷尽之意。⑥五味：指甜、酸、苦、辣、咸五种味道。

【译文】

一般的作战，总是以“正兵”合战，用“奇兵”取胜。所以，善于出奇制胜的人，其战法的变化如天地运行那样变化无穷，像江河那样奔流不息。终而复始，就像日月的运行；去而复来，如同四季的更替。乐音的基本音阶不过五个，然而五个音阶的变化却是不可尽听；颜色，不过五种色素，然而五色的变化却是不可尽观；滋味不过五样，然而五味的变化却是不可尽尝。

解读

正兵合战，出奇制胜

“奇”和“正”是我国古代的军事术语，所谓“正”，是指指挥作战所运用的常法；所谓“奇”，是指指挥作战所运用的变法。例如，从正面进攻为正，从侧、后袭击为奇。又如，常规的指挥原则和方法为正，随机应变、慧心独创的指挥原则和方法为奇。

正兵合战，出奇制胜，二者互相依赖，互相配合。在战争中，体现于进攻一方，则有正面钳制，侧后迂回；两翼配合，中间突破；声东而击西；示形于此而主攻于彼，等等。体现于防御一方，则有正面抗击，“先为不可胜”与“攻其所必救”、“釜底抽薪”配合；阻其多路、与围歼一路配合，等等。

就作战目的而言，“以正合”服务于“以奇胜”。就手段而言，明于正而暗于奇，二者为“伐谋”与“伐兵”的结合。

正与奇是相对而言的。二者不仅互相配合，而且还往往相互转化。例如，在战术上，通常认为正面攻击为正，侧后迂回为奇。可是，当战斗形势发生变化后，有时侧后迂回的部队转为正面进攻，而正面进攻的部队转为侧后迂回，也是有的。所以，善用兵者以奇为正、以正为奇，都是常有的事。

唐朝末年，安史之乱爆发，10 万叛军攻占了都城长安，皇帝唐玄宗逃往成都。真源县县令张巡没有临阵脱逃，而是去攻打真源县附近的雍丘（今河南杞县）县城，因为雍丘县令令狐潮投降了安禄山。张巡占领了雍丘，却被令狐潮的叛军重重包围了。

张巡身为唐朝臣子，他誓与朝廷共存亡。张巡身穿盔甲，在雍丘城头上仔细巡视。城中只有千余守卒，而城下却有 4 万敌军。雍丘十万火急！血战了两个多月之后，雍丘的城墙虽然有些破损，站在城头上的守军一个个眼窝深陷，布满血丝，但他们都抱着拼死一战的决心。

张巡巡视了一番后，了解到大家手中的箭都差不多用完了，这对守城是不利的。他正在冥思苦想之时，看见一个不肯下火线的伤兵坐在一个稻草捆上休息，他盯着稻草看了一阵，忽然有了一个不同寻常的主意。

明月当空，朦胧的月光安抚着战后的大地。夜，一片宁静。叛将令狐潮睡得正熟，忽然一个部将把他叫醒了：“报告，雍丘城头上有情况！”

听到报告，令狐潮马上披衣而起，借着月光向城头望去，果然隐隐约约看见静悄悄的城墙上，有无数身穿黑衣的士兵从城头上沿着绳索滑下城墙。

令狐潮认为是张巡想来袭营，于是下令弓箭手对准黑影万箭齐发。射了好久，黑影终于全掉到了地上，令狐潮正要命令停止射箭，却见那黑影复又起身，纷纷往上爬，令狐潮忙又命令弓箭手继续将他们一顿乱箭。这样一直折腾到天蒙蒙亮，令狐潮才发现，吊上城头的“士兵”原来是一个个身穿黑衣的稻草人。

就这样，张巡用“草人借箭”之计，白白赚了令狐潮几十万支箭。

过了几天后，又是月夜，张巡把 500 名勇士缒下城去。令狐潮的哨兵这回以为又是“草人”，不再去报告主将。谁知那 500 名勇士缒下城后，匍匐着摸到敌营，一通偷袭，杀死叛军无数。令狐潮慌乱之中已顾不得部队，自己先逃跑了。部下也跟着逃到十多里之外。

在杀退令狐潮叛军的第二年，张巡进驻睢阳城（今河南商丘南），援助睢阳太守许远。

兵围城下的是安禄山的另一员大将尹子奇。他率领 13 万大军兵临城下。睢阳太守许远召集张巡和将军南霁云等商议对策。他说：“诸位，城中的粮草、弓箭已不多了，只有火速杀退叛军，才能解睢阳之围。可是，敌人的兵力是我们的几十倍，他们即使不攻城，也能把我们困死啊！”

张巡提议说：“太守大人，俗话说‘擒贼先擒王’，我们只要杀死尹子奇，让他们群龙无首，就是最好的退兵之计。”

神箭手南霁云接着说：“只要我们接近敌营，认出尹子奇，就能射中他！可是我们谁也不认识尹子奇，怎么办呢？”

张巡沉思片刻，说：“我有一计。”

这天夜间，睢阳城里响起阵阵战鼓，城外的叛军以为张巡要出城突击，于是通宵达旦准备还击。可是到了凌晨，鼓声停止了，也没见一人出城。城外尹子奇的哨兵在搭起的飞楼上察看城中动静，只见城楼上一个人影也没有。尹子奇听到报告后，就命令部下继续回去睡觉。

当他们睡得正香时，张巡和南霁云十几个将领各带数十人，突然打开城门，以迅雷不及掩耳之势，一直冲到尹子奇的营寨之中。叛军营中顿时大乱，数千士兵在混乱中被杀死。

这时，张巡和南霁云等已经接近了叛军主帅营前，尹子奇和几个部将带领附近一些军营的士兵与他们展开了厮杀。谁是尹子奇呢？南霁云拉开弓箭，在搜索目标。旁边张巡已指挥其他将领射出一支支“箭”，这是用青蒿削尖后做成的，轻飘飘的，射不远，即使射到身上也伤不了人，所以只有射到人的脸部才有些作用。

尹子奇的部下见对方射来的箭没什么杀伤力，拾起箭一看，原来是“青蒿箭”，忙跑到尹子奇跟前报告这一重要情况。尹子奇想：原来睢阳城里没箭了。正在狂喜之际，南霁云这时已判断出谁是尹子奇了，搭上真正的利箭，“嗖”的一箭射了过去，正中尹子奇的左眼。尹子奇“啊呀”一声跌下马来，立即昏死过去。趁叛军混乱不堪之时，张巡等一齐掩杀过去，直杀得叛军血流成河。尹子奇受了重伤，无心再战，只得下令撤军。

正兵合战，出奇制胜，二者互相依赖，互相配合。凡善战者，当两军相临时，先以正兵与之交战，继而出奇兵，出其不意，攻其无备，以突袭取胜。能不能活用奇正之术，出奇制胜，是检验战场上各级指挥官是否高明的试金石。

奇正之变，不可胜穷

【原典】

战势不过奇正[①]，奇正之变，不可胜穷也。奇正相生[②]，如循环之无端[③]，孰能穷之[④]？

【注释】

①战势不过奇正：战势，指具体的兵力部署和作战方式。言作战方式归根结底就是奇正的运用。②奇正相生：意为奇正之间相互依存，转化。③如

循环之无端：循，顺着；环，连环；无端，无始无终。言奇正之变化无始无终，永无尽头。④孰能穷之：孰，谁；穷，穷尽。之，指奇正相生变化。

【译文】

作战的方式不过“奇”“正”两种，可是“奇”“正”的变化却永远不可穷尽。“奇”“正”之间的相互转化就像顺着圆环旋转似的，无始无终，又有谁能够穷尽它呢？

解读

以奇为正，以正为奇

兵贵用奇，奇由正生，无正难以求奇。作战只有正兵而无奇兵，阵势虽严整，但不能对敌发动突然袭击，因而无法直接取胜；只有奇兵而无正兵，攻势虽很凌厉，但无可作依靠的钳制力量，也难以战胜敌人。

在广阔的战场上，尽管奇正的变化“无穷如天地，不竭如江河”，但其立足之处都是以我之“奇”击敌之“虚”，以我之“正”对敌之“实”。军事家对奇、正之具体运用，千变万化，奥妙无穷。孙子所谓“奇正相生，如循环之无端，孰能穷之”，正是此意。所以，

唯有善出奇击虚者，才算真正领悟了奇正变化的要旨。

李靖是唐代用兵的大师，擅长于奇正之变，在将奇计诡谋与正途常规结合方面，他自有心得。

李靖出身名门，少年时胸怀大志，苦读兵书。但他前半生并不顺，李渊准备在太原起兵时，李靖曾向隋朝告变。李渊对此一直铭记于心。后来，李靖投李唐后，李渊要杀了他，多亏李世民惜才，才保住他。但此后，李靖一直无施展的机会，直到统一战争尾声时，他带兵征萧铣，初露峥嵘；立国后，深入大漠剿灭东突厥主力，为唐朝除去心腹大患；在花甲之年，再披战袍，征战高原大川，灭掉吐谷浑，打通河西走廊，功名卓著，肖像挂在凌烟阁上，为后世敬仰。李靖的敌手或在平原河网，舟步相杂；或在大漠腹地，骠骑驰突；或在高原冰川，行踪诡秘，但都被李靖打败。李靖用变有二：一是通，二是奇。所谓通，就是敌变我变，他总能根据变化的情况，在充分了解人情、环境、形势的基础上改用正确的策略；所谓奇，是奇正互倚，在常规的基础上，大量运用奇思异谋，出敌意料。

何时用正谋，何时用奇谋呢？

李靖认为，在敌人力量充实，信息灵通，人心团结，己方难以施展巧计时，应用正兵，也就是以实力对实力。当敌人空虚时，一定要用奇兵。他也强调，奇正要互用。要先用正兵，后用奇兵。正奇的理解有多种：车步兵为正，骑兵为奇；先头部队为正，后援伏兵为奇等。在打败突厥的战争中，李靖的奇兵思想体现最为充分。

突厥是唐初的劲敌。李渊起兵前后曾被迫向突厥称臣，唐太宗初期也受过突厥不少气，只是实力悬殊，隐忍不发。贞观四年，唐太宗觉得时机成熟，向突厥进攻，军队统由李靖节制。攻打突厥不同于征讨东南，突厥全是骑兵，进攻凶猛，转移迅速，而且大漠战线长，气候恶劣，补给困难。

但敌人也有弱点，就是孤军作战又缺乏防备。于是李靖决定出奇制胜，以快打快。他挑选了三千精骑，疾驰二百多里，直逼敌人巢穴定襄，出现在城南山岭上。

突厥颉利可汗万万没想到唐军来得这么快。他说：“唐兵若非倾国而来，怎敢孤军深入?”

李靖的奇谋不在攻地而在攻心，让突厥从内心感到震惊和恐惧。还未接战，就有突厥兵投降，颉利可汗不战而逃。

在大非川之战中，李靖也是以奇制胜。大非川在今青海境内，由吐谷浑控制。贞观八年，唐吐双方爆发战争。唐太宗发兵五路，由李靖统率，此时他已六十三岁。这一战的困难在于地势高，温度低，补给困难，而敌人又神出鬼没。双方在赤水源恶战一场，均伤亡惨重。吐谷浑首领伏允逃跑，并用火烧荒，让唐军的马匹无草料来源。李靖命军队追入大非川。此时的唐军遇到空前的困难，粮草将尽，水源难找。到了人吃冰、马啃雪的地步。一些唐将认为，再这么下去将陷入绝境，应立即撤出大非川。李靖反对，他认为敌人也已将近绝路，他们判断我军也该撤了。正因我军断饮乏资，才须迅速找到敌人与之决战，而且越快越好。眼下撤军，非但不能马上得到物质补充，而且会被尾随之敌一口吃掉。他督促军队加快速度，寻找敌人残余力量。几天之后，终于找到并歼灭了他们。

兵贵用奇，奇由正生。奇正具体运用，千变万化，奥妙无穷，运用之妙，存乎一心。如果能正确地使用兵力和灵活地变换战术，就可以克敌制胜。

势如彍弩，节如发机

【原典】

激水之疾[1]，至于漂石[2]者，势[3]也；鸷鸟[4]之疾，至于毁折[5]者，节[6]也。是故善战者，其势险，其节短。势如彍弩[7]，节如发机[8]。

纷纷纭纭[9]，斗乱而不可乱[10]也；浑浑沌沌[11]，形圆而不可败也[12]。乱生于治[13]，怯生于勇，弱生于强[14]。治乱，数也[15]；勇怯，势也；强弱，形也。

【注释】

①激水之疾：激，湍急；疾，快，迅猛、急速。②漂石：漂，漂移。漂石即移动石头（冲走石头）。③势：这里指事物本身态势所形成的内在力量。④鸷鸟：鸷（音 zhì），凶猛的鸟，如鹰、雕、鹫之类。⑤毁折：毁伤、捕杀。这里指捕击鸟、兔之类动物。⑥节：节奏。指动作爆发得既迅捷、猛烈，又恰到好处。⑦势如彍弩：彍，弩弓张满的意思。彍弩即张满待发之弩。⑧发机：机，即弩牙；发机即引发弩机的机钮，将弩箭突然射出。⑨纷纷纭纭：纷纷，紊乱无序；纭纭，众多且乱。此指旌旗杂乱的样子。⑩斗乱而不可乱：斗乱，言于纷乱状态中指挥作战；不可乱，言做到有序不乱。⑪浑浑沌沌：混乱迷蒙不清的样子。⑫形圆而不可败也：指摆成圆阵，首尾连贯，与敌作战应付自如，不致失败。⑬乱生于治：示敌混乱，是由于有严整的组织。另一说：混乱产生于严整之中。⑭弱生于强：示敌弱小，是由于本身拥有强大的兵力。另一说：弱可以由强产生。⑮治乱，数也：数，即前言之“分数”，指军队的组织编制。意为军队的治或乱，取决于组织编制是否有序。

【译文】

湍急的流水迅猛地奔流，以至于能够把巨石冲走，这是因为它的流速飞快形成的“势”；鸷鸟迅飞猛击，以至于能捕杀鸟雀，这是由于短促快捷的“节”。因此，善于指挥作战的人，他所造成的态势险峻逼人，他进攻的节奏短促有力。险峻的态势就像张满的弓弩，迅疾的节奏犹似击发弩机把箭突然射出。

战旗纷乱，人马混杂，在混乱之中作战要使军队整齐不乱。在兵如潮涌、混沌不清的情况下战斗，要布阵周密，保持态势而不致失败。向敌诈示混乱，必须己方组织编制严整。向敌诈示怯懦，必须己方具备勇敢的素质。向敌诈示弱小，必须己方拥有强大的兵力。严整或者混乱，是由组织编制的好坏所决定的。勇敢或怯懦，是由作战态势的优劣所造成的。强大或者弱小，是由双方实力大小的对比所显现的。

解读

以迅雷之势发起进攻

孙子说：“激水之疾，至于漂石者，势也；鸷鸟之疾，至于毁折者，节也。是故善战者，其势险，其节短。势如彍弩，节如发机。”也就是说，用兵应造成一种险峻的态势，这种态势如同湍急的流水，具有巨大的冲击力能漂移重石，还应像鹰隼急速地俯冲那样，具有很高的速度，由于节奏极快而能捕杀禽兽。所以，善于打仗的人，其所造成的态势险峻逼人，就像张满的弓弩；其进攻的节奏是短促的，就像击发弩机。具有这样的态势节奏，正如鹰隼一击，百鸟无以争其势；猛虎一奋，万兽无以争其威。而强大的军事进攻，往往进军一条线，占领一大片。

湍急的水流奔泻而下，流速之快，以至于能冲走石头，这是由于水势险急，也就是我们所讲的“势”。正如古语所说“附近州县望风而降”，这就是战争态势的威力。当代军事家刘伯承曾说过，“其势险，其节短”是为将必求之术。又说，势者，用兵之势，又称态势，不是指形式、格式。所谓“一夫当关，万夫莫开”，讲的不是一个人有万夫不当之勇，而是讲这人占有险要的关口，一人居关而守，万人攻而不取，这“势”，是地势之利。《孙子》记载“凡先处战地而待敌者佚，后处战地而趋战者劳”，是指地势之利。

1927年春天，北伐战争迅猛发展。为配合北伐进军，上海工人阶级在中国共产党的领导下，举行了反对北洋军阀的武装起义。前两次起义，都在军阀孙传芳的镇压下失败了。1927年3月，中共决定举行第三次武装起义，由周恩来任特别军委书记、武装起义总指挥。

此时，北伐军已控制了浙、赣两省和安徽大部分地区，前锋从南、西两面直逼苏南。直系军阀孙传芳因遭惨败，将军队撤离上海，而奉系军阀张作霖又派鲁军毕庶澄部进驻。毕部有3000人左右，加上当地2000名警察，共有5000人左右，战斗力不强。上海总工会的会员有二十八万九千多人，工人纠察队有3000人，自卫团有100人。这些都是进行武装起义的有利条件。另外，在北伐军中，以蒋介石为代表的国民党右派已经开始了明目张胆的反共活动，对工人武装起义不仅不会积极呼应，还会予以破坏；已经组织起来的工人武装人数不多，训练不够，武器装备也十分缺乏。这些是进行武装起义的不利条件。

在总结了前两次起义的经验教训后，周恩来认为主要问题有两条：一是没有准备；二是领导人在事变中缺乏果断。在组织第三次武装起义时，他对这两点非常关注。

关于起义的准备工作，主要是组织队伍、筹集武器和制订计划。工人纠察队扩大到5000人，自卫团扩大到500人，同时组织特别队。工人武装按区组织成大队、中队，每天夜里进行训练。周恩来经常到各纠察队去指导训练，并亲自教工人练习射击。为了培养起义骨干，指挥部举办了军事训练班，由具有军事经验的中共党员做教员，讲授枪械使用方法、《暴动须知》和巷战战术，并进行军事训练。经过训练，1800名纠察队员学会了使用武器。周恩来还积极组织筹集武器弹药。他们在租界购买了250支手枪，并用染料制造炸弹。周恩来还化装参加了弹药的运送。当时，上海一些军阀和资本家为了保护自身安全而组织了保卫团，周恩来指示工人骨干参加进去，以掌握武器，分化敌人。在周恩来的领导下，全市和各区都制订了书面作战计划，对进攻目标、力量、方法、时间等做了详尽的规定。

关于起义时机的掌握，既要与北伐军的军事进展相配合，又要独立行动，不能失去时机。陈独秀的主张是，两个条件具备方可行动。一是上海没有驻兵；二是北伐军到淞江后仍继续前进，或者等其到上海南郊的龙华。周恩来不同意，其主张为："假使淞江下，必可动，因毕决不致再守上海。苏州下，也必可动，因他也不能孤守上海，同时他的兵队必有一部分溃散。"会议接受了周恩来的主张，确定："一、淞江下。二、苏州下。三、麦根路与北站兵向苏州退。三条件有一个就决定发动。"3月18日，北伐军到达淞江，与军阀部队激战。3月19日，上海区委主席团召开紧急会议，周恩来估计说："毕有败退可能。"他提出："我意今天都准备好，如果12点以前有毕军溃退消息，即一面下令罢工，一面今晚动作。"当天，下达了预备动员令并颁布了行动大纲。第二天，北伐军攻克淞江，前锋推进到上海龙华。上海已有28万工人罢工。

最后，中共势险节短，相机而发，在 3 月 21 日果断做出武装起义的决定。12 时，全市各大工厂汽笛长鸣，80 万工人举行总同盟罢工。下午 1 时，上海工人第三次武装起义爆发。

为了说明用兵打仗必须造成的有利局势，刘伯承引用孙子“善战人之势，如转圆石于千仞之山”。他认为那时孙子不可能懂得物理学，当然更不知道加速运动，但孙子在生活实践中，认识到圆石从很高很陡的山上滚落下来的力量是很难抵挡的。四川有种水鸟，羽毛绿色，像八哥，嘴很尖，在高空中发现水中的鱼，就将双翅夹拢，依靠全身重量自天而降，有时竟能捉到比自己重量大几倍的鱼。《势篇》记载的“其势险，其节短”，就像这种鸟，冲下来很猛（势险），时间又很短促（节短）。这样一来，力量再大的鱼亦难以抗拒。智勇双全的将领在战斗部署、战役布势中都力求这种险峻之势。

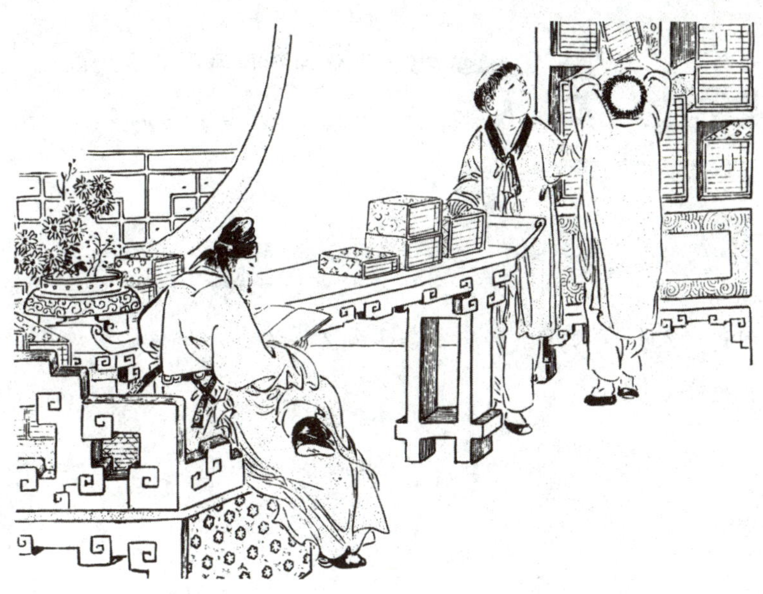

孙子的这种主动造势、以势佐胜的“势险节短”的作战思想受到历代军事家的重视。《兵经百篇》中认为：“难得者时，易失者机，迅而行之，速哉。”《兵垒》中也说：“若乃勃然而起，忽然而至，如豕之奔，虿之螫，狸之搏，兔之脱，谁能御之？”

欲取先予，以利动之

【原典】

故善动敌[①]者，形之[②]，敌必从之；予之，敌必取之。以利动之，以卒待之[③]。

【注释】

①动敌：调动敌人。②形之：形，用作动词即示形、示敌以形。指用假象迷惑欺骗敌人，使其判断失误。③以卒待之：用重兵伺机破敌。卒，士卒，此处可理解为伏兵、重兵。

【译文】

所以善于调动敌人的将帅，用伪装假象迷惑敌人，敌人便会听从调动；用小利引诱敌人，敌人就会前来争夺。用这样的办法积极调动敌人，再预备重兵伺机掩击它。

解读

以小利为饵，诱敌上钩

孙子说："以利动之，以卒待之。"意思是用小利调动敌人，用劲兵埋伏、等待敌人。即在与敌人作战时，往往将假象暴露给敌人，或以小利为饵，诱

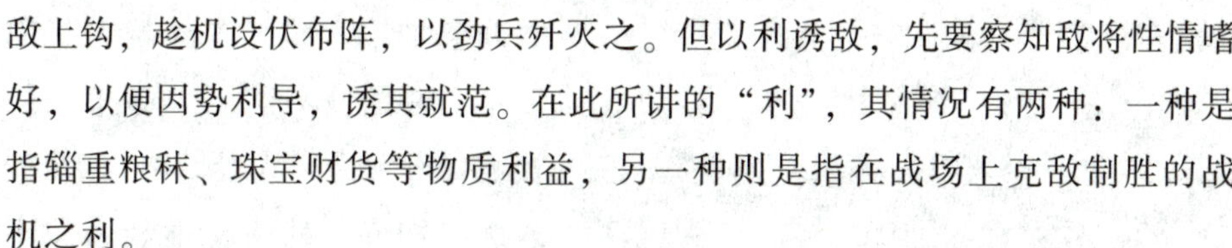

敌上钩，趁机设伏布阵，以劲兵歼灭之。但以利诱敌，先要察知敌将性情嗜好，以便因势利导，诱其就范。在此所讲的“利”，其情况有两种：一种是指辎重粮秣、珠宝财货等物质利益，另一种则是指在战场上克敌制胜的战机之利。

两军交战的双方，无不是为利而战，为利而动。乘隙取利，捕捉战机，方能克敌制胜。然而利与害总是紧密联系的，塞翁失马，焉知非福。所以孙子说：“智者之虑，必杂于利害。”即每一次军事行动都要考虑其利害两方面，有利则思害，有害则思利，两相权衡，从而加以趋避，尽量克服盲目性。

两利相衡取其重，两害相权取其轻。鲁莽之将，总是贪功图利心切，缺乏战略眼光，从而思进不思退，虑胜不虑败，贪功不计危，见利不见害，明于小而晦于大，察眼前而昧长远，得于有形而失于无形，在瞬息万变的战场上，这种人常常贸然行事，逢利便争，见隙即钻，却顾头不顾尾，自然就难免上当受骗。

孙子说：“善动敌者，形之，敌必从之。”其意思是，善于调动敌人的将帅，用伪装假象以迷惑敌人，敌人便会听从调动。动敌在“知彼”中的作用是，采用种种手段，让敌人隐而难见的情形显现外露，使敌人受我支配，陷入被动，而我则乘隙克敌制胜。

在桂陵之战中，魏国虽然失利了，但仍有实力。这时，魏国与韩国的利害冲突加剧。因为在桂陵之战前四年，韩国曾与魏国争夺宋国的黄池（今河南封丘县西南）。在桂陵之战期间，韩国又乘魏国失利之机袭取魏地陵观、廪丘（今河南巩县附近）。其后两年，韩昭侯任用申不害为相，励精图治，对魏国的威胁加剧。当时的魏国，秦国紧逼其西面，齐国威胁其东面，赵国雄踞其北面，韩国兴起于其南面，四面楚歌，形势危急。魏惠王乃采取西守东攻、和赵抑韩的策略，将邯郸归还于赵国，与秦孝公会盟于彤（今陕西长安县附近），集中力量打击韩国。

周显王二十八年（公元前341年），魏惠王终于命庞涓伐韩，直指韩都（今河南新郑县）。韩国抵挡不住魏军强大的攻势，被迫向齐国求援。齐宣王召集大臣，商议是否出兵救韩，齐相邹忌认为，魏、韩两国火并，谁胜谁负，实力都要受到损伤，对齐国都是有利的，主张“不如勿救”。齐将田忌认为，如果不救，韩国可能向魏国投降，这对齐国不利，主张“早救”。孙膑同意出兵援救，但不同意早救。他认为，韩、魏两国正在交锋，谁胜谁败还未定，如果现在出兵援救韩国，实际上是代替韩国去承受魏国的打击，不但使齐国蒙受损失，而且无把握打败魏军。魏国此次出兵，意在灭韩。齐国应因势利导，先向韩国表示必定出兵相救，促使韩竭力抗魏，又必须等韩国处于危亡之际，才发兵援救。这样，韩国必然感激齐国，同时，齐国在魏军受到严重消耗时，与魏军作战，易于取胜。齐宣王很赏识孙膑所出的谋略，既可“深结韩之亲”，又可“晚承魏之弊”的“受重利而得尊名”的两全之策。

韩国得到齐国允予救援的消息之后，竭尽全力抵抗魏军，仍然五战皆败，遂向齐再次告急。齐宣王乘韩、魏俱疲惫之机，命田忌为主将，田婴为副将，孙膑为军师，统率大军救韩。齐军此次出兵，根据孙膑的建议，仍沿袭“围魏救赵”的故计，不直接进军韩都解围，而是把进攻的矛头直指大梁。

当庞涓从韩国撤兵回国时，齐军已深入魏境。孙膑对田忌说：“魏军一向骄傲轻敌，急于求战，轻兵冒进。我们可利用其此弱点，予以致命的打击。兵法指出，如果走100里去争利，只有一半军队能够赶到。我们可以第一天修建10万个灶，第二天减少为5万个，第三天减少为3万个，让魏军以为我们的军队人员天天在减少。”田忌采用了这个计策。

魏军连续追了三天。庞涓果然以为齐军逃亡严重，骄傲地说：“我早知道齐军怯懦，进入魏境才三天，逃跑的士兵已经超过半数。”于是丢下步军，只率领精锐的骑兵，昼夜兼程进军。

根据魏军的行动，孙膑判断魏军将于当天日落后到达马陵（今河南范县西南）。而马陵附近道路狭窄，地势险要，可以埋伏军队。孙膑命令万名射箭手埋伏在道路两旁，规定到夜里望见火光一闪，立刻一齐放箭。孙膑并命人把路旁一棵大树的皮剥掉，上写“庞涓死于此树之下”。庞涓所率魏兵果然在预定时间进入齐军设伏地区。庞涓见剥皮的树干上写有字迹，就令

人点起火把来照明，字还没念完，齐军万箭齐发。魏军来不及防备，乱成一团。庞涓自知败局已定，愤愧自杀。齐军乘胜追击，彻底击溃魏军，并俘获了魏太子申。

善于指挥的将领，善于权衡利弊，尽力趋利避害，不因小利而受大害，不为争吃一子而丢失全盘；同时，在能掌握主动权的情况下，往往故意显现出破绽，设下圈套让敌人来钻。为人处世当能“不为小利坏大谋”，不要受他人“小利”之诱而“智昏”。

任势者，其战人也，如转木石

【原典】

故善战者，求之于势，不责于人①，故能择人而任势②。任势者，其战人也③，如转木石。木石之性④，安⑤则静，危⑥则动，方则止，圆则行。故善战人之势，如转圆石于千仞之山者，势⑦也。

【注释】

①求之于势，不责于人：责，求。此句言当追求有利的作战态势，而不是苛求下属。②择人而任势：择，选择；任，任用、利用、掌握、驾驭的意思。③其战人也：指挥士卒作战。与前《军形篇》中之“战民”义同。④木石之性：木石的特性。性，性质、特性。⑤安：安稳，这里指平坦的地势。⑥危：高峻、危险，此处指地势高峻陡峭。⑦势：是指在“形”（军事实力）的基础上，发挥将帅的主观作用，因而造成的有利作战态势。

【译文】

善于用兵打仗的人，总是努力创造有利的态势，而不对部属求全责备，所以他能够选择人才去利用和创造有利的态势。善于利用态势的人指挥军队

作战，就如同滚动木头、石头一般。木头和石头的特性是，置放在平坦安稳之处是静止的，置放在险峻陡峭之处就会滚动。方的容易静止，圆的滚动灵活。所以，善于指挥作战的人所造成的有利态势，就像将圆石从万丈高山上推滚下来那样，这就是所谓的“势”。

解读

借势、运势、造势

孙子说：“善于利用态势的人指挥军队作战，就如同滚动木头、石头一般。木头和石头的特性是，置放在平坦安稳之处是静止的，置放在险峻陡峭之处就会滚动。方的容易静止，圆的滚动灵活。所以，善于指挥作战的人所造成的有利态势，就像将圆石从万丈高山上推滚下来那样，这就是所谓的‘势’。”在孙子看来，军队要谋取胜利首先要谋取势，造成有利于己方的势，才能无往而不利。

军队取胜要谋取势，而企业经营同样需要首先谋“势”。谋势就是谋求优势，这种优势包括政治优势、管理优势、产品优势、营销优势、气候优势等。所谓政治优势，就是要坚持大的方向，使上下一心，“与众相得”。所谓管理优势，就是要有先进的管理体制，科学的管理方法，适应现代市场经济特点的机制，能最大限度地激发职工的积极性和创造性。所谓产品优势，就是要有自己的拳头产品，这是硬优势，是在商战中赖以取胜的关键。一个企业不必追求所有的产品都优，一种或几种产品能得到社会的承认，就会使整个企业声名大振。另外，除了有一支能干的推销队伍，使产、供、销都达到优化的要求之外，还要注意地理、气候、环境条件对企业的影响等。

企业不仅要谋求优势，还要善于利用优势，因势定谋，借势成事。一种新产品面市，如果推广投入太少，则市场波澜不兴，新产品可能无疾而终；如果推广投入太大，则企业成本增加，有可能得不偿失。如果仅以传统的硬广告、拉关系推销等方法，虽然也有一定效果，但往往事倍功半，就收不到理想的效果。如果是具有一定市场难度或是广告费用有限的产品，推广起来就更加举步维艰了。那么，通过何种方式推广才能迅速被市场认可，被消费者接受，并迅速产生经济效益呢？借势营销是解决这类问题的有效手段。

"借势"就是借助具有相当影响力的事件、人物、产品、故事、传说、影视作品、社会潮流等，策划出对自己有利的新闻事件，将自己带入话题的中心，由此引起媒体和大众的关注，让更多的人认识、关注自己，以此提高自己产品的知名度。营销策划者要善于对所处环境、时局进行判断，捕获对本产品推广有利的信息加以运用，借此"势"为我所用，可达到四两拨千斤、事半功倍的神奇效果。

现代营销理论认为，让消费者在众多相似的同类产品中记忆其中一个产品是比较困难的，但如果通过一个有特点的公众人物或事件来引导消费者记忆，往往会起到良好的效果。正所谓：东风要靠借出来，形势全靠借过来。这就是所谓的借势。

在英国迈克斯亚的法庭上，一位中年妇女和丈夫闹离婚，理由是她的丈夫有外遇。她向法官哭诉："我20岁嫁他，他也保证不和那家伙来往，可结婚不到一星期，他便偷偷摸摸跑到运动场幽会。我警告他，他听不进去，我忍气吞声过了20年，他至今仍迷恋那可恶的妖精，无论白天黑夜，都与那第三者见面。"

在法庭旁听的群众闻之无不为之动容。法官问中年妇女："第三者是谁？"她说，是那臭名远扬、家喻户晓的足球。这时有人说，你不能告足球，你应该告足球的生产厂家。

于是这位中年妇女果然向法庭控告一年生产20万只足球的宇宙足球生产厂。出人意料的是，宇宙足球生产厂居然非常情愿地赔偿她"孤独费"10万英镑，让这位中年妇女在法庭上大获全胜。接着宇宙足球老板大肆"炒作"，通过新闻机构广为宣传，他对记者说："这位太太与其丈夫离婚，正说明我厂生产的足球魅力所在。"

有人猜测，从这位中年妇女控告，到她法庭大胜，以及新闻机构的反复报道宇宙足球生产厂，都是宇宙足球生产厂老板一手炮制的。有人经过计算发现，赔那中年妇女10万英镑比做广告便宜，而且比广告收益大得多。

宇宙足球生产厂老板主动“惹火上身”，把一出奇特的离婚案炒得有声有色。中年妇女控诉“第三者”，奇的是“第三者”竟是不能言语、人见人爱的足球，奇怪的是宇宙足球生产厂无怨无悔，甘愿背黑锅，自愿认罚。

明处是中年妇女大获全胜，宇宙足球生产厂10万英镑大出血，实际上宇宙足球生产厂声名大振，巧借离婚案大炒“足球”。相比特地做广告，宇宙足球生产厂老板真是以铢称镒。所以，炒作能否达到大做广告的效果，关键是看炒作者能否抓住机会，借势造势，给人以惊奇之感。

势者，氛围也。成功的营销案例无不依赖于市场氛围的烘托，是自主地去造势，还是巧妙地借他人之势为我所用？考虑一下造势所需投入的资源和承担的风险，相信大多数人会同意借势的选择。但所借之势或所借之人应与产品的内在本质相呼应或相吻合。借势不但要有敏锐的眼力，而且要取决于适当的时机。

有了可借之势，还要会适时运势。运就是把握时局，随机应变，积极探索，方能运筹帷幄。势其实是一个不断运行的过程，它不是杂乱无章地进行，而是遵循一条势的增长链有序、渐进地展开。把握它的规律，根据发展的态势不断调整策略而为我所借、为我所用，就是运势。有了可借之势，且成功地运筹所借之势，接下来便需要大力造势。身处传媒时代，媒体的力量绝不容忽视，利用媒体造势是最为常见的手段之一。

借势是捷径，运势是充分发挥，而造势则是制造轰动效应。三者并非三件独立的事物，而是一件事情的三个阶段。巧妙借势、成功运势、大力造势，必将使营销活动卓然生辉！

有势可借，因势利导，是营销中的上乘之招。而学会造势和借势，是营销学中的入门基础。在什么情况下应该造势，遇到什么情况可以借势，运用之妙，不可不详察。

第六篇 虚实篇

本篇论述了军事战争中“虚”“实”关系及其相互对立、相互转化这一具有普遍规律性的问题，并提出了“兵形象水”的用兵规律。

善战者，致人而不致于人

【原典】

孙子曰：凡先处战地而待敌者佚①，后处战地而趋战者劳②。故善战者，致人而不致于人③。能使敌人自至者，利之也④；能使敌人不得至者，害之也⑤。故敌佚能劳之⑥，饱能饥之，安能动之⑦。

出其所不趋⑧，趋其所不意。行千里而不劳者，行于无人之地也⑨；攻而必取者，攻其所不守也⑩；守而必固者，守其所不攻也⑪。故善攻者，敌不知其所守；善守者，敌不知其所攻⑫。微乎微乎，至于无形⑬；神乎神乎，至于无声⑭。故能为敌之司命⑮。

【注释】

①凡先处战地而待敌者佚：处，占据；佚，即“逸”，指安逸、从容。此句言在作战中，若能率先占据战地，就能使自己处于以逸待劳的主动地位。②后处战地而趋战者劳：趋，奔赴，此处为仓促之意；趋战，仓促应战。此句意为在作战中若后据战地仓促应战，则疲劳被动。③致人而不致于人：致，招致、引来；致人，调动敌人；致于人，为敌人所调动。④能使敌人自至者，利之也：利之，以利引诱。意谓能使敌人自来，乃是以利引诱的缘故。⑤能使敌人不得至者，害之也：害，妨害，阻挠之意。此言能使敌人不得到达战地，乃是牵制敌人的结果。⑥劳之：劳，使之疲劳。⑦安能动之：言敌若固守，我就设法使它移动。⑧出其所不趋：出，出击。出兵要指向敌人无法救援的地方，即击其空虚。不，这里做“无法、无从”之意解。⑨行千里而不劳者，行于无人之地也：无人之地，喻敌虚懈无备之处。意谓我行军千里而不致劳累，乃因行于敌虚懈无备处之故。⑩攻而必取者，攻其所不守也：言

出击而必能取胜，是由于所出击的是敌人防守空虚之地。⑪守而必固者，守其所不攻也：言防守必定巩固，因为所守之处是敌人无法攻取的地方。⑫故善攻者，敌不知其所守；善守者，敌不知其所攻：此句谓善于进攻的军队，敌人不知防守何处；善于防守的军队，敌人不知进攻何处。⑬微乎微乎，至于无形：微，微妙。此句谓虚实运用微妙极致，则无形可睹。⑭神乎神乎，至于无声：神，神奇，神妙。意为虚实运用神奇之至，则无声息可闻。⑮司命：命运之主宰者。

【译文】

孙子说：凡先占据战场，等待敌人的就主动安逸，而后到达战场仓促应战的就疲惫被动。所以善于指挥作战的人，总是能够调动敌人而不被敌人所调动。能够使敌人自动进到我预定地域的，是用小利引诱的缘故；能够使敌人不能抵达其预定领域的，则是设置重重困难阻挠的缘故。敌人休整得好，就设法使他疲劳；敌人粮食充足，就设法使他饥饿；敌人驻扎安稳，就设法使他移动。

要出击敌人无法驰救的地方，要奔袭敌人未曾预料之处。行军千里而不劳累，是因为行进在敌人没有防备的地区；进攻而必定能够取胜，是因为进攻的是敌人不曾防御的地点；防御而必能稳固，是因为扼守的是敌人无法攻取的地方。所以善于进攻的，能使敌人不知道该如何防守；善于防御的，能使敌人不知道该怎么进攻。微妙啊，微妙到看不出任何形迹；神奇啊，神奇到听不见丝毫声音。所以，我能够成为敌人命运的主宰。

解读

抢先战略，抢占市场

在孙子看来，善于用兵打仗的人，必须懂得争取主动，牵着敌人的鼻子走，而不被敌人牵着鼻子走，要陷敌于被动。要想在战场上取得主动，必须抢先一步。所谓先发制人，只有抢得先机，才能制人而不制于人。同样地，企业在经营过程中，也必须贯彻抢先战略。

抢先战略，也称为市场先导者战略，它是差异化战略、低成本战略和集中战略之外的又一类型的企业总体战略。抢先战略是指企业实行抢先占领市场的战略，企业总是将其注意力集中于行业的制高点，努力比竞争对手抢先一步占领市场。成功的抢先战略对于竞争对手来说，具有不可模仿性和不可抗拒性。

美国 PSI（战略规划研究所）的研究揭示，在 500 个成熟的行业中，第一个进入企业的平均市场占有率达 29%，早期跟进企业的平均市场占有率为 21%，而其余平均市场占有率为 15%。在社会进入信息时代的重要历史时期，速度决定着企业的命运，只有能够迅速应对市场者，才能成为市场逐鹿的佼佼者。正如非洲大草原上的动物们一样，当它们一开始迎着太阳奔跑的时候，狮子知道如果它跑不过速度最慢的羚羊，它就会饿死。而羚羊也知道，如果自己跑不过速度最快的狮子，它就必然会被吃掉。

在中国，无论是普通消费者还是企业经营者，几乎都将比尔·盖茨奉若神明。《未来故事》一书里讲述了比尔·盖茨在中学时期的一则故事。当看到有人先于自己编写出一款能够配合 8088 芯片的软件时，比尔·盖茨感到特别沮丧："糟糕，别人抢到我前面了。"

与 IBM、惠普等"百年老店"相比，微软在成立之时绝对只能算是市场的"新人"，微软之所以能够迅速发展壮大，与比尔·盖茨从小就有的这种事事"抢先一步"的意识不无关系。众所周知，Windows 系列软件，在推出时都不能算是成熟的产品，但微软还是抢在对手之前将它推向了市场，而事实已经证明，市场总是垂青于跑得最快的人。

从某种意义上说，市场竞争成功与否的关键在于能否比对手抢先一步，先发制人。在激烈的市场竞争中，慢一步都不行！

广州牙膏厂是一个在国内有一定知名度的老企业，有好几种产品曾荣获国优、部优、省优，在过去的计划经济时期，是不愁嫁的"皇帝女"。进入 20 世纪 80 年代以来，这些"皇帝女"的销路由旺转平、转滞。工厂的经济效益也随之而降。形势迫使他们要开发新产品。但什么是新产品？新产品必须适应顾客什么样的需要？他们心中无数。于是，他们来了一个“老牌新改装”，把一种曾大受消费者欢迎、但已停产多年的老型号牙膏，略加改动便当作新产品推出。结果是消费者不买账，销路平平。1985 年，眼看着药物牙膏风靡市场，他们也紧步别人后尘，搞了一种药物牙膏。由于这种牙膏与兄弟厂已打开销路的药物牙膏基本一样，缺乏号召力，因而，这种牙膏仍然挤不进市场。

他们通过调查研究，发现消费者现在对牙膏的要求不仅要有药物和卫生的作用，而且要有香味。这种香味就是一种超前的要求。于是，他们认识到自己过去的产品打不进市场，主要原因是传统复制品（只具有药物和卫生的作用），不是超前创新品（没有香味）。此后，他们在组织研制新产品时，紧紧把握着“超前”两个字。

1986 年年初，经过反复试验，他们研制成功了一种具有国际香型、清新可口，内含口洁素、防牙石制剂，在香型、口感和使用效率等方面都超前的黑妹牙膏。当黑妹牙膏投放市场之时，尽管全国牙膏产大于销，积压严重，牙膏市场竞争异常激烈，但它凭着“超前”的真功夫迅速打开销路，不仅畅销国内市场，而且还被外商们一眼看中，出口外销，取得了很好的经济效益。后来，黑妹牙膏先后 7 次荣获国家轻工业部、省、市颁发的优秀新产品奖。人们称黑妹牙膏是“洁齿皇后”。黑妹牙膏的成功，使广州牙膏厂尝到了在开发新产品时超前一步的甜头。

超前一步，开发出市场需要的新产品，乘人之不及，对于保证企业在市场竞争中处于领先地位、立于不败之地至关重要。

一般来说，一个新产品，一种新技术，总会有许多公司在同时开发和研究，如果能领先于对手抢占市场，就会牢牢地把握市场主动。在企业的经营管理中，企业必须时刻抱着“先处战地”的思想，贯彻抢先战略，先于竞争对手占领市场，取得市场主动权。

现在的商战，就是快鱼吃慢鱼，只要你想得比别人早，动作比别人快，你就能够获得成功！商机处处都在，只是有些人不敢去想，有些人不敢去做；

但是有的人去想了，也去做了，所以他们成功了。争当第一个吃螃蟹的创业者，就是要敢于去尝试创新，找出适合自己或企业发展的路；而且还要敢为天下先，永争第一。相反地，如果自己不敢尝试创新，等看到别人成功后才步人后尘，企图分一杯羹，只会是别人捡西瓜自己捡芝麻的结局。

我欲战，攻其所必救

【原典】

进而不可御者，冲其虚也[①]；退而不可追者，速而不可及也[②]。故我欲战，敌虽高垒深沟，不得不与我战者，攻其所必救也[③]；我不欲战，虽画地而守之[④]，敌不得与我战者，乖其所之也[⑤]。

【注释】

①进而不可御者，冲其虚也：御，抵御；冲，攻击，袭击；虚，虚懈之处。此言我军进击而敌无法抵御，是由于攻击点正是敌之虚懈处。②退而不可追者，速而不可及也：速，迅速、神速；及，赶上、追上。此句意为我军后撤而敌不能追击，是由于我军后撤迅速，敌追赶不及。因此，撤退的主动权也操于我手。③故我欲战……攻其所必救也：必救，必定救援之处，喻利害攸关之地。此句意为由于我已把握了战争主动权，故当我欲与敌进行决战时，敌不得不从命。之所以如此，是因为我所选择的攻击点是敌之要害处。④虽画地而守之：画，界限，指画出界限。画地而守，即据地而守，喻防守颇易。⑤乖其所之也：乖，违，相反，此处有改变、调动的意思；之，往，去。此句意为调动敌人，将其引往他处。

【译文】

前进而使敌人无法抵御的，是由于袭击敌人懈怠空虚的地方；撤退而使

敌人不能追击的，是因为行动迅速而使敌人追赶不及。所以当我军要交战时，敌人即使高垒深沟，也不得不出来与我交锋，这是因为我们攻击了敌人所必救的地方；当我军不想交战时，驻扎一个地方防守，敌人也无法同我交锋，这是因为我们诱使敌人改变了进攻方向。

解读

攻其必救，妙用多多

“故我欲战，敌虽高垒深沟，不得不与我战者，攻其所必救也。”孙子这闪烁着军事辩证法之光的兵家名言，道出一种采用间接路线实现军事目的的策略。

“攻其必救”，目的在于调动敌人。在此所说的“必救”之处，是指敌人的要害之处，如后勤补给基地，敌后重要据点或敌方最敏感而又薄弱之地。如果攻击矛头所向是敌方不疼不痒的所在，敌失之不会动摇全局，我得之无助于赢得主动，自然不能吸引敌人去救援。或者，我攻击矛头所向虽是敌方要害，但敌方有强兵坚守，攻之难克，亦不会调动另一处敌人去加以救援，甚至反而削弱自己的兵力。

“攻其必救”，有时是为了达到解围目的。即解救某一地区的危急，而不把兵力直接指向此处之敌，却转而攻击敌人兵力空虚而又要害之地，以间接的方法排解受到威胁地区的危急。正如孙膑在实行“围魏救赵”的行动之前说的：“夫解杂乱纷纠者不控拳，救斗者不搏撠，批亢捣虚，形格势禁，则自为解耳。”（《史记·孙子吴起列传》）

公元前356年，鲁、宋、卫、韩等国的国君迫于压力，入朝魏国，而赵成侯却在这一年先后与齐威王、宋桓侯、燕文公相会，引起魏惠王的不满。公元前354年，赵国在齐国的支持下又向依附于魏国的卫国发动战争，攻取了卫国的漆（今长垣北）和富邱，迫使卫国屈服称臣。为制伏赵国，维护霸主尊严，魏国借口保护卫国，派大将庞涓带兵 8 万进攻赵国，包围了赵国国都邯郸。公元前 353 年，邯郸局势危急，赵国派遣使者先后向楚国和齐国求救。

赵成侯先派使者来到楚国，楚国君臣围绕是否救赵国的问题展开了讨论。当时魏国的扩张也引起楚国的敌视，因此楚相昭奚主张不救，让魏国和赵国自相残杀，待两败俱伤，再谋求渔翁之利。而楚将景舍则认为，楚国不救赵国，魏国没有了后顾之忧，就会放手攻赵。赵国见楚国不救自己，必然向魏国投降，反过来和魏国联合攻打楚国，对楚国不利。因此，景舍主张以少量军队救赵国，赵国自恃有楚国相救，必然不肯向魏国投降，魏国见赵国强硬而楚国又不足畏惧，一定不肯放过赵国，魏、赵两国相互消耗，而齐国和秦国响应楚国攻打魏国的话，则魏国可破。楚宣王采纳了景舍的意见，乘魏国出兵攻赵国后方空虚的时候，派遣景舍率领少量楚军北上，向魏国南部的地区进攻，做出救赵国的姿态。赵国使者识破楚国意图，回到赵国后建议赵王与魏王讲和，然而赵王犹豫不决。

向楚国求援不成，赵国又派出使者向齐国求援。齐威王得到报告说赵国危急，立即召集文武大臣，商议是否出兵救赵国的问题。丞相邹忌主张不救，齐将段干纶（一说段干朋）则认为如果不救赵国，则既会失去对赵国和其他盟国的信用，又会因为魏国控制了赵国后变得更加强大而最终给齐国自身造成麻烦，因而主张救国。段干纶同时又指出，以当时的战略形势来考虑，如果立即出兵开赴邯郸，赵国既不会遭到太大损失，魏军也不会消耗太多实力，对于齐国的长远战略利益来说是弊大于利。因此，他主张实施使魏国与赵国相互削弱，而后“承魏之弊”的战略方针，即先派少量兵力南攻襄陵，以牵制和疲惫魏国，待魏、赵两国均已师劳兵疲之际，再对魏国予以正面攻击。段干纶的谋略显然有一石二鸟的用意。一是向赵国传递了援助和信守盟约的信号，做出维持两国友好关系和帮助赵国抗魏的姿态，坚定赵国抵抗魏国进攻的决心；二是让魏、赵两国继续互相消耗，导致赵国遭受重创、魏国实力削弱的结果，为齐国战胜魏国和日后控制赵国创造有利条件。

齐威王欣然采纳了段干纶的意见，派不懂军事的齐城、高唐两个都邑的大夫率兵联合宋、卫两国军队南攻襄陵，主力则暂时按兵不动，静观事态发展。襄陵介于宋国和卫国之间，地处魏都大梁东面，是魏国东阳地区的军事重镇，人口多，兵力强，不易攻取。而且齐军攻打襄陵，魏国另一城市市丘又是必经之路，魏军可以从市丘出兵截断齐军粮道。齐军攻打襄陵失败的事件迷惑了庞涓，给庞涓造成齐军指挥无能、不堪一击的印象，于是不以齐军为虑，继续加紧围攻邯郸。

魏、赵两军相持一年有余，邯郸形势危在旦夕，魏、赵两国均已非常疲惫，齐威王认为出兵与魏军决战的时机已经成熟，正式任命田忌为主将，孙膑为军师，统率齐军主力救援赵国。田忌计划率军直奔邯郸，同魏军主力决战，以解救赵国。孙膑不赞成以硬碰硬的战法，提出了著名的“围魏救赵”“批亢捣虚”的作战方针。“批亢捣虚”就是撇开敌人的强点，攻击敌人的弱点，使敌人出现后顾之忧，感到形势不利而回师，自然也就解围了。孙膑分析说：“魏国大举攻赵，魏军的精锐部队都在赵国，留在国内的只是一些老弱残兵。现在魏、赵两军相持已经一年有余，‘轻兵锐卒必竭于外，老弱疲于内’。”根据这一情况，他建议田忌迅速向魏国的都城大梁进军，切断魏国的交通要道，引诱庞涓回救国都，而将齐军主力集结在魏军归途中的必经之地截击魏军。田忌采纳了孙膑的意见。

经过苦战，魏军在付出很大的代价后，在攻打赵国的第二年，即公元前353年10月，终于攻下了邯郸。此时，孙膑认为与魏军决战的时机已经成熟，便请田忌派出轻车锐卒直扑大梁而去，做出攻取魏都大梁的姿态。

远在赵国的庞涓不得不只留下少数兵力来控制刚刚攻克的邯郸，放弃辎重，亲自率领主力轻装兼程回师。田忌、孙膑料定魏军必然经过桂陵，率主力先期到达桂陵地区布置阵地，设置埋伏。魏军由于长期攻打赵国，兵力消耗较大，加上轻装兼程，给养不足，长途跋涉，士卒疲惫，进至桂陵地区，突然遭到齐军截击，仓促应战，因此魏军最后招致惨重失败。

攻其必救的目的在于调动敌人，歼其救者，变攻坚战为运动战，使敌人脱离坚固的阵地依托，易于被我军集中力量加以歼灭。

形人而我无形

【原典】

故形人而我无形[①]，则我专而敌分[②]；我专为一，敌为分十，是以十攻其一也[③]，则我众而敌寡。能以众击寡者，则吾之所与战者，约矣[④]。吾所与战之地不可知[⑤]，不可知，则敌所备者多；敌所备者多，则吾所与战者，寡矣[⑥]。故备前则后寡，备后则前寡；备左则右寡，备右则左寡；无所不备，则无所不寡[⑦]。寡者，备人者也[⑧]；众者，使人备己者也[⑨]。

【注释】

①故形人而我无形：形人，使敌人现形。形，此处作动词，显露的意思。我无形，即我无形迹（隐蔽真形）。②我专而敌分：我专一（集中）而敌分散。③是以十攻其一也：指我军在局部上对敌拥有以十击一的绝对优势。④吾之所与战者约矣：约，少、寡。此句言能以众击寡，则我欲击之敌必定弱小有限，难以作为。⑤吾所与战之地不可知：即我准备与敌作战之战场地点，敌无从知晓。⑥不可知，则敌所备者多；敌所备者多，则吾所与战者，寡矣：此句意为我与敌欲战之地敌既无从知晓，就不得不多方防备，这样，敌之兵力势必分散；敌之兵力既已分散，则与我局部交战之敌就弱小且容易战胜了。⑦无所不备，则无所不寡：即言如果处处设防，必然是处处兵力寡弱，陷入被动。⑧寡者，备人者也：言兵力之所以相对薄弱，是因为分兵备敌。⑨众者，使人备己者也：言兵力所以占有相对优势，是因为迫使对方分兵备战。

【译文】

要使敌人显露形迹而我军不露痕迹。这样，我军兵力就可以集中而敌人兵力却不得不分散。我们的兵力集中在一处，敌人的兵力分散在十处，这样，我们就能以十倍于敌的兵力去进攻敌人了，从而造成我众而敌寡的有利态势。能做到集中优势兵力攻击劣势的敌人，那么同我军正面交战的敌人也就有限了。我们所要进攻的地方敌人很难知道，既无从知道，那么他们所需要防备的地方就多了；敌人防备的地方越多，那么我们所要进攻的敌人就越单薄。因此，防备了前面，后面的兵力就薄弱；防备了后面，前面的兵力就薄弱；防备了左边，右边的兵力就薄弱；防备了右边，左边的兵力就薄弱。处处加以防备，就处处兵力薄弱。兵力之所以薄弱，是因为处处分兵防备；兵力之所以充足，是因为迫使对方处处分兵防备。

解读

以“示形”之法隐蔽真实企图

“形人而我无形”中，“形人”即使敌人暴露形迹。“我无形”，即我军不露形迹。全句的意思是说，用计谋使敌人暴露形迹而我军却不露形迹，这样我军便可以进行周密的布置并集中兵力战胜敌人。实质上，这是一种以“示形”之法隐蔽真实企图，达到出奇制胜的作战指导思想。

战争的军事目的，在于消灭敌人，保存自己。古今中外的战争概无例外。但如果要实现这一目的，就必须巧妙地伪装自己，以欺骗和迷惑敌人，否则，就不可能既消灭敌人又保存自己。因此，孙子所倡导的“示形”惑敌之法历来为兵家所强调和重视。

“示形”之法的具体内容，则因不同的敌情我情而有所不同。诸如能而示之不能，弱而示强，强而示弱，设置虚形假象，实施佯动惑敌等，都是属于“示形”战法的范围。

公元200年，袁绍派兵围攻曹操部将刘延于白马城，曹操原打算率兵北

出救援刘延，但谋士荀攸则认为在敌众我寡的形势下，直接北出救援是不利的。为此，他建议曹操率兵一部到延津，伪装成“将渡河向其后”的样子，诱使袁绍“西应之”，然后乘其兵力分散之隙，派兵袭击围攻白马城的袁绍军。曹操采纳了荀攸的这一建议，打败了围困白马城的袁绍军，斩了袁绍军大将颜良，解除了白马城被困之危，创造了以佯动“示形”而战胜强敌的成功战例。

而在激烈的市场竞争中，通过适当运用“形人而我无形”的策略，既可以了解竞争者的意图和实力，为正确决策提供可靠的依据，又可以避免过早暴露自己的计划，从而减少不必要的阻力。

在我国台湾地区食品界称王的“统一”在初入大陆时，落后于先进入者“康师傅”。当时的方便面品牌众多，康师傅占据主导地位，市场份额高达60%，统一则在10%以下徘徊不前。统一通过投入大量的广告宣传来试图改变消费者的品牌认知，结果成效甚微，那时的“小浣熊”虽小有成绩但无法改变市场格局。在此情况下，统一策划了一场战略进攻，其过程是统一推出“统一100”方便面并发动大规模市场进攻，从广告到铺货。而康师傅两个月后推出“面霸120”进行拦截。结果在第四个月，正当消费者为选100还是120烦恼的时候，统一“来一桶”横空出世，所以那些方便面的重度消费群几乎被统一的“来一桶”一网打尽！

统一尽管有深厚的企业文化与实力，但在大陆康师傅是领先及领导品牌，单纯的品牌竞争是以弱敌强，自然无法奏效。

统一决胜之战首先选择转移消费者关注点的营销策略：即用“面饼重量”这一关注点将消费者从品牌选择转入品种选择，选择路径被重新界定。这一招使康师傅的强势（品牌影响力）无法成为截击的武器，造成“敌虽众可使无斗”的战略局面。

在这种情况下，如果康师傅不采取拦截措施，则“统一 100”将一路凯歌。结果康师傅很快推出“面霸 120”加入战团，这一被动应战的拦截产品进一步强化了“面饼重量”概念的重要性，双方的广告战强化着消费者的认知。

统一“来一桶”的问世水到渠成、顺理成章，立即成为重量之王，不仅结束了重量之争，而且使统一成为“首创者”。经过这一轮营销战，竞争格局发生了变化，统一的市场份额上升到 30%，而康师傅则下降到 45% 左右。统一的方便面之战取得了辉煌的战果！

虽然康师傅“面霸 120”可以在两个月内拦截“统一 100”，但是康师傅的桶面要多久才能担此重任呢？六个月！在康师傅的桶面上市前，统一有六个月的“无竞争市场空间”！统一以优秀的战略、出色的产品、高效率的执行显示了食品界之王的实力与内涵。

孙子的全胜、制敌、速胜思想得到了有效验证：好的营销必然是“没有对手”的销售，尽管方便面市场大小品牌鱼龙混杂、硝烟弥漫。

形人而我无形，即让对手疲于应付、分散资源，可以获得“兵不顿而利可全”的效果，这也是“致人”而不“致于人”的外部现实。在现代竞争的经营活动中，有时候环境会不利于自己，遇到这种情况，企业要懂得制造假象，来迷惑对手。“迷惑”的目的是在竞争开始前或进行中通过对对手的迷惑、示假、伪装使其麻痹，丧失警惕性，从而产生误判并做出对己方有利的部署和行动，以致掩盖己方真实意图，牵制对手，为对其实施突然、致命打击创造先决条件，以相对较小的代价最大限度地实现己方的目的。

形兵之极，至于无形

【原典】

故知战之地，知战之日，则可千里而会战[①]；不知战之地，不知战日，则左不能救右，右不能救左，前不能救后，后不能救前，而况远者数十里，近者数里乎[②]！以吾度之[③]，越人之兵虽多[④]，亦奚益于胜哉[⑤]！故曰：胜可为也[⑥]。敌虽众，可使无斗[⑦]。

故策之而知得失之计[⑧]，作之而知动静之理[⑨]，形之而知死生之地[⑩]，角之而知有余不足之处[⑪]。故形兵之极，至于无形[⑫]；无形，则深间不能窥，智者不能谋[⑬]。

【注释】

①故知战之地，知战之日，则可千里而会战：如能预先了解掌握战场的地形条件与交战时间，则可以赴千里与敌交战。②不知战之地……近者数里乎：言若不能预先知道战场的条件与作战之时机，则前、后、左、右自顾不暇，不及相救，何况作战行动往往是在数里甚至数十里方圆范围内展开的。③以吾度之：度，推测，推断。④越人之兵虽多：越人之兵，越国的军队。春秋时期，晋、楚争霸，晋拉拢吴以牵制楚国，楚则利用越来抗衡吴国，吴、越之间长期征伐不已。孙子为吴王论兵法，自然以越国为吴的假想作战对象。⑤亦奚益于胜哉：奚，何，岂；益，补益，帮助。谓越国军队人数虽众，然不能知众寡分合的运用，则岂利于其取胜之企图？⑥胜可为也：为，造成、创造、争取之意。即言胜利可以积极造成。在《军形篇》中，孙子从战争之客观规律角度发论，曰：“胜可知而不可为。”此处从主观能动性角度发论，认为只要充分发挥主观能动性，胜利是可以造成的，即言“胜可为”，两者之

间并不矛盾。⑦敌虽众，可使无斗：言敌人虽多，然而因为我方拥有主动权，所以我方能创造条件，使敌无法与我较量。⑧策之而知得失之计：策，策度，筹算。得失之计，即敌计之得失优劣。此言我当仔细筹算，以了解判断敌人作战计划之优劣。⑨作之而知动静之理：作，兴起，此处指挑动；动静之理，指敌人的活动规律。意为挑动敌人，借以了解其活动的一般规律。⑩形之而知死生之地：形之，以伪形示敌；死生之地，指敌之优势所在或薄弱环节、致命环节；地，同下文“处”，非实指战地。言以示形于敌的手段，来了解敌方的优劣环节。⑪角之而知有余不足之处：角，较量；有余，指实、强之处；不足，指虚、弱之处。此言要通过对敌的试探性较量，来掌握敌人虚实强弱情况。⑫故形兵之极，至于无形：形兵，指在军队部署过程中的伪装佯动。言我示形于敌，使敌不得其真，以至形迹俱无。⑬深间不能窥，智者不能谋：间，间谍，深间，指隐藏极深的间谍；窥，刺探，窥视。示形佯动达到最高境界，则敌之深间也无从推测底细，聪明的敌人也束手无策。

【译文】

如能预知交战的地点，预知交战的时间，那么即使跋涉千里也可以去同敌人会战。不能预知在什么地方交战，不能预知在什么时间交战，那么就会导致左翼救不了右翼，右翼救不了左翼，前面不能救后面，后面不能救前面的情况，何况想要在远达数十里，近在数里的范围内做到应付自如呢？依我分析，越国的军队虽多，但对于决定战争的胜负又有什么补益呢？所以说，胜利是可以创造的，敌军虽多，但可以使它无法同我军较量。

要通过认真的筹算，来分析敌人作战计划的优劣和得失；要通过挑动敌人，来了解敌人的活动规律；要通过佯动示形，来试探敌人生死命脉的所在；要通过小型交锋，来了解敌人兵力的虚实强弱。佯动示形进入最高的境界，就再也看不出什么痕迹。看不出形迹，那么，即使是深藏的间谍也窥察不了底细，老谋深算的敌人也想不出对策。

解读

学会把自己隐藏起来

“无形，则深间不能窥，智者不能谋。”孙武的这一军事谋略思想对现代人如何生存颇有指导意义。在现代社会人与人之间的竞争中，特别是在高度信息化的今天，可以说“能而示之不能，用而示之不用”是最好的自保方法。

魏明帝曹睿死时，太子年幼，大将军司马懿与曹爽共同辅佐太子执政，曹爽是皇室宗族，自掌握大权后，野心勃勃，要独揽大权。但司马懿是三朝元老，功劳高，有威望，而且谋略过人，在朝廷中有相当大的势力，因此，曹爽还不敢公开与司马懿斗。而司马懿也想夺权，他早把曹爽的举动看在眼里，但表面上仍然装糊涂，后来，干脆称病不上朝。

曹爽虽然一人独揽朝廷大权，但他对司马懿仍然不放心。司马懿虽然自称年老多病，不问朝政，但他老奸巨猾，处事谨慎，谁知他是真有病还是假有病？当初武帝曹操创业的时候，听说司马懿胸怀韬略，多次派人请他出来为官，可司马懿出身士族，自视高贵，瞧不起出身寒门的曹操，不愿在他手下做官，就装病在家。后来见曹操的势力强大了，才出来跟随曹操，为曹操出力。这一次有病，谁知他是不是故伎重演呢？因此，曹爽对司马懿不敢掉以轻心，他经常派人打听司马懿的情况，可就是摸不到实情。

李胜讨好曹爽，得到曹爽的信任，曹爽就把李胜召到京城，任命他为荆州刺史。李胜临上任时，曹爽安排李胜以探望为名，到司马懿府中去探听虚实。

李胜在客厅坐了很久，才见司马懿衣冠不整，不断地喘息着，由两个侍女一左一右地架着，从内室慢慢走出。

李胜连忙站起身来，向司马懿行礼问安。司马懿的儿子司马昭对李胜说：“李大人免礼吧，家父身体难支，还要更衣。”

旁边走来一个侍女，用盘子端着一套衣袍来到司马懿面前，请司马懿更衣。司马懿颤抖着伸手去拿衣服，可刚拿起衣服，手就无力地垂下来，衣服掉在了地上。侍女赶忙拾起衣服，帮司马懿穿上，两个侍女搀扶着，小心地让司马懿躺坐在躺椅里。

司马懿喘息了一会儿，慢慢地抬起右手，用手指指自己的嘴，上气不接下气地说："喝——粥——"

一个侍女连忙出去，端着一碗粥来到司马懿面前，司马懿颤抖着手去接，可他的手抖动得太厉害，最终还是拿不住碗。侍女只好端着碗送到司马懿的唇边，用汤匙一小口一小口地把粥送进司马懿口中。司马懿的嘴慢慢蠕动着，粥不断地从嘴角流出来，流到下巴的胡须上，又顺着胡须滴落在他的衣襟上。

喝着喝着，司马懿突然咳嗽起来，嘴里的粥喷了出来。不仅喷到他自己身上，还喷了喂粥的侍女一身。侍女放下手中的碗，拿过毛巾给司马懿擦身上的粥。司马懿叹了一口气，闭上眼睛。

李胜看见司马懿这副样子，就走上前去，对司马懿说："太傅，大家都说您的中风病复发了，没想到您的身体竟这样糟，我们真替您担心！"

司马懿慢慢地睁开眼睛，气喘吁吁地说："我老了，又患病在身，活不多久了。我不放心的是我的两个儿子，你今天来，我很高兴。我以后就把两个

儿子托付给你了。”说着说着，他眼中流下泪来。

李胜连忙解释说：“太傅不必伤心，我们都盼着您早日康复呢。我马上要到荆州赴任，今天特意来拜望您，向您辞行的。”

司马懿故意装糊涂，说：“什么？你要去并州上任，并州靠近胡人，你去了要很好地加强戒备，防止胡人入侵。”

李胜见司马懿年老耳聋，连话都听不清了，就重复说：“太傅，我不是去并州，是去荆州。”

司马懿听了，故意对李胜说：“你刚去过并州？”司马昭凑上前去，大声对司马懿说：“父亲，李大人不是去并州，而是去荆州。”

“哦，是去荆州，那更好了。唉，我人老了，耳聋眼花，不中用了！”司马懿对李胜说。

李胜认为司马懿确实老病无用了，就站起身来，对司马懿告辞说：“太傅多保重，您的身体会好起来的，以后有机会进京，我会再来拜望您的。”说完就离开了。

李胜刚出府门，司马懿就从椅子上站了起来。手捋胡须，看着司马昭，父子两人相视而笑。

李胜出了太傅府，直奔曹爽的府中，见到曹爽，高兴地说：“司马懿人虽活着，却只有一息尚存，已经老病衰竭，离死不远了，不值得您忧虑了。”

曹爽听了，心中大喜，当即把李胜留在府中，饮酒庆祝。从此以后，曹爽根本就不把司马懿放在心上了，更加独断专行。

春天到了，按照惯例，曹魏皇帝宗族要去祭扫高平陵。曹芳起驾，曹爽、曹羲等兄弟全部随驾同行，一行人耀武扬威，浩浩荡荡出了洛阳城。

等曹爽他们出城不久，司马懿就精神抖擞地带领着司马昭、司马师披挂上马，率领着精锐士兵占领了洛阳各城门与皇宫，把洛阳城四门紧闭，不准人随便出入。然后假传皇太后的诏令，废曹爽为平民，并派人把诏令送到皇帝曹芳那里。

司马懿握有重兵，曹爽又没有防备，所以只能坐以待毙。司马懿下令把曹爽兄弟及其亲信桓范、何晏等人抓起来砍了头，并灭掉了三族。

只要有人的地方，就免不了有争斗，你要做好面对外来袭击的心理准备。你可以不去加害于对方，但为自己披上一身“防弹衣”还是有必要的，而示弱就可以起到防弹衣的作用。

为人处世的方法多种多样，归纳起来不外乎两种：一种是张扬外露型的，另一种是深藏不露型的。

张扬外露的人一般生性耿直，心直口快，有啥说啥，眼里装不进一粒沙子。这种人自然不失为热心肠，花花肠子少，不记仇，不整人，但缺少婉转回旋，尤其是在机智上稍逊一筹。

深藏不露的人显得深沉许多，心里装得住事，喜怒不形于色，比较圆通，能屈能伸。这种人通常不动声色，为达目的“忍辱负重，卧薪尝胆”。装糊涂，让人觉得你无能，让人忽略你的存在，在必要时不动声色，先发制人，让人失败了还不知是怎么回事，这是兵家的计谋，也是处世的方略。但是，要让人“看不破”，说起来容易，要付诸实践却并非易事，因此，你如何收好自己的“尾巴”就显得尤为重要。所谓“处事不惊，必凌于事情之上；达观权变，当安守于糊涂之中”。一时让人看不破需要藏巧于拙，让人永远看不破，你就应该时刻检点自己的行为。

战胜不复，形于无穷

【原典】

因形而错胜于众①，众不能知；人皆知我所以胜之形②，而莫知吾所以制胜之形③。故其战胜不复④，而应形于无穷⑤。

【注释】

①因形而错胜于众：因，由，依据；因形，根据敌情而灵活应变；错，同措，放置、安置之意。言依据敌情而取胜，将胜利置于众人面前。②人皆知我所以胜之形：人们只知道我克敌制胜的情况。形，形状、形态，这里指作战的方式方法。③而莫知吾所以制胜之形：可是无从得知如何克敌取胜的内在奥妙。制胜之形，取胜的奥妙、规律。④故其战胜不复：复，重复。言克敌制胜的手段不曾重复。⑤应形于无穷：应，适应；形，形状、形态，此处特指敌情。

【译文】

根据敌情变化而灵活运用战术，即便把胜利摆放在众人面前，众人仍然不能看出其中的奥妙。人们只能知道我用来战胜敌人的办法，但却无从知道我是怎样运用这些办法出奇制胜的。所以每一次胜利，都不是简单地重复老套的办法，而是适应不同的情况，变化无穷。

解读

不断变换战术方略方能制胜

斗转星移，四时更替，一切客观事物都在发展变化之中。迈向未来的脚步若是循规蹈矩，便会闹出“刻舟求剑”的笑话。一般来说，即使打了胜仗的经验，也不应重复使用。而应根据当时的具体情况，采取新的对策方能取胜。

“战胜不复”，从战术、战役范围理解，意在因敌之变，灵活机动。这里所讲的“不复”，并非指对一般战术原则和谋略思想的改变，而是在不同条件下具体运用战法上的变化。自古以来，兵家采用设伏、奇袭而获胜的战例屡见不鲜。但每次设伏和奇袭方法上都各有所不同；诱敌深入、后发制人、暗度陈仓、围魏救赵之类的谋略思想，兵家不知反复用过多少次，但凡能用之获胜者，就在于适其时，合其情，活用其法。所以说，战胜不复，不是说前人的经验不可取，而是要防止不分时间、地点、敌情、我情，一味“复制”前人的做法。

战国时期，赵国大将赵奢曾以少胜多，大败入侵的秦军，被赵惠文王提拔为上卿。他有一个儿子叫赵括，从小熟读兵书，张口爱谈军事，别人往往说不过他。因此赵括很骄傲，自以为天下无敌。然而赵奢却很替他担忧，认为他不过是纸上谈兵，并且说：“将来赵国不用他为将便罢，如果用他为将，那么他一定会使赵军遭受失败。”果然，公元前259年，秦军又来犯，赵军在长平（今山西高平县附近）坚持抗敌。那时赵奢已经去世，廉颇负责指挥全军，他年岁虽高，打仗仍然很有办法，使得秦军无法取胜。秦国知道拖下去于己不利，就施行了反间计，派人到赵国散布“秦军最害怕赵奢的儿子赵括将军”之类的谣言。

赵王听信了左右的议论，立刻把赵括找来，问他能不能打退秦军。赵括说：“要是秦国派白起来，我还得考虑对付一下。但如今来的是王龁，他不过是廉颇的对手。要是换上我，打败他不在话下。”

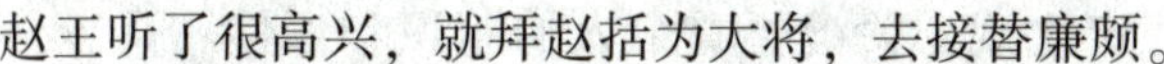

赵王听了很高兴，就拜赵括为大将，去接替廉颇。

蔺相如对赵王说：“赵括只懂得读父亲的兵书，不会临阵应变，不能派他做大将。”可是赵王对蔺相如的劝告根本听不进去。

赵括的母亲也向赵王上了一道奏章，请求赵王别派她儿子去。赵王把她召了来，问她什么理由。赵母说：“他父亲临终的时候再三嘱咐我说，‘赵括这孩子把用兵打仗看作儿戏似的，谈起兵法来就眼空四海、目中无人。将来大王不用他还好，如果用他为大将的话，只怕赵军断送在他手里。’所以我请求大王千万别让他当大将。”赵王说：“我已经决定了，你就别管了。”

公元前260年，赵括领兵20万到了长平，请廉颇验过兵符。廉颇办了移交，就回邯郸去了。

赵括统率着40万大军，声势十分浩大。他把廉颇规定的一套制度全部废除，下了命令说：“秦国再来挑战，必须迎头打回去。敌人打败了，就得追下去，非杀得他们片甲不留不可。”

范雎得到赵括替换廉颇的消息，知道自己的反间计成功，就秘密派白起为上将军，去指挥秦军。白起一到长平，布置好埋伏，故意打了几场败仗。赵括不知是计，拼命追赶。白起把赵军引到预先埋伏好的地区，派出精兵2.5万人切断赵军的后路；另派5000骑兵直冲赵军大营，把40万赵军切成两段。赵括这才知道秦军的厉害，只好筑起营垒坚守，等待救兵。秦国又发兵把赵国救兵和运粮的道路切断了。

赵括的军队，内无粮草，外无救兵，守了四十多天，士兵都叫苦连天，无心作战。赵括带兵想冲出重围，秦军万箭齐发，把赵括射死了。赵军听到主帅被杀，纷纷扔了武器投降。40万赵军就在纸上谈兵的主帅赵括手里全部覆灭了。

赵括一味“复制”兵书，违背了孙子战胜不复的原则，因此留下了墨守成规、纸上谈兵的无用名声。

“创新者生，墨守者死。”事物是发展变化的，只有变化才能生存，也只有跟上时代的变化才能求得发展。

《草庐经略》说：“虚实在我，贵我能误敌。”兵法上有“实则虚之”的谋略，然而，这都没有一定之规，关键要看个人的胆识和悟性。兵者，“诡道”也，所谓“诡”和“谲”之类的词语，在兵家那里是没有褒义和贬义之分的，这类词的意思无非就是一个，那就是变化。谁能变化得宜，谁就能取得胜利。在军事上，与其说是斗勇，不如说是斗智。而智，就是变化。所以我们要善变，不可拘泥一格，否则就无法有所创新。

总之，要取胜，就必须懂得变化，采取“反常”的策略，这样才能立于不败之地。

避实而击虚

【原典】

夫兵形象水[①]，水之形，避高而趋下；兵之形，避实而击虚[②]。

【注释】

①兵形象水：此言用兵的规律如同水的运动规律一样。兵形，用兵打仗的方式方法，亦可理解为用兵的规律。②兵之形，避实而击虚：即言用兵的原则是避开敌人坚实之处，攻击其空虚薄弱的地方。

【译文】

用兵的规律就像流水，流水的属性是避开高处而流向低处；作战的规律是避开敌人的坚实之处而攻击敌之弱点。

解读

虚实相用，以弱胜强

孙子在《虚实篇》中提出了一个重要的思想，那就是通过对“虚”“实”

关系的认识和把握，来夺取战争的主动权，以达到“致人而不致于人”的目的。在军事领域，每一个军事实体都有它的优势或长处，同时也有它的劣势或短处，因此，军事理论上有一条常识性的原则，即“扬长抑短，避实击虚”，用通俗的话讲，即以己之长，击敌之短。

比如《水浒传》中，阮氏兄弟都是水上英雄，如果到陆地上比拳头或抡板斧，兄弟三人加在一起也不是李逵的对手。可是，假如他们把李逵引下水，他们中的任何一个人都可以像玩小鸡一样地任意捉弄李逵，这就叫“扬长避短”。

所以，军队部署中伪装佯动的极致，是使敌不得其真，以至于形迹俱无；看不出形迹，则敌人隐藏极深的间谍也无从推测底细，聪明的敌人也束手无策。

虚实为用，可以是虚则实之，实则虚之，虚虚实实，实实虚虚，叫人虚实莫辨之时，突然以实招取胜。

大约七十年前，日本神户新开了一家经营煤炭的福松商会，经理是少年得志的松永安左卫门。

开张后不久的一天，商会里来了一个当时神户最出名的西村豪华饭店的侍者，他送了一封信，上书“松永老板敬启”，下款“山下龟三郎拜”，内称：“鄙人是横滨的煤商，承蒙福泽桃介（松永父亲的老友，借巨资给松永作为商会的开办费）先生的部下秋原君介绍，欣闻您在神户经营煤炭，请多关照。为表敬意，今晚鄙人在西村饭店聊备薄宴，恭候大驾，不胜荣幸。”并附了秋原先生的介绍信。

当晚，松永一踏进西村饭店，就受到热情款待，山下龟三郎的毕恭毕敬，使得松永未免有些飘飘然。

晚宴进行中，山下提出了自己的恳求：“安治川有一家相当大的煤炭零售店，信誉很好，老板阿部君是我的老顾客。如果松永先生信任我，愿意让我为您效劳，通过我将贵商会的煤炭卖给阿部，他一定乐于接受，贵商会肯定会从中获利。我只要一点佣金就行了。不知先生意下如何？”

松永听后，心里盘算起来。没等他回答，山下就把女招待员叫来，请她帮忙买些神户的特产瓦形煎饼来，并当着松永的面，从怀里掏出一大沓大额钞票，随手抽出两张交给女招待员，还另外多抽出一张作为小费。

松永看着那沓近十厘米厚的钞票，也有些吃惊。眼前发生的这一切使他眼花心乱，稍微镇定了一下，他对山下说："山下先生，我可以考虑接受。"

稍作谈判后，松永便和山下签订了他所希望的合同。

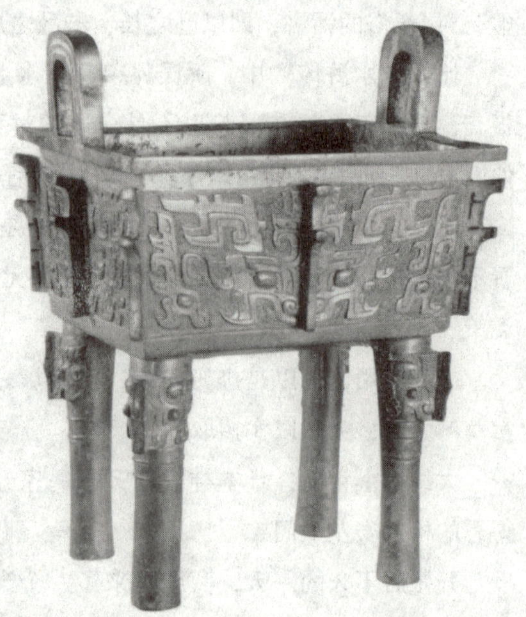

丰盛的晚宴后，松永一离开，山下便立即赶到车站，搭上末班车回横滨去了。西村饭店这样的高消费，远不是山下所承受得了的！

那一沓大额钞票，是他以横滨那不景气的煤炭店作为抵押，临时向银行借来的；业务介绍信则是在了解了福泽、秋原与松永的关系后，向福松商会购煤炭，请秋原先生写的。以此为道具，利用西村饭店这个堂皇的舞台，成功地演了一场妙剧。

从那以后，山下一文钱不花，从福松商会得到煤炭，再转卖给阿部，从中大获其利。

业务介绍信，饭店里设宴谈生意，给招待员小费，这些都是日本商界司空见惯的小事。山下就是利用了这些极其平凡的小事，显示出自己拥有雄厚的实力，隐藏自己没资金做煤炭生意的事实，从而达到了自己的目的。

而年轻的松永被山下的诚恳恭敬和热情招待、慷慨大方这些虚像所迷惑，信任了山下。试想，如果松永事先知道了山下的真实情况，会同意他的建议吗？

经营者适当地掩饰自己，以虚装实，就可以以弱胜强，达到目的。

虚虚实实，实实虚虚，是兵家制胜的一大谋略，它不仅运用于军事上，也广泛地适用于商场。在必要的情况下隐真示假，虚实相用，就能使难办的事情得以办成，不可能的合作变成可能。需要注意的是，不要把良好的策略

与卑鄙的蒙骗等同起来。

兵无常势，因敌而变

【原典】

水因地而制流，兵因敌而制胜[①]。故兵无常势，水无常形[②]；能因敌变化而取胜者，谓之神[③]。故五行无常胜[④]，四时无常位[⑤]，日有长短，月有死生[⑥]。

【注释】

①水因地而制流，兵因敌而制胜：制，制约，决定；制胜，制伏敌人以取胜。此句意为水之流向受地形高低不同的制约，作战中的取胜方法则依据敌情不同来决定。②兵无常势，水无常形：即言用兵打仗无固定刻板的态势，似流水一般并无一成不变之形态。势，态势；常势，固定永恒的态势。常形，一成不变的形态。③能因敌变化而取胜者，谓之神：意谓若能依据敌情变化而灵活处置以取胜，则可视之为用兵如神。④故五行无常胜：五行，木、火、土、金、水。古代认为这是物质组成的基本元素。战国五行学说认为这五种元素的彼此关系是相生又相胜（相克）的。孙子此言谓其相生相克间变化无定数，如用兵之策略奇妙莫测。⑤四时无常位：四时，指四季；常位，指一定的位置。此言春、夏、秋、冬四季推移变换永无止息。⑥日有长短，月有死生：日，指白昼。死生，指月盈亏晦明的月相变化。句意谓白昼因季节变化有长有短，月亮因循环而有盈亏晦明。此处孙子言五行、四时及日月变化，均是“兵无常势，盈缩随敌”之意。

【译文】

水因地形的高低而制约其流向，作战则根据不同的敌情而制定取胜的策略。所以，用兵打仗没有固定刻板的态势，正如水的流动不曾有一成不变的形态一样。能够根据敌情变化而灵活机动取胜的，就可叫作用兵如神。五行相生相克，没有常胜者；四季轮流更替，也没有哪个季节固定不变；白天有长有短，月亮也有圆有缺。

解读

做事要能够随机应变

兵形像水，是孙武对用兵规律的形象概括之一。在人们的习惯思维中，兵刚水柔，孙武在此则把这两个看似矛盾的事物联系到了一起。他在本篇末以诗情画意般的笔调生动地比喻道："夫兵形象水，水之形，避高而趋下；兵之形，避实而击虚。水因地而制流，兵因敌而制胜。"他在这里形象地以水势说明用兵的规律：水流有固定的趋势，受地形制约，避高而趋下；水流没有固定的形状，变化无常。

随着情况、形势的变化，掌握时机，灵活应付，这就是"随机应变"字面上的意思。作为一种应付各种场合、情况和变化的能力，随机应变的目的是为了保护自己免遭羞辱或灾难。正因为随"机"应变，所以随时可能变化，很难预先筹划。

随机应变要求有反应灵敏的头脑，要求对外界发生的一切及时做出适当的反应，"事后诸葛亮"无济于事。当你面对突发的事件，意想不到的提问，别人布置的陷阱，令人难堪的境地……种种出乎意料的情况时，你能够快速灵敏不露声色地做出正确的反应吗？如果你不能够随机应变，不能够沉着、冷静、迅速地处理各种突发的变故，怎么能够登上成功之巅呢？

人活一世，生存环境不断变迁，各种事情接踵而来，墨守成规、只认死理是无论如何都行不通的，要学会随机应变。

公元前628年，也就是秦穆公三十二年，秦穆公再一次萌生了吞并郑国的念头，但苦于一时找不到适当的时机。正在这时，秦国驻守在郑国的使者杞子暗中派人给秦穆公送去一封密信。

杞子在信上告诉秦穆公："郑国人现在很相信我，让我掌管郑国城池的北门，这可是一个很好的机会。如果咱们的军队偷偷地开到郑国城池的北门下，到时我就暗中把城门打开，这样一定能给郑国一个突然袭击，很快地占领郑国。"

秦穆公意外地得到了这一情报，非常高兴，心里想："这一次我绝不会放过郑国。"他立即下令，任命孟明视为大将军，西乞术、白乙丙分别为副将军，率领秦军东进，企图对郑国发起突然袭击。

十二月，天气已经很冷了，西北风呼呼地刮着。孟明视率领秦军冒着严寒，日夜行军，在第二年的二月，他们来到了滑国（今河南偃师西），就地休息。

这时的郑国却还不知道任何消息，情况已万分危急了。

郑国有一个叫弦高的牛贩子，他经常外出去做贩牛的生意。这弦高虽然是一个牛贩子，但却是一位聪明机智的爱国志士。这一天，他赶了差不多300头牛准备到洛阳去卖。当弦高走到黎阳津这个地方时，正好碰上了一位由秦国来的老朋友。

老朋友相见，自然高兴得很，两人就在一个小酒店里一边喝着酒，一边聊了起来。从这位朋友的嘴里，弦高听到秦国派兵进攻郑国的消息，并得知秦军已于去年十二月出发，现在已行军到了滑国之地，不久就要到达郑国了。

弦高万分焦急。于是他急中生智，竟想出对付秦军的办法来了。

他告别朋友后，先派人火速赶回郑国向国君报告这一消息；然后把自己装扮成郑国国君的一名使臣，精心挑选20头又肥又大的牛，带上4张特等牛皮，乘坐一辆马车，迎着秦军而去。

弦高在滑国的延津遇到了孟明视率领的秦国军队。面对人数众多的秦军，弦高表现得非常镇静。他按照使臣的礼节拜见了秦军主将孟明视。

孟明视看到郑国使者来见，感到十分奇怪，也按礼节接待了弦高。

刚一坐下，弦高就对孟明视说："将军们辛苦了，我们国君早就听说贵国要派将军率军队从我们国土上经过，所以，今天特意派我准备了一点薄礼，前来迎接和慰劳众将士们。你们即使在我们国土上只停留一天，我们也应该准备丰盛的饭菜来招待你们，并且一定会保证你们的安全。这一切，请将军放心!”

弦高停了一下，又接着说：“虽然我们郑国是处在几个大国之间的一个小国，但由于不断遭受大国的侵犯，我们郑国时刻都厉兵秣马，边防将士更是常备不懈，枕戈待旦，丝毫不敢大意，所以还请你们看到这些情况后千万不要介意!”

孟明视听完弦高的这一番话，心中暗暗吃惊。这一次本想劳师远袭，可以出其不意，攻其不备，而现在看来，郑国早已知道秦军的来意，并做好了战争的各种准备，要偷袭已经不可能了。于是他收下了弦高送来的礼物，对弦高说：“我们并不是到贵国去的，你们何必这么费心?你就回去吧。”

弦高走后，孟明视对他手下的将军说：“郑国现在已有了防备，偷袭成功的希望不大。我们还是回国吧。”

秦军改变了突然袭击郑国的计划，只是顺手在滑国的延律捞了些物资，便撤军回国，向秦穆公交差去了。

整个世界都处于变化之中，与人交往也是如此，只有懂得“变”的法则，才能把握机会，转难为易。因此，学会随机应变，将会使自己在生活、工作中受益无穷。

第七篇　军争篇

本篇以治敌术为中心，提出了军争“以诈立，以利动，以分合为变”的总体原则，重点论述两军争利、争胜，如何趋利避害，争取先机，以掌握作战主动权的问题。

以患为利

【原典】

孙子曰：凡用兵之法，将受命于君，合军聚众[①]，交和而舍[②]，莫难于军争[③]。军争之难者，以迂为直，以患为利[④]。故迂其途而诱之以利[⑤]，后人发，先人至[⑥]，此知迂直之计者也[⑦]。

故军争为利，军争为危[⑧]。举军而争利则不及[⑨]，委军而争利则辎重捐[⑩]。是故卷甲而趋[⑪]，日夜不处，倍道兼行，百里而争利，则擒三将军，劲者先，疲者后，其法十一而至[⑫]；五十里而争利，则蹶上将军，其法半至；三十里而争利，则三分之二至[⑬]。是故军无辎重则亡，无粮食则亡，无委积则亡。

故不知诸侯之谋者，不能豫交[⑭]；不知山林、险阻、沮泽之形者，不能行军；不用乡导[⑮]者，不能得地利。

【注释】

①合军聚众：合，聚集、集结。此句意为征集民众，组织军队。②交和而舍：两军营垒对峙而处。交，接触；和，和门，即军门。两军军门相交，即两军对峙。舍，驻扎。③莫难于军争：于，比；军争，两军争夺取胜的有利条件。④以迂为直，以患为利：迂，曲折迂回；直，近便的直路。意为将迂回的道路变成直达的道路，把不利的（害处）变为有利的。⑤故迂其途而诱之以利：其、之，均指敌人。迂，此处用作使动。前句就我军而言，此句就敌而言。战争时既要使自己“以迂为直，以患为利”，也要善于使敌“以直为迂，以利为患”。而达到这一目的，在于以利引诱敌人，使其行迂趋患，陷入困境。⑥后人发，先人至：比敌人后出动，却先抵达要争夺的要地。⑦此

知迂直之计者也：知，这里是掌握的意思。计，方法、手段。⑧军争为利，军争为危：为，这里作“是”、“有”解。此句意为军争既有有利的一面，也有不利的一面。⑨举军而争利则不及：举，全、皆。率领全部携带装备辎重的军队前去争利则不能按时到达。不及，不能按时到达预定地点。⑩委军而争利则辎重捐：委，丢弃、舍弃；辎重，包括军用器械、营具、粮秣、服装等。捐，弃、损失。此句意为如果扔下一部分军队去争利，则装备辎重将会受到损失。⑪卷甲而趋：卷，收、藏的意思；甲，铠甲；趋，快速前进。意谓卷甲束杖急速进军。⑫劲者先，疲者后，其法十一而至：意谓士卒身强力壮者先到，疲弱者滞后掉队，这种做法只有十分之一兵力能到位。⑬三十里而争利，则三分之二至：奔赴三十里以争利，则士卒也仅能有三分之二到位。⑭不知诸侯之谋者，不能豫交：谋，图谋、谋划；豫，通“与”，参与。句意为不知诸侯列国的谋划、意图，则不宜与其结交。⑮乡导：即向导，熟悉本地情况之带路人。

【译文】

孙子说，大凡用兵的法则，将帅接受国君的命令，从征集民众、组织军队直到同敌对阵，在这中间没有比争夺制胜条件更为困难的了。而争夺制胜条件最困难的地方，是要把不利转化为有利。同时，要使敌人的近直之利变为迂远之患，并用小利引诱敌人。这样就能比敌人后出动而先抵达必争的战略要地。这就是掌握了以迂为直的方法。

军争既有顺利的一面，同时也有危险的一面。如果全军携带所有的辎重去争利，就无法按时抵达预定地域；如果丢下部分军队去争利，辎重装备就会损失。卷甲疾进，日夜兼程，走上百里路去争利，那么三军的将领就可能被敌所俘，健壮的士卒先到，疲弱的士卒掉队，结果是只会有十分之一的兵力到位。走五十里去争利，就会折损前军的主将，只有一半的兵力能够到位。走上三十里路去争利，也依然只有三分之二的兵力能赶到。须知军队没有辎重就会失败，没有粮食就不能生存，没有物资储备就难以为继。

所以，不了解诸侯列国的战略意图，就不能与其结交；不熟悉山林、险阻、沼泽的地形，就不能行军；不利用向导，便不能得到地利。

解读

意识到危机才能生存

孙子认为争夺制胜条件最困难的地方，在于要把迂回的弯路变为直路，要把不利转化为有利，即所谓“军争之难者，以迂为直，以患为利”。这种情况存在于人类活动的所有场合，事物的矛盾性决定了其存在有利和不利的两面，它们在一定情形下是可以相互转化的，而这种转化则依靠人的主观能动性的发挥。著名战将韩信井陉背水之战，就是“以患为利”的著名战例。

同样地，企业在经营过程中也会遇到许多困境，特别是来自于外部的各种危机。危机也是转机，企业适当地处理危机后，机会就会随之而来。

1988 年 7 月 20 日，南京发生了全国首起电冰箱爆炸事件。当晚 10 时 30 分，城西的一幢住宅楼的五楼上突然响起一声震耳欲聋的爆炸声，一台“沙松”牌 140 升电冰箱瞬间开了花，强大的爆炸气浪产生了难以想象的冲击力，使拇指粗的冰箱钢门锁被扭弯，箱门飞出两米砸到了对面的墙上，爆炸的后坐力使电冰箱后面的墙上留下了几个窟窿。所幸电冰箱的主人一家 4 口未被伤及。7 月 22 日，南京《扬子晚报》根据用户的投诉，派记者采访了现场，并于当天刊出了《一台沙松电冰箱爆炸》的消息及现场照片，并报道了电冰箱爆炸的情况。这条“爆炸”新闻立即在南京几十万电冰箱用户中引起了一场轩然大波。一些用户给报社打电话询问电冰箱爆炸的原因，一些用户则诚惶诚恐，连忙把电冰箱搬出去以求自保。许多购买“沙松”牌电冰箱的用户更是将电冰箱视为不定时的“定时炸弹”，关掉不用太浪费，使用吧，心中又没有底，惶惶不可终日。这条“爆炸”新闻也引起了南京舆论界的极大关注，一时间，“沙松”驻南京办事处门庭若市，几乎处在被包围之中。各大报纸都关注着这件事的进展情况。

湖北沙市电冰箱总厂领导接到南京办事处的汇报后，马上做出决策。湖北沙市电冰箱总厂的刘总工程师、法律顾问和该厂的日方技术专家、日本松下冷藏机株式会社海外部海外技术第一科科长小林几人乘一辆面包车，由两个司机轮流驾驶，昼夜兼程从湖北沙市赶赴江苏南京，会同已在南京的该厂驻华东办事处罗主任组成事件处理小组，负责处理这件事。事件处理小组组建后，马上策划了一系列公关活动。首先，事件处理小组在著名的南京玄武饭店以每天几百元的房钱包下了一个会场，专门接待南京市各报的记者。他们心里非常清楚，不首先稳住这些“无冕皇帝”，这些人什么时候再捅上一笔，“沙松”的损失可不是这一天几百元的房钱了。危机处理小组的成员反复向记者们表示，一旦把爆炸原因搞清楚后，一定公布于众，将所有细节全部告知各新闻单位。

经专家检查，结果是：虽然经过爆炸震荡，但压缩机工作正常！制冷系统工作正常！这毫无疑问地表明，爆炸原因与电冰箱质量无关。爆炸的起因肯定来自于外部。对现场的检查过程，南京电视台都做了录像并进行了报道。

在一般人看来，既然事故责任不在工厂一方，沙市电冰箱总厂已经洗清了责任，事件处理小组可以顺理成章地撤离了。但沙市电冰箱总厂的事件处理小组为了对广大消费者负责，对“沙松”牌电冰箱的公众形象负责，决心查出电冰箱爆炸的真正原因。事件处理小组开始调查用户对电冰箱的使用情况。但该用户一方面不配合调查，拒不回答电冰箱内储存过什么物品；另一方面又要求“沙松”厂赔偿一台电冰箱，并说 140 升的单门电冰箱使他害怕了，点名要求赔偿一台 180 升的双门电冰箱。这两种电冰箱的差价人们是十分清楚的，在场的记者都感到这是一种无理要求。可是厂方却认为，这是一次对品牌形象极好的宣传机会。于是，厂方当场表示可以赔偿一台 180 升双门电冰箱。为了尽快查明电冰箱爆炸的原因，事件处理小组在外界强大的压力下，态度不得不强硬起来，向用户摊牌：如用户不说明真相，厂方就要同公安厅和轻工部联系检测电冰箱；如经科学鉴定是用户使用不当造成的，那就要用户承担全部经济、法律上的责任……最后，用户终于承认在电冰箱内存放了易燃易爆品丁烷气瓶。爆炸真相终于大白了。丁烷气瓶在低温冷冻状态时，金属瓶壳收缩，导致了丁烷气瓶气阀松动和瓶壳破裂。当泄漏出的丁烷气与电冰箱内空气混合并超过一定浓度时，遇到温控开关启闭产生的电火花就会引起爆炸。

危机利用策略是危机管理的重要内容。这一策略是变危机为转机的关键点，更是经营者危机处理艺术的体现。危机管理，就是企业为应付各种危机情景，针对危机的不同阶段进行正确判断，采取果断措施的过程。只有措施

正确，才能够因势利导化解危机，把危机给企业带来的威胁降到最低，使企业化险为夷，从而得到健康发展。危机是危险，更是转机，当企业适当地处理危机时，机会自然而然会随之而来。

兵以诈立，利动分合

【原典】

故兵以诈立①，以利动，以分合为变②者也。故其疾如风，其徐如林，侵掠如火，不动如山，难知如阴，动如雷震。掠乡分众③，廓地分利④，悬权而动⑤。先知迂直之计者胜⑥，此军争之法也。《军政》⑦曰："言不相闻，故为金鼓⑧；视不相见，故为旌旗⑨。"夫金鼓、旌旗者，所以一人之耳目也⑩。人既专一⑪，则勇者不得独进，怯者不得独退，此用众之法也⑫。故夜战多火鼓，昼战多旌旗，所以变人之耳目也⑬。

【注释】

①兵以诈立：立，成立，此处指成功、取胜。此言用兵打仗当以诡诈多变取胜。②以分合为变：分，分散兵力；合，集中兵力。言用兵打仗当灵活处置兵力的分散或集中。③掠乡分众：乡，古代地方行政组织。此句说，掠取敌乡粮食、资财要兵分数路。④廓地分利：此句言应开土拓境，扩大战地，分兵占领扼守有利地形。廓，同"扩"，开拓、扩展之意。⑤悬权而动：权，秤锤，用以称物轻重，这里借作衡量、权衡利害、虚实之意。此言权衡利弊得失而后采取行动。⑥先知迂直之计者胜：意为率先掌握迂直之计的，能取得胜利。⑦《军政》：古兵书，已失传。⑧言不相闻，故为金鼓：为，设、置；金鼓，古代用来指挥军队进退的号令设施，擂鼓进兵，鸣金收兵。⑨视不相见，故为旌旗：旌旗，泛指旗帜。⑩所以一人之耳目也：意谓金鼓、旌旗之类，是用来统一部卒的视听，统一军队行动的。人，指士卒、军队。一，

统一。⑪人既专一：专一，同一、一致。谓士卒一致听从指挥。⑫此用众之法也：用众，动用、驱使众人，也即指挥人数众多的军队。法，法则、方法。⑬夜战多火鼓，昼战多旌旗，所以变人之耳目也：变，适应。此句意为根据白天和黑夜的不同情况来变换指挥信号，以适应士卒的视听需要。

【译文】

所以，用兵打仗必须依靠诡诈多变来争取成功，依据是否有利来决定自己的行动，按照分散或集中兵力的方式来变换战术。所以，军队行动迅速时就像疾风骤起，行动舒缓时就像林木，森然不乱，攻击敌人时像烈火，实施防御时像山岳，隐蔽时如同浓云遮蔽日月，冲锋时如迅雷不及掩耳。分遣兵众，掳掠敌方的乡邑；分兵扼守要地，扩展自己的领土；权衡利害关系，然后相机行动。懂得以迂为直方法的将帅就能取得胜利，这是争夺制胜条件的原则。

《军政》里说道："语言指挥不能听到，所以设置金鼓；动作指挥不能看见，所以设置旌旗。"这些金鼓、旌旗是用来统一军队上下的视听的。全军上下一致，那么，勇敢的士兵就不能单独冒进，怯懦的士兵也不敢单独后退了。这就是指挥大部队作战的方法。所以，夜间作战多用火光、锣鼓，白昼作战多用旌旗。这都是出于适应士卒耳目视听的需要。

解读

兵不厌诈，以假胜敌

兵不厌诈是历代兵家所惯用的一种用兵谋略。在《孙子兵法》的第一篇《始计篇》中，孙子已明确提出了"兵者，诡道也"的论点。孙子不但不排斥它，反而一口气介绍了十二种运用诡道的战法，人们习惯地称之为"诡道十二法"。

"诡道十二法"的前四法是：能打却装作不能打（能而示之不能）、要用兵却装作不用兵（用而示之不用）、要向近处用兵却故意装作要向远处用兵（近而示之远）、要向远处用兵却故意装作要向近处用兵（远而示之近）。这只是公开采用欺骗和伪装的手法，造成一种假象，来麻痹敌人，以达到战胜敌人的目的。

“诡道十二法”的后八法是针对八种不同的敌情而采取的不同迎敌之法，即引诱贪利的敌人，攻击混乱的敌人，防备力量充实的敌人，避开强大的敌人，激怒易怒的敌人，逗引骄傲的敌人，疲困休整好的敌人，离间内部团结的敌人——归根结底，还是一个“诈”字！诈——欺骗，这只是一种手段，欺骗敌人，给敌人一种假象，从而攻其不备，出奇制胜。

历史上这类事例很多，如在元末朱元璋和陈友谅之战。陈友谅占据江州后，一直把朱元璋视为心腹之患，于是率所有兵力顺流而下，攻打朱元璋，于元顺帝正二十年攻占采石（今安徽省马鞍山市长江东岸）和太平（今安徽当涂），自立为帝，国号为汉。紧接着，陈友谅又率领“江海鳌”“混江龙”“塞断江”“撞倒山”等巨舰进逼应天（今江苏南京）。

大兵压境，朱元璋的部下都有些紧张。因为陈友谅的水军是朱元璋的十倍，又善于水上作战，所以有些人竟主张撤退或投降。朱元璋听取了刘基的建议，决定诱敌深入，打伏击战。

于是，朱元璋把康茂才召来，让他写一封诈降信给陈友谅。原来这康茂才是元朝的降将，原是陈友谅的老友，朱元璋认为他是诈降的最佳人选。

康茂才欣然答应，他说：“陈友谅不讲信义，杀了我的同乡好友徐寿辉，我正要报此大仇……”于是他修书一封，信上这样写道：“建议兵分三路进攻应天，茂才所部把守应天城外江东桥，愿为内应，打开城门，直捣帅府，活捉朱元璋……”康茂才派一名与陈友谅熟识的老仆人去送信，在临行之际，康茂才再三叮嘱，以防露出破绽。

读了康茂才的信，陈友谅心中非常高兴，他心想，自己大军一路势如破竹，谅他康茂才也不敢诈降。但他还是反复盘问老仆人，老仆人应对如流，言辞恳切，陈友谅深信不疑。他当即对老仆人说：“我马上分兵三路取应天，到时以‘老康’为暗号，但不知茂才所守之桥是木桥还是石桥？”老仆回答道：“是木桥。”

第二天，陈友谅就整顿大军，水陆并进。他亲率数百艘战船顺江而下，当前哨到大胜港时，遭朱元璋手下将领阻击，无法登岸，又见新河航道狭窄，于是他下令直奔江东桥，以便和康茂才里应外合。船到江东桥，陈友谅见是一座石桥，心中起疑。原来，朱元璋为了防备康茂才的假投降变成真投降，已于当天夜里把木桥改造成石桥了。

陈友谅急忙命令部下高喊“老康”，喊了很长时间，也没有人答应。陈友谅知道中计了，急令陈友仁率水军冲向龙湾。几百艘战船聚集于龙湾水面，陈友谅下令士兵登陆修筑工事，企图水陆并进，强攻应天城。

这时，只见卢龙山顶上黄旗挥动，战鼓齐鸣，朱元璋的大将徐达、常遇春率军分别从左右杀来，修筑工事的士兵顿时被冲得大乱。尽管陈友谅大声呼喝，但仍然制止不住，败军逃到江边，蜂拥登船。陈友谅急令开船，哪料想正是江水退潮之际，近百条战船全部搁浅，徐达与常遇春乘势上船追杀，陈友谅溃不成军，只好跳进小船逃跑了。

这样，朱元璋巧施诈降之计，诱敌深入，打败了十倍于自己的敌人，从此改变了敌我双方力量的对比，取得了战争的主动权。

三军夺气，将军夺心

【原典】

故三军可夺气①，将军可夺心②。是故朝气锐，昼气惰，暮气归③。故善用兵者，避其锐气，击其惰归④，此治气者也⑤。

【注释】

①故三军可夺气：夺，此处作“失”解；气，指旺盛勇锐之士气。意谓三军旺盛勇锐之气可以挫伤使之衰竭。②将军可夺心：夺，这里是动摇之意。指将帅的意志和决心可以设法使之动摇。③朝气锐，昼气惰，暮气归：朝，早晨；锐，锋锐；昼，白天；惰，懈怠；暮，傍晚；归，止息，衰竭。此句言士气变化之一般规律，开始作战时士气旺盛，锐不可当，经过一段时间后，士气逐渐懈怠，到了后期士气就衰竭了。④避其锐气，击其惰归：避开士气旺盛之敌，打击疲劳沮丧、士气衰竭之敌。⑤此治气者也：治，此处作“掌握”解。意谓这是掌握运用士气变化的通常规律。

【译文】

对于敌人的军队，可以使其士气低落；对于敌军的将帅，可以使其决心动摇。军队刚投入战斗时士气饱满；过了一段时间，士气就逐渐懈怠；到了最后，士气就完全衰竭了。所以善于用兵的人，总是先避开敌人初来时的锐气，等到敌人士气懈怠、衰竭时再去打击它，这是掌握运用军队士气的方法。

解读

夺气攻心易于胜

古人所说的“心”，泛指人的思想、意志、品德、情感、决心等。战争的指挥者是“将”，动摇了“将”的决心，使其做出错误的决定，战争的胜负就可想而知了。

那么，如何才能动摇将的决心呢？

张预在《十一家注孙子》中作注道：“心者，将之所立也。夫治乱勇怯，皆主于心。故善制敌者，挠之而使乱，激之而使惑，迫之而使惧，故彼之心谋可以夺也。”用现在的话来说就是：决心，是将军所赖以指挥战争的支柱。军队的整治、混乱、威勇、怯弱，都取决于将军的决心。善于降服敌军的统帅，用计谋阻挠敌人的计划实施，使敌军混乱；激怒敌人，使敌人丧失理智；胁迫敌人，使敌人畏惧。所以，敌军将领的决心是可以动摇的。

动摇敌将的决心是为了彻底消灭敌军或者征服敌军。韩信所设的“四面楚歌”就是想从心理上瓦解楚军的防御能力，也就是说，给楚军制造一种心理劣势，削弱他们的战斗力，让楚军无心恋战，从而达到夺气攻心的打击效果。

夺气攻心这种从心理上瓦解的效果远胜于武力上的威慑效果，而且更容易达到兵家所言的“胜于易胜”的效果。

战国时期，赵惠王刚死，孝成王继位，由他母亲赵太后执政。在这多事之秋，秦国派出大军攻打赵国，赵国接连丢掉三座城池。在万分危急之时，赵太后派使臣去齐国求助。齐王回话说，兵可以出，但必须以惠文王，即赵太后的小儿子长安君做人质。赵太后听说要以自己的小儿子做人质，脸色顿时变了，立刻拒绝了齐国的要求。

秦国见齐国按兵不动，更加猖狂，赵国危在旦夕。众大臣焦急万分，纷纷出面劝说赵太后让长安君去做人质，赵太后越听越生气，说："谁要再提让我儿子去做人质，我就往他脸上吐唾沫！"

众大臣退到一旁，都不再说话。沉默了好久，老臣触龙慢慢地走了上来。赵太后心想，这又是一个来劝说的，不由得火直往上蹿："好吧，可别怪我不客气！"赵太后一脸怒容，目光逼人，昂首立在那儿。

触龙走到赵太后面前，歉疚地说："老臣的脚有毛病，走不快，好久没见您了，不知太后身体可好？"赵太后见触龙不是来劝说自己让儿子去齐国做人质的，她便回答道："我是以车代步的。"触龙又问："太后的饮食如何？"太后说："我每天只吃粥。"触龙说："我的食欲很不好，每天勉强行走，一天走三四里路，食量稍稍有所增加，因此对身体有好处。"太后道："我是做不到了。"两人谈到这里，赵太后的怒气渐渐消了。触龙见太后面色好转，便把话题扯到了自己的儿子身上，希望在自己死前，请太后给自己年仅15岁的儿子在宫廷中安排一个卫士的职务。赵太后大吃了一惊，问道："男人也疼爱他们的儿子吗？"触龙笑道："那当然，也许比女人疼爱得更加厉害呢。"赵太后感到很有趣，气也消了，怒也没了。

触龙见时机已到，语重心长地对赵太后说："我们做父母的，哪个不爱儿子？太后疼爱长安君，封给他好地，给他贵重的用品，这都应该。同时，我们也应该让他为国立功。否则，一旦太后有不测，长安君寸功没有，怎么能在赵国安身呢？"

一句话说到赵太后心坎儿上。赵太后恍然大悟，说：“你说得对啊，长安君就交给你了，你想把他派到哪里去就派到哪里去吧！”

触龙立刻派使者将长安君送到齐国，齐国见赵国讲信用，马上发兵增援赵国。秦国见状只好撤兵，赵国的危险解除了。

在现实生活中，一些矛盾问题如果直接交锋，往往难以解决。避开难以解决的主要矛盾，而施以较为委婉的方式，抓住对方的心理，反而能出人意料地把事情解决了。

在兵战中，“夺心”有妙计；在为人处世中，“夺心”亦有良方。首先，欲夺其心，必须掌握对方心理的变化；其次，“对症下药”，采取相应的措施。

以治待乱，以静待哗

【原典】

以治待乱①，以静待哗②，此治心者也③。

【注释】

①以治待乱：以严整有序之己对付混乱不整之敌。治，整治；待，对待。②以静待哗：以自己的沉着镇静对付敌人的轻躁喧动。哗，鼓噪喧哗，指骚动不安。③此治心者也：此乃掌握利用将帅心理的通常法则。

【译文】

用自己的严整有序来对付敌人的混乱，用自己的沉着镇静来对付敌人的轻躁喧动，这是掌握将帅心理的手段。

解读

心静自然可制胜

《孙子兵法》中，“动静之道”讲述的是强迫自己静下心来，以静制动。“治”指治理，“以治待敌”指把自己一方的内部治理好以备迎敌开战。“哗”指喧哗躁动，“以静待哗”指调整到安静状态应对喧闹的外部环境。

前秦国王苻坚灭前燕之后，又并灭前凉和代国，这时整个黄河流域和长江、汉水上游，都在前秦的控制之下。苻坚自恃其“资仗如山”、“甲兵已足”，急欲乘势灭亡东晋，统一天下。

前秦第一次南伐东晋，在江汉方面获胜，并占领战略要地襄阳；在淮北方面则先胜后败，仅得东晋下邳、彭城两地。这次战后，苻坚被一些表面的胜利冲昏了头脑，加紧进行准备，企图再一次对东晋发动大规模的进攻。

东晋太元八年（公元383年）八月，前秦王苻坚强征各族人民，组成90万军队大举攻晋。苻坚兵分三路：北路由徐州南下，西路沿江东进，中路经由黄河、汝河、颍口（今安徽正阳关）指向南京。水陆并进，旌旗遮日。苻坚得意扬扬地说：“我有如此众多兵马，只要将所有的马鞭投入长江，便足以截断水流。”

当时，东晋总兵力不超过15万人，大敌当前，局势危急，朝野震动，人们都把希望寄托在执掌朝政的宰相谢安身上。可是，谢安似乎毫不着急。大将谢玄迫不及待地前去请示退敌之计，谢安只说了一句“已别有旨”，再无二话。谢玄不敢多问，退出后，令部将张玄再去请示，而谢安竟不置一辞，驾车往山间别墅。在那里，谢安照常会见亲朋好友，并让谢玄和他下棋。

十月，秦将苻融军攻克寿春，慕容垂率部攻郧城，梁成领兵5万进驻洛涧，于淮水设木栅阻遏东来的东晋军，谢石等见前秦军势大，畏惧不敢进，屯兵于洛涧东25里处。胡彬军在途中闻寿春已陷，退保硖石，为苻融军所困，粮尽，派人下书告谢石，被前秦军截获。苻融即遣使告苻坚：东晋兵少而易擒，请令后续部队加速进军。苻坚大喜，恐谢石等逃去，不等大军到齐，就从项城引轻骑8000赶往寿春，直接指挥前线作战。同时又派在襄阳俘虏的东晋将朱序前往东晋营中劝降。朱序忠心不改，借劝降之机，把前秦军情况密告谢石等，并建议趁前秦军尚未集中之机，迅速击败其前锋，可获全胜。谢石采纳了朱序的计策，转而采取了主动进攻的方针。

十一月，谢石派广陵相刘牢之率精兵5000进攻洛涧。前秦将梁成隔涧为阵，准备迎战，不料遭到刘牢之夜袭，兵败身死。刘牢之又分兵截断该部前秦军的归路，前秦军争先恐后抢渡淮水，损失达1.5万人，大量军资器械为东晋军缴获。谢石见首战告捷，命诸军水陆继进，直逼淝水列阵。苻坚在寿阳城上观战，见东晋军布阵严整，又望见附近八公山（安徽凤台县东南）上的草木，以为也是东晋兵士，心中不禁有些恐惧，对苻融说："这明明是强敌，你怎么说他们弱不堪击呢？"

这时，前秦将张蚝在淝水东岸击破晋军一部，谢玄、谢琰以数万兵力相逼，才将张蚝赶走。苻坚便命以小将的军旗替换苻融的军旗，以示大将不在，诱使东晋军前来交战。而谢玄却派人对苻融说："请您把秦军稍向后撤，让晋军渡过淝水，两军再决一胜负。"然而，前秦军一撤便乱了阵脚。朱序又在阵后大呼："秦军败了！"前秦军信以为真，纷纷狂跑。谢玄、谢琰、桓伊等率军渡过淝水后，立即展开猛烈攻击，苻融于混乱中被杀，苻坚亦身中流矢，前秦军遂全线崩溃。谢玄等乘胜追击，直抵青冈（今安徽寿县西北）。前秦军一路自相践踏，尸体蔽野塞川，活着的人听到风声鹤唳，以为是东晋军的追兵，不敢停止脚步，继续逃跑。此役，前秦军伤亡十之七八，苻坚仓皇逃至淮北。

淝水之战的告捷文书传来，谢安看后不动声色，随手放在榻上，照旧与客人下棋。客人问时，他淡淡地回答："小儿辈遂已破贼。"直到客人走后，谢安在回里屋跨过门槛时，因为狂喜，竟把脚上穿的木屐的齿撞折了。

东晋军在淝水一战大获全胜后，进克寿阳等地，国运转危为安。前秦则因苻坚已败，各路大军相继撤回北方，从此，陷入分崩离析的境地。淝水之战是东晋时期南北之间一次大规模的战争。前秦王苻坚无视内部不稳、民心

背离、士卒厌战的情况，恃众轻敌，单路突进，急于决战，招致大败。东晋面临强敌进攻，一致抵抗，并根据敌情，及时调整作战方略，在秦军后续兵力未抵淝水前，抓住时机，与之决战，特别是主帅谢安在大兵压境的紧急关头，从容出游，悠闲对弈，以静待哗。他外松内紧，周密筹划于帷幄之中，沉着果断地调兵遣将，才有后来淝水的决战胜利。难怪唐代诗人李白绝口称赞："但用东山谢安石，为君谈笑静胡沙。"

以静待哗，张机设阱，是中国历代兵家所重视的军事谋略。它表明，在强敌进攻面前，要处变不惊，设阱以待，争夺战争主动。《孙子兵法·军争篇》首先提出了"以静待哗"的作战方法。《唐太宗李卫公问对》卷中，靖曰："以近待远，以佚待劳，以饱待饥，此略言其概耳。善用兵者，推此三义有六焉：以诱待来，以饱待饥，以静待躁……"明《兵经百篇·发字》曰："制人于危难，扼人于深绝，诱人于伏内，张机设阱，必度其不可脱而后发羖。"

使人心静的绝招有两条，一是任其自然，二是以不变应万变。有经验的医生会建议失眠患者听好听的轻音乐，这样心跳与脉跳会慢慢跟上音乐节奏，有静心的效果，可以让人渐渐入睡。

情况越紧急，越要不慌不忙，局势越乱，越要静下心来。

做事，心静才能做好。很多成功之人做事并无高招，只以常识制胜，原因就在于他们心静。

以近待远，以逸待劳

【原典】

以近待远，以逸待劳，以饱待饥，此治力者也①。无邀正正之旗②，勿击堂堂之陈③，此治变者也④。

【注释】

①此治力者也：此乃掌握运用军队战斗力的基本方法。②无邀正正之旗：邀，迎击，截击；正正，严整的样子。意为勿迎击旗帜整齐、部署周密的敌人。③勿击堂堂之陈：陈，同“阵”；堂堂，壮大。即不要去攻击阵容壮大、实力雄厚的敌人。④此治变者也：言此乃顺应形势、灵活应变的方法。

【译文】

用与自己部队接近的战场来对付远道而来的敌人，用安逸休整的自己部队来对付疲于奔命的敌人，用粮饷充足的自己部队来对付饥饿不堪的敌人，这是把握军队战斗力的秘诀。不要去迎击旗帜整齐的敌人，不要去进攻阵容雄壮的敌人，这就是顺应形势、灵活应变的方法。

解读

以逸待劳，从容迎敌

“劳逸之道”就是以逸待劳，用准备胜疲惫。做事一定要占主动，抢占

“战地”，才能以逸待劳。《孙子兵法》讲的“待敌”，就是在自家的地盘上，或在自家的势力范围内准备充分，从容迎敌。“待”字有期待的意思，准备已充足，就怕敌人不来。待敌者胸有成竹，胜算较大，怕敌者心存侥幸，认为敌人“可能”不会来，一个“可能”就会让团队松懈，结果往往是遭到灭顶之灾。

我们做事切不可有侥幸心理，要知道，该来的一定会来。如果能把自己调整到“待敌”状态，那就比较有把握了，可以轻松取胜。反之，如果是“怯敌”，即“趋战”，就会很难打。“趋战”就是被敌人牵引仓促应战，那样非常危险，往往会面临失败。

以逸待劳并不是一味等待，而是要做到适时出击，只有适时出击，才有可能取得战争的最后胜利。古语云，男子汉大丈夫，能伸能屈，能刚能柔，识时务者为俊杰也。一个人如果千苦可吃，万难可赴，能忍住岁月的考验，那么即使不是英雄，也会忍成英雄的。

韩信能够忍胯下之辱，最后成为诸侯。但是，能够以忍求生，图谋大业的人还数越王勾践。

勾践做越王的时候，吴王阖闾来攻，勾践打败了阖闾，吴王夫差继位。为了替父报仇，他丝毫没有懈怠，经过两年的准备，吴王以伍子胥为大将，伯嚭为副将，倾国内精兵，打败越国。勾践走投无路，后来走伯嚭门路议和。

议和的条件是，勾践和他的妻子到吴国来做奴仆，随行的还有大夫范蠡。吴王夫差让勾践夫妇到自己的父亲阖闾的坟旁，为自己养马。那是一座破烂的石屋，冬天如冰窟，夏天似蒸笼，勾践夫妇和大夫范蠡一直在这里生活了3年。除了每天一身土、两手粪以外，夫差出门坐车时，勾践还得在前面为他拉马。每当从人群中走过的时候，就会有人嘁嘁喳喳地讥笑：“看，那个牵马的人就是越国国王!”

勾践由一国之君变成奴仆，忍了；到为人养马备受奴役，忍了。勾践最能够忍的一点就是尝吴王的粪便。吴王病了，勾践为表忠心，在伯嚭的引导下去探视吴王，正赶上吴王大便，待吴王出恭后，勾践尝了尝吴王的粪便后，便恭喜吴王，说他的病不久将会痊愈。这件事在吴王放留勾践的态度上起了决定性作用。或许是勾践真的懂得医道，察言观色能看出吴王的病快好了，或许是勾践有意恭维吴王，或许是上天垂青勾践，总之，吴王的病真的好了。勾践此时已彻底取得了吴王的信任，吴王见勾践真的顺从自己就把他放了。

勾践在这件事上所表现出来的忍辱的确是一般人做不到的。综观这一时期勾践的忍，是极其恭顺的忍。而他之所以会强忍着一切屈辱，为的就是日后的崛起。勾践的高明之处就在这里，面对一切屈辱，从容自若。这似乎与中国传统的大英雄、大丈夫有些相悖，“宁为玉碎，不为瓦全”“大丈夫可杀不可辱”这些都是对那些宁死不屈、誓死不降的英雄们的赞语，这些固然让人赞叹。但中国还有一句教人处世的俗语是：“留得青山在，不怕没柴烧。”那位顶天立地的西楚霸王就给我们留下了很多思考。在乌江岸边，乌江亭长热情地招呼他：“江东虽小，足可够大王称王称霸，日后也能干一番大事业。”而项羽是个宁折不弯的汉子，哪肯过江呢？他终自刎身亡。也许项羽过江后楚汉相争会是另一番结果，也许他能一统天下，虽然这些都是也许，但我们不能否认项羽是个顶天立地的英雄。可有些时候，这些英雄人物也的确需要忍一忍，然后设法再重新崛起。

坚忍不拔，忍辱负重，是为了达到某种目的。勾践坚韧能忍是为了灭吴兴越，忍到一定程度总有爆发的一天，勾践终于忍到该向吴国发难的时候了。结果正如勾践所愿，一战便把吴军杀得大败，最终吴国灭亡，吴王夫差自杀身亡。当时中原的几个大诸侯国都处于低潮，不少小国投降了勾践，勾践成了最后一代春秋霸主，他终于一吐胸中二十多年的压抑。所以勾践坚韧不屈的性格，忍辱负重的精神造就了春秋末代霸主。

从晋文公和勾践的称霸之路来看，虽然经历不同，但有一点相同，那就是坚韧，在困难中能挺得住。晋文公流亡 19 年，备受磨难，勾践为人奴仆 3

年，他们都忍住了，挺住了，所以他们也成功了，坚韧不屈的性格所打造的命运是辉煌的。

在一个强手如林的世界里，忍是一种韧性的战斗，是战胜人生危难和险恶的有力武器。凡能忍者，必定志向远大。凡志向远大者，必定能够识大体、顾大局。而忍就是识大体、顾大局的表现。纵观历史，能成非常之事的人都懂得忍的意义。

围师必阙，穷寇勿迫

【原典】

故用兵之法：高陵勿向①，背丘勿逆②，佯北勿从③，锐卒勿攻④，饵兵勿食⑤，归师勿遏⑥，围师必阙⑦，穷寇勿迫⑧，此用兵之法也。

【注释】

①高陵勿向：高陵，高山地带；向，仰攻。即对已经占领了高地的敌人，我军不要去进攻。②背丘勿逆：背，倚托之意；逆，迎击。言敌人如果背倚丘陵险阻，我军就不要去正面进攻。③佯北勿从：佯，假装；北，败北，败逃；从，跟随。言敌人如是伪装败退，我军就不要去追击。④锐卒勿攻：锐卒，士气旺盛的敌军。意谓敌人的精锐部队，我军不要去攻击。⑤饵兵勿食：此谓敌人若以小利作饵引诱我军，则不要去理睬它。⑥归师勿遏：遏（音扼），阻击。对于正在向本国退还的敌师，不要去正面阻击它。⑦围师必阙：阙，同“缺”。在包围敌军作战时，当留有缺口，避免使敌作困兽之斗。⑧穷寇勿迫：指对陷入绝境之敌不要加以逼迫，以免其拼死挣扎。

【译文】

用兵的法则是：敌人占领山地就不要去迎攻，敌人背靠高地就不要正面迎击，敌人假装败退就不要跟踪追击，敌人的精锐不要去攻击，敌人的诱兵不要加以理睬，对退回本国途中的敌军不要正面阻击，包围敌人时要留出缺口，对陷入绝境的敌人不要过分逼迫，这些都是用兵的法则。

解读

给对手留一条生路

孙子说，对急于撤退回国的敌军不要阻拦，对被围困的敌军必须留有溃逃的缺口，对处于绝境的敌军不要过分逼迫。倘若围死，不给出路，敌人无路可走，便会困兽犹斗，拼命反击求生。

让对方走投无路，有可能激起对方“求生”的意志，而既然是“求生”，就有可能“不择手段”，这对你将造成伤害。

知退，不是每个人性格中的必然因素，只有大智者才能悟到、做到。换句话说，知退是一个人严谨性格的表现。每个人的智慧、经验、价值观、生活背景都不相同，因此与人相处，争斗难免——利益的争斗或是非的争斗。而这种争斗，在竞争激烈的商业社会尤其明显。

很多人一旦陷身于争斗的旋涡，便不由自主地焦躁起来，一方面为了面子，另一方面为了利益，因此一旦得“理”便不饶人，非逼得对方鸣金收兵或竖白旗投降不可。然而“得理不饶人”虽然让你吹响胜利的号角，但却也是下次争斗的前奏；“战败”的对方失去了面子和利益，他当然要“讨”回来。

在充满竞争的社会中，我们为了能够战胜对手，获取利益，要充分利用自己固有的优势，集中力量把对手击溃。但在对手没有丝毫还手之力的时候，我们也应该给对手留一条生存之路。这种在他人不利的情况下，不落井下石的友善行为，也许在将来会得到丰厚的回报。

现在企业越来越多，同行的竞争也就越来越激烈。在这样的环境下，唯

有击败对手才能取得胜利。但“击败”并不等于“击垮”，只有给竞争对手留有生存的空间，适可而止，才能成为最终的赢家。

天津有一条主干线，车水马龙，熙熙攘攘，在十字相交处有一条不起眼的小马路，那年所在地街道办事处为了发展第三产业，临街盖了一排房子。沈强抢先进驻做起了酒楼生意，且规模较大。不少人随后跟进，一时间小马路上餐馆林立，自发形成了“饭馆一条街”。各家招牌、布幔、灯箱各异，招徕了不少主干线上往来的人，生意普遍说得过去。在经营上，沈强的酒楼稍占上风。

然而这种共同繁荣的局面没能维持太久，挑起事端的是沈强。本来客流量相对恒定，大家心照不宣地竞争，可沈强却要“消灭”对手。

像沈强这家高档次的酒楼，哪个菜系的菜肴都有“借”来的。有客人来酒楼说某某饭店某菜受欢迎，这好办，让大厨去要盘菜一看一吃，第二天照猫画虎一炒，招牌都写好了“本酒楼隆重推出特色菜肴”。

沈强十分留心地将小马路各家餐馆拿手菜列了明细，他本是大厨出身，这难不住他，略加改良，照单“克隆”推出，抢了别人不少生意，所以沈强的酒楼更火了。

老百姓图实惠，他就在原料采购上精打细算，别的餐馆在市场上买牛羊肉，价格贵而且质量无保证，他从屠户那里直接进，因为量大，所以总有优惠。别的餐馆都在市场上进河鱼，他的酒楼自有十位八位钓鱼迷来送鱼，进货价比别人便宜一半。他的菜肴价格最低，店堂最大，外装饰灯光最抢眼，生意总是爆棚。

顾客埋单时，他另有一招，培训服务员在报价时令他们暗中加一元钱，然后再告诉顾客零头那几毛钱抹了，比如说39.80元，报40.80元，“您给40元凑个整，老顾客了，8毛抹了”。这种雕虫小技，往往讨顾客欢喜，还真没碰上有人找来说这里有猫腻。

在沈强的挤兑下，小马路上其他餐馆生意都不好做，但还能微利维持。沈强的酒楼火，而他们的餐馆生意清淡。小马路上因为饭店多才人流不断，沈强是“君”，他们是“臣”，沈强赚钱多，他们赚钱少，但毕竟都能赚钱，大家共同培养着小马路这个餐饮市场，都是受益的一方。

伴随着街道办事处提高房屋租金的消息，终于部分餐馆从小马路上消失了。望着新开张的花店、租书店、网吧，沈强心里充满胜利者的喜悦。

福兮祸所伏，餐馆少了，“饭馆一条街”渐渐变味了，专门来遛街吃饭的也就不来了，沈强的酒楼上座率较以前不但没增加，反而下降了。更让他尴尬的是，相邻两家饭店，一家改成了加工铝合金门窗的门市，整天电锯轰鸣，另一家转让给了一家寿衣店，晚上卖寿衣的灯箱在主干线上都能一眼看到。酒楼四周这种环境，试问哪位食客还有登楼就餐的雅兴？沈强真后悔……

聪明的人，做人不会只进不退，关键时刻，宁肯后退一步，给对方留些余地。像沈强，如果他给对手留一些余地的话，那么最后也不会让他的酒楼生意如此冷淡。

《菜根谭》中指出：“径路窄处，留一步与人行；滋味浓时，减三分让人尝。此是涉世一极安乐法。”这句话旨在说明谦让的美德。凡事让步，表面上看好像是吃亏，但事实上由此获得的必然比失去的多。给对方留有余地就是给自己留一条退路。“得饶人处且饶人”，不是没有道理的。

对被围困的敌军须留有溃逃的缺口，对处于绝境的敌军不要过分逼迫他们。倘若围死，不给出路，敌人就会拼命反击求生。现代人处世，要能进能退，关键时刻肯后退一步，给对手留些余地。

第八篇 九变篇

本篇重点阐述了将帅不良素质“五危论”，战区不利地形“五地论”，战场特殊情况下的“五利论”。将帅只有通晓“九变”，善于应变，才能正确把握治军的基本原则。

将在外，君命有所不受

【原典】

孙子曰：凡用兵之法，将受命于君，合军聚众，圮地无舍①，衢地合交②，绝地无留③，围地则谋④，死地⑤则战。涂有所不由⑥，军有所不击⑦，城有所不攻⑧，地有所不争⑨，君命有所不受⑩。

【注释】

①圮地无舍：圮，音“痞”，为毁坏、倒塌之意；圮地，指难以通行之地；舍，止，此处指宿营。圮地无舍，即在难以通行的山林、险阻、沼泽等地不可宿营。②衢地合交：衢，四通八达，衢地即四通八达之地；合交，指结交邻国以为后援。③绝地无留：绝地，难以生存之地。句意为遇上绝地，不要停留。④围地则谋：围地，指进退困难、易被包围之地；谋，即设定奇妙之计谋。在易于被围之地，要设奇计摆脱困难。⑤死地：进则无路，退亦不能，非经死战则难以生存之地。⑥涂有所不由：涂，即途，道路；由，从，通过。此言有的道路不要通过。⑦军有所不击：指有的军队不宜攻击。⑧城有所不攻：有的城邑不应攻取它。⑨地有所不争：有些地方可以不去争夺。⑩君命有所不受：有时君主的命令也可以不接受。此句之前提，指上述“涂有所不由……”等四种情况。

【译文】

孙子说：大凡用兵的法则是，将帅接受国君的命令，征集民众、组织军队，出征时在沼泽连绵的“圮地”上不可驻扎，在多国交界的“衢地”上应结交邻国，在“绝地”上不要停留，遇上“围地”要巧设奇谋，陷入“死地”要殊死战斗。有的道路不要去通行，有的敌军不要攻打，有的城邑不要攻取，有的地方不要争夺，有时国君的命令不要执行。

解读

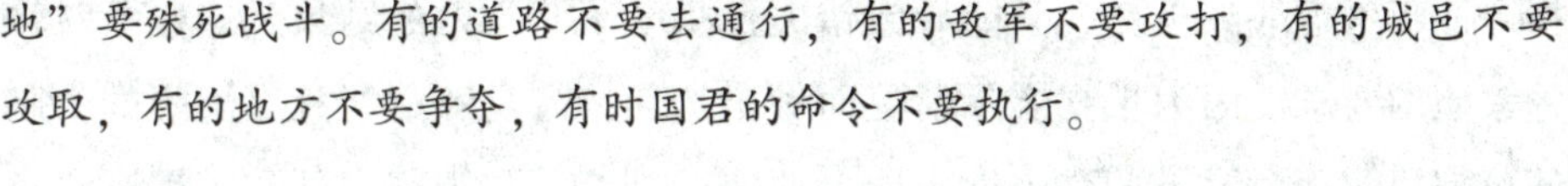

根据战况，随时调遣

孙武在本篇论述将帅指挥作战应根据各种具体情况灵活机动地处置问题，不要机械死板而招致失败，并对将帅提出了要求。

孙武强调，将帅处置问题时必须做到：首先，考虑问题要兼顾有利和有害两方面，在有利的情况下要想到不利的因素，在不利的情况下要想到有利的因素；其次，要根据不同的斗争目标，采取不同的斗争手段；再次，要立足在充分准备、使敌人不可攻破自己的基础上，不能存侥幸心理；最后，要克服偏激的性情，全面、慎重、冷静地考虑问题。孙武认为，将帅要从实际出发处置问题，才能战胜敌人，所以对于国君的违背实际的命令可以不执行，因此，他大胆地提出了“君命有所不受”的军事名言。

孙武认为，即使是国君，也有职责范围。对将帅授权以后，就不得干涉其职权范围内的事，将帅也不能瞎指挥，更不能专横跋扈，一意孤行，自认为被赋予至高无上、无可制衡的权力，或为了证明自己的权威而不惜破坏一切规矩和法度，从而扰乱自己，使国家蒙受巨大灾难。

在战场上，将帅最大，是最高领导，“将在外，君命有所不受”，战场形势瞬息万变，所谓“势险”“节短”，将帅只有抓住有利战机，及时采取战略、战术，方能致敌以打击，“不战而屈人之兵”，实现“安国全军”的目的。要抓住有利战机，统帅权就必须独立完整，将帅必须拥有充分的自主权、主动权。将帅受命于君王，然而战场上风云变幻，总有与原来战略目的、战术设计不同之处，君王的指令，总赶不上“变化”的速度。因此，根据实际情况，“君命有所不受”，是将帅进行指挥的一项重要原则。机械地执行君王指令而不考虑战场形势，只能导致错失良机、军队失败的结果。这也是对将帅素质的要求。因为根据实际情况而做出变通，有足够的智慧、清醒的头脑便可完成；而对君王的命令做出取舍遵违的判断，在智慧之外，还需要有过人的胆识和勇气。

汉武帝时期，汉朝政府开辟河西四郡，隔绝了西羌与匈奴之间的通道，并驱逐西羌各部，不让他们在湟中地区居住。汉宣帝即位后，羌人通过汉使上报朝廷，希望北渡湟水，迁到没有田地的地方去放牧。汉宣帝听说后，询问赵充国对此事的看法，赵充国说："羌人之所以容易控制，是因为各部都有自己的首领，所以总是互相攻击，没有形成统一之势。匈奴多次引诱羌人，企图与羌人共同进攻张掖、酒泉地区，然后让羌人在此居住。近年来，匈奴西部地区受到乌孙的困扰，我怀疑他们会派遣使者与羌人部落联系。恐怕西羌事变还会发展，并不只限于目前的局面。他们还会和其他部族再次联合，我们应提前做好准备。"一个多月后，羌人首领果然派使者到匈奴去借兵，企图进攻鄯善、敦煌，阻碍汉朝通往西域的道路。

西汉神爵元年（公元前61年），汉宣帝派辛武贤、许延寿率军与赵充国部会合，大举进攻羌人。这时，羌人在赵充国的安抚下，已有一万多人归附。赵充国的奏章尚未发出，就接到朝廷攻打羌人的诏令。赵充国不主张用兵，而是派步兵在当地屯垦戍卫，等待反叛的羌人自行败亡。有人劝说赵充国不要坚持自己的意见，赵充国却认为，实施屯戍政策不仅可以解决羌人的叛乱问题，而且可以起到抚慰四方蛮夷的作用。赵充国的儿子害怕其父抗命，便让门客去劝赵充国，说："如果违背了皇上意图，派御史前来问罪，将军不能自保，又怎能保证国家的安全？"赵充国始终坚持自己的想法，多次上书汉宣帝，重申自己的观点。他说："对付羌人，智取较容易，武力镇压难度就大，所以我认为全力进攻不是上策！我建议：撤除骑兵，留步兵一万人，分别屯驻在要害地区，一方面武装戒备，另一方面耕田积粮，恩威并行。这样可以节省大笔开支，并且可以维持士卒的费用。留兵屯田足可平定西域。"汉宣帝将其奏折交给大臣讨论，得到大臣们的赞同，于是汉宣帝采纳了他的建议并奖赏了他。

"将在外，君命有所不受"是中国古代兵学家们很早就提出来的一个军事理论命题。这是因为战场情况千变万化，如果前敌将领的一举一动都要按照远在千里之外的国君的要求，而不能机动处置的话，是很难打胜仗的。在历史上，机械地按照国君命令行事，最后招致惨败的例子不胜枚举。而赵充国敢于抗命，不断重申自己的观点，最终让汉宣帝同意并采纳了比较符合实际的边防政策，从而保障了西域的平安。

孙武提出"君命有所不受"，是根据古代交通、通信落后，君主不可能随时掌握战场上瞬息万变的情况，为了胜利，随着战局发展变化，不能"以不变应万变"的办法去执行君主的命令而说的。事物、事态是变化的，我们应适应这种变化，不能僵化固守成命，一成不变。这一点在汉简佚文《四变》中"君令有所不行"一句就更明确，它是以"四变"为条件来说的，不是无条件的。有违背"四变"原则的，才不执行；对"君命"不是一概"不行"，只是"有所"不行，应当正确理解。

将帅指挥作战，是受命于君的；将帅征战的目的是安国辅君。因此，对君主负责是将帅的职责。但是，问题还有另外一面，将帅受命之后，不能时时拘谨地机械固守成命，应根据战场实际状况有所权变；对君主的正确命令要坚决执行，对君主的错误命令，要敢于“违抗”，要善于权变，善于视情况变化而行动。

九变之利

【原典】

故将通[1]于九变之地利者，知用兵矣。

【注释】

①通：通晓、精通。

【译文】

所以，将帅如果能够精通各种机变的利弊，就是懂得用兵了。

解读

以不变应万变

在这里，孙子强调“通于九变”的重要，指出只有“通于九变”，才算“知用兵”。而要做到这一点，最重要的则是从事物正反两面的联系中去考虑问题，以“利”为准则，灵活地运用作战原则。在各种事物急剧变化的年代，变是唯一不变的真理。商界充满着机遇和挑战，情况变化了，如何巧于周旋，以变应变？在科学技术日新月异的今天，因循守旧的人在变化的局势下很难有所转机，唯有适应时势的需要，革故创新，才能抓住商机，成为行业的先

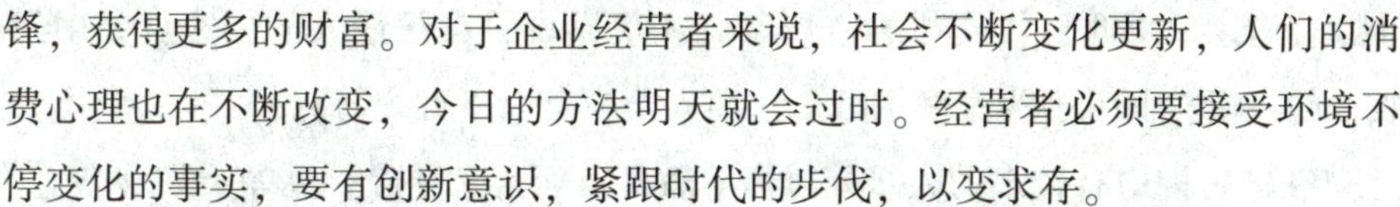

锋，获得更多的财富。对于企业经营者来说，社会不断变化更新，人们的消费心理也在不断改变，今日的方法明天就会过时。经营者必须要接受环境不停变化的事实，要有创新意识，紧跟时代的步伐，以变求存。

应变能力是一种根据不断变化的主客观条件，随时调整行为的难能可贵的能力，也是确保领导者获得圆满成功的一个先决条件。

具有应变能力的领导者，不例行公事，不因循守旧，不墨守成规，能够从表面“平静”中及时发现新情况、新问题，从中探索新路子，总结新经验。对改革中遇到的新事物、新工作，能够倾听各方面的意见，认真分析，勇于开拓，大胆提出新设想、新方案；对已取得的成绩，不满足、不陶醉，既能够在取得成绩的时候不得意忘形，又能透过成绩找差距、发现隐患，百尺竿头更进一步。

一个领导者必须时时注意单位所定的规则是否有不合情理或不切实际需要之处。一旦发现有这种情形，就应当拿出魄力，不畏艰难，及时求变，切实地加以改革，这一点是千万不可忽略的。美国纽约的梅西百货公司是全世界最大的百货公司之一，该公司历经一个多世纪盛行不衰，有什么秘诀呢？梅西百货公司为了适应市场采取了多种经营方式：用现款买便宜货、信用卡购物、家具模拟房屋陈列等。梅西百货公司在适时而变、适应顾客需要变化的同时，还积极地研究自己的顾客，以便能采取积极的措施让顾客满意。梅西百货公司的市场调研人员发现，自己最大的顾客群是中等收入的人士，而且多为家庭主妇。这类人至少有以下五个特点：

（1）她们中有较多的人接受过高等教育，而且又受旅行见闻、妇女杂志、电视、电影的影响较多，因此，她们对于现代家庭和时装世界有着更多的了解。

（2）她们有较全面的价值观念，仅用“便宜”两字根本不能吸引住她们。

（3）她们都很忙碌，购物不再是她们主要的消遣和过日子的方法，她们希望愉快而节省时间地买东西，然后好去做别的事情。

（4）她们有较多的存款，但总是不愿意花现款，而希望只用一下信用卡就可以取走所需要的商品，然后在月尾付款。

（5）她们对服务态度要求很高，她们如果发现有几块钱的账面错误；或者在家中等了一天货品都没按时被送到；或打电话订货花了半小时；或者按登载的广告，在上午十点提前赶来买货却在货架上选不到东西；或者找不到售货员……那么，她们下次就不会再来了，而且她们还会把她们所受的委屈和吃到的苦头告诉她们周围所有的人，叫嚷得无人不知、无人不晓，闹得满城风雨。

针对这些特点，梅西百货公司采取了灵活而有效的服务措施。梅西百货公司把所有出口都设在显眼和方便的地方；把停车场设置得很宽敞，顾客可以很快地找到商店，顺利地停车走进店门；他们还设计出新式结构的商店，顾客想到第几层买东西，都可以驾车停到那层楼旁边的停车场。对于服务员，梅西百货公司也做了特别规定：顾客可以自做决定，可自由选择商品，若需要服务员则应随叫随到，对于以选择为乐的顾客，服务员不要在旁边喋喋不休或表现出不耐烦的表情，应让她们自由尽情地选择；对于购买贵重物品像宝石、裘皮，甚至照相机、电视机等的顾客，服务员应耐心地解答顾客的咨询，给她们提供帮助，让她们买得称心如意。

为了在商店内展示出更多种类的样品，让顾客有更大的选择余地，顾客选定货样后由仓库送货上门，以减少顾客携带商品赶路的麻烦。为了适应郊区顾客晚上购物的特点，梅西百货公司改变了自己的营业时间：营业时间定为一周六天，每天从上午十点到晚上九点三十分。此外，梅西百货公司在商店内设置了电影戏剧等购票厅，以便顾客购物和娱乐两不误。他们还赞助举办音乐会、跑马比赛等；在商店中建立活动室，举行当地居民聚会、时装表演等活动。商店旁边还建起汽车自动供应和修补中心，顾客来商店买东西的同时，可以把汽车存下修理，待购物完毕后汽车也就修好了。

总之，市场在变化，顾客的心理在不断变化，梅西百货公司的经营方式也随之不断变化。这就是梅西百货公司持续经营的秘诀。

经营方式的变与不变均取决于消费者的需求。当顾客依然情有独钟时，你想变也变不了；而当顾客爱好转移时，你不变也得变。一个成功的企业家，其高明之处就在于能敏锐地觉察到消费需求变化的端倪，适时采取新对策。美国商界有句格言：“经营就是要以变应变。”戏法人人会变，各有巧妙不同。在各种市场竞争环境发生变化时，经营者要有变通的本领，以变应变，想顾客之所想，急顾客之所急，帮顾客之所需，这样才不至于被市场所淘汰。

通于九变，不拘常规

【原典】

将不通于九变之利者，虽知地形，不能得地之利矣①。治兵不知九变之术②，虽知五利③，不能得人之用矣④。

【注释】

①将不通于九变之利者，虽知地形，不能得地之利矣：将帅如果不通晓九变的利弊，即使了解地形，也不能从中获得帮助。②九变之术：九变的具体手段和方法。③五利：指“涂有所不由”至“君命有所不受”等五事之利。④不能得人之用矣：指不能够充分发挥军队的战斗力。

【译文】

将帅如果不能精通各种机变的利弊，那么即使了解地形，也不能够得到地形之利。指挥军队而不知道各种机变的方法，那么即便知道“五利”，也是不能充分发挥军队的战斗力的。

解读

临机应变为用谋取胜之本

九变，九是数目极多的意思。九变是说，用兵的方法应当极尽变化之能事。循成法而战，无异按谱而弈，谱不能尽弈之变，法不可尽战之奇。战术方法是固定的，而应变是无穷的。术为法，变为谋。置身战场，能临机应变，方为用谋取胜之本。将帅的指挥能力，很大程度上体现在应变力上。应变力，是主观思维的一种快速反应能力。变，“不拘常法，临事适变，从宜而行之谓也”。多变，即根据战况变化，灵活机动变换战术以制胜之意。而战况的变化与战区的地形有着密切的关系。因此，要研究地形，应根据地形的有利和不利因素正确指挥军队。

九变，即多变。军队在外作战，地形复杂，战况多变，若不能临机应变，因时因地在特殊情况下采取相应对策，只能招致失败。经商之道也是如此，在商场中，也要根据具体情况做到随机应变，不能墨守成规，否则，企业发展只有死路一条。相反，如果企业在濒临绝境之时，做到随机应变，就能使企业起死回生。

广州新光花园酒店刚开始营业时，困难重重。由于地处居民区，地况狭小，无停车场，人往车来，拥挤不堪，尘土飞扬，人声嘈杂。因此，街道多次警告：不得影响居民休息；交警多次上门指出：门外停车违反交通规则；环保部门也提出：限期解决污染问题。新光一时四面楚歌，在万分困难之下，他们认识到自己与社区的关系处理得好与不好，直接影响企业的生死存亡。社区好比是土壤、水分和阳光，企业则是树。若社区不接纳，企业这棵树就会枯萎，因此企业要让社区认识、理解自己，从而取得支持和帮助。

因此，新光采取“衢地合交”的对策。变“上门告状”“兴师问罪”为自己上门“负荆请罪”，请四周居民和街道、治安、环卫人员和记者座谈，开展联欢和联防等活动，征求他们的意见；对于社区的活动，酒店主动参加，努力为之分忧。而对于上门求助的人，经理总是认真接待，有钱则出钱，无钱话友谊，以取得对方的谅解、支持与信赖。比如，提供治安联防基金，出资整治街道；在市内，主要集中投资于新闻及其他有意义的公益事业，为广州电视台免费提供活动场地，以及茶水和点心。在更大范围内主要以支持社会公益事业为主，如向全国县市长赠书，免费提供《公关小姐》电视剧座谈、讨论会场地、支持公共事业发展等。这些做法使新光有了安全的环境，从而扩大了服务范围，树立起新光为消费者服务的形象。新光立足于长远，和人们建立了感情，而有了感情投资，新光推出的新措施就能得到更多人的支持。新光运用“衢地合交”的谋略受益匪浅。

兵法中讲究不拘泥于常规，要根据主客观的条件随机应变，纸上谈兵、死板僵化是不可能打胜仗的，只能被动挨打。中国有句古话：“伸缩进退变化，圣人之道也。”因此，一个善于驾驭时势、灵活变通的人，必定在事业上有所成就。

智者之虑，必杂于利害

【原典】

是故智者之虑[①]，必杂于利害[②]。杂于利而务可信也[③]；杂于害而患可解也[④]。

是故屈诸侯者以害[⑤]，役诸侯者以业[⑥]，趋诸侯者以利[⑦]。

【注释】

①智者之虑：聪明的将帅思考问题。虑，思虑，思考。②必杂于利害：必然充分考虑和兼顾到有利与有害两个方面。杂，混合，掺杂，这里有兼顾之意。③杂于利而务可信也：务，任务，事务；信，同“伸”，伸张，舒展，这里有完成之意。句意为如果考虑到事物的有利一面，则可完成战斗任务。④杂于害而患可解也：意谓在有利情况下考虑到不利的因素，祸患便可消除。解，化解、消除。⑤屈诸侯者以害：指用敌国所厌恶的事情去伤害它从而使它屈服。屈，屈服，屈从，这里作动词用。诸侯，此处指敌国。⑥役诸侯者以业：指用危险的事情去烦劳敌国而使之疲于奔命，穷于应付。业，事，此处特指危险的事情。⑦趋诸侯者以利：趋，奔赴，奔走，此处作使动用法。句意指用小利引诱调动敌人，使之奔走无暇（一说以利动敌，使之追随归附自己）。

【译文】

所以，聪明的将帅考虑问题，必须充分兼顾利害的两个方面。在不利的情况下要看到有利的条件，事情便可顺利进行；在顺利情况下要看到不利的因素，祸患就能预先排除。

所以，要用各国诸侯最厌恶的事情去伤害它，迫使它屈服；要用各国诸侯感到危险的事情去困扰它，迫使它听从我们的驱使；要用小利去引诱各国诸侯，迫使它被动奔走。

解读

善于权衡利弊

随时从利害两个方面考虑问题。只见利不见害，就会麻痹大意，轻举妄动；只见害不见利，就会丧失信心，消极气馁。战场上千变万化，“九变”不可能包括作战中所有临机应变的可行之法。因此，孙子对于正确处理战争中的利害得失，提出非常重要而带普遍性的指导原则：“是故智者之虑，必杂于利害。杂于利而务可信也；杂于害而患可解也。”主张临利思害，临害思利，以此指导战争，趋利避害。也就是说，“智者虑事，虽处利地，必思所以害；虽处害地，必思所以利。此亦通变之谓也。”

利中有害，害中有利。智者要害中见利，利中见害，透过现象看本质，要考虑利和害孰大。研究战争，必须从客观实际出发，实事求是。战争中的攻守、进退、分合、行止，一切得失胜败，都普遍地存在于整个战争过程之中。战场上的一举一动，莫不与利害息息相关，利害关系显得特别尖锐和突出。作为一个将帅，要实施正确的指挥，在战斗行动中就必须善于权衡利弊，随时从利害两个方面考虑问题。

利与害不仅互相掺杂，而且往往互相转化，而转化是要有适当条件的。“投之亡地然后存，陷之死地然后生。”这里所谓的“亡地”“死地”，不是绝对的。按孙子的解释，就是“疾战则存，不疾战则亡”。“陷之死地”乃是大患，然而“陷之死地”却能因“疾战则存，不疾战则亡”的客观形势，唤起众人奋力死战的决心，因而转败为胜，转死为生，转患为利。

《孙子兵法》中所提及的“利”大致可以分为两种：一种是敌我交战中利害的利，如：有利的战机，形势对我有利，我就与之交锋；对我不利，我就不交锋（《九地篇》：“合于利而动，不合于利而止”）。另一种是军需运输耗资得失的利，如：打消耗战，“日费千金，举十万师”。

孙子一方面告诫战场上的统帅们：敌人以“饵兵”引诱我们，不要去理睬它（饵兵勿食），另一方面又启迪战场上的指挥员：对于贪利的敌人，要用小利去引诱他（利而诱之）。

要使所施之“利”、所设之“饵”被敌人吞下，不是一件很容易的事。孙子要求将帅对客观条件与主观条件、优势与弱点、利与害等都应全面了解。所谓全知，并非事无巨细都要知道。用管理学的术语来说，就是了解优势、弱点、机会、威胁；从思维方法来说，就是全面综合。而且还要求将帅根据目前的形势，着眼大局，而不是贪眼前的小利。

但常规也会有变化，比如说，本该经过的路径并非就一定要走，有时可以不走；可以打败的敌军并非就一定要打，有时可以不打；能够攻取的城池并非就一定要攻，有时可以不攻；本该争夺的要地并非就一定要争，有时可以不争；本该接受的君令并非全都要执行，有时可以不执行。这就是“涂有所不由，军有所不击，城有所不攻，地有所不争，君命有所不受”。

晋国于公元前659年夏天兴兵攻伐虢国。伐虢必须经过虞国，如果虞国不让晋国的军队过境，晋国就束手无策。大臣荀息对晋献公说：“虞国的国君虞公是个鼠目寸光的小人，见钱眼开，大王只要把我们的国宝送给虞公，他一定肯答应借我们一条路，让我们通过虞国。”

所谓“国宝”，是指晋国马厩中原产于屈地的千里马和国库中原产于垂棘的璧。晋献公最珍爱这两件奇物，对荀息说：“这可是我最喜欢的宝物啊！再说，虞国有宫之奇这样的贤臣在，他们怎么会蠢到借路给我们呢？”

“我们把千里马和璧送给虞公，不过是把千里马从这个马厩牵到那个马厩中，把璧从这个仓库放到那个仓库中，这些马厩和仓库早晚都是您的啊！宫之奇这个人足智多谋，但他不敢犯上强谏，虞公绝不会听从他的劝告。”荀息道。

于是，晋献公接受了荀息的建议，派人把千里马和璧送给虞公，虞公果然没有听从宫之奇的劝告，借路给晋国。晋军经虞国到达虢国，攻占了虢国的都城，虢国迁都到上阳（今河南三门峡市东南），拼力死战，晋军知难而退，回到晋国。

公元前 655 年，晋国聚集精兵良将，再次向虞国借路攻伐虢国。宫之奇劝说虞公道：“虢虞两国相互依存，虢国灭亡了，虞国也就日薄西山了。所谓‘辅车相依，唇亡齿寒’，说的正是虢虞两国今天面临的形势。试想，车都不存在了，辅（车轮中连接车毂和轮圈的一条条直棍）还能有吗？嘴唇没有了，牙齿就会觉得寒冷。请大王三思而行。”

虞公厉声道：“晋国和我是同宗（同为姬姓），绝不会害我！”他再次拒绝了宫之奇的劝告，借路给了晋国。

宫之奇见事情无法挽回，他急忙回到家中，对众人说：“晋国此次出兵，势在灭虢，回国途中一定不会放过我们虞国，大家逃命去吧！”于是，带领族人逃离了虞国。

同年八月，晋军大兵经虞国进入虢国，迅速攻克虢国的上阳，灭了虢国。凯旋途中，晋军趁虞公毫无防备之机，一举灭了虞国，虞公成了晋军的俘虏，千里马和美璧也都重新回到了晋献公手中。

利中有害，害中有利。所以，聪明人考虑问题，总是兼顾事物的利害两个方面。遇到害，就会想到其中的利，往最好处努力，这样，事情才可能继续见到利；又要研究其中所含的害，从最坏处着想，这样，隐患才可能消除。

用兵之法，恃吾有以待

【原典】

故用兵之法，无恃其不来，恃吾有以待也①；无恃其不攻，恃吾有所不可攻也②。

【注释】

①无恃其不来，恃吾有以待也：恃，倚仗，依赖，寄希望。意为不要寄希望于敌人不来，而要依靠自己做好充分准备。②无恃其不攻，恃吾有所不可攻也：不要寄希望于敌人不进攻，而要依靠自己具备的强大实力，使得敌人不敢来进攻。

【译文】

用兵的法则是：不要寄希望于敌人不来，而要依靠自己做好充分准备；不要寄希望于敌人不进攻，而要依靠自己拥有使敌人无法进攻的力量。

解读

充分准备，使敌无懈可击

战争是智和勇的搏击，一次小小的失误就有可能导致兵败身亡，甚至国破家亡的后果。因此，孙子谆谆地告诫军队的统帅：千万不要把希望寄托在

敌人的“不来”“不攻”上面，而要把胜利奠定在己方的充分准备，使敌人无懈可击、无机可乘的基础上。

防患于未然，未雨绸缪，在商战中也有广泛的运用。商家要想在某一行业中获得绝对优势，就必须直面瞬息万变的商情与众多的对手，掌握行业的发展态势，抢占得先机，从而立于不败之地。

在世界汽车行业中，每 80 辆轿车中就有 1 辆是本田牌的轿车。然而使本田公司首先取得引人注目的成功从而名扬天下的，是本田摩托车。在汽车工业界，本田技术研究工业公司在日本国内排名第三，但在摩托车工业界，本田技术研究工业公司不仅在国内是龙头老大，而且在世界上也是首屈一指的。1991 年，本田技术研究工业公司的摩托车产量为一百三十多万辆，印有“HONDA”标志的摩托车飞驰在世界各地。

早在 20 世纪 70 年代初，正当本田牌摩托车在美国市场上畅销时，总经理本田宗一郎却突然提出了“东南亚经营战略”，倡议开发东南亚市场。

当时，摩托车激烈角逐的战场是欧美市场，东南亚则因经济刚刚起步，而摩托车还是人们望洋兴叹的高档消费品。公司总部的大部分人对本田宗一郎的倡议迷惑不解。

提出这个战略，本田宗一郎是经过了深思熟虑的。他拿出一份详尽的调查报告，向人们解释：“美国经济即将进入新一轮衰退，如果我们只盯住美国市场，一有风吹草动我们便会损失惨重。而东南亚经济已经开始起飞，按一般计划，人均年产值 2000 美元，摩托车市场就能形成。只有未雨绸缪，才能处乱不惊。”

大约过了一年半的时间，美国经济果然急转直下，许多企业的大量产品滞销，几十万辆本田摩托车也压在库里。然而天赐良机，与此同时，东南亚市场上摩托车却开始走俏。本田立即根据当地的条件，对库存产品进行改装后销往东南亚。

由于本田公司已经提前一年实行旨在创品牌、提高知名度的经营战略，所以产品投入市场后如鱼得水，这一年，和许多亏损企业相比，本田公司不但未损失分毫，而且创出了销售量的最高纪录。总结了这一经验，从此，本田公司形成了居安思危、有备无患的经营策略。每当一种产品或一个市场达到高潮，他们就开始着手研究开发新一代产品和开拓新市场，从而使本田公司在危机来临时总会有新的出路。

古人云："无事如有事，时提防，可以弥意外之变；有事如无事，时镇定，可以消局中之危。"所以，无论何时何地，都要未雨绸缪，切忌临渴掘井。

覆军杀将，必以五危

【原典】

故将有五危：必死，可杀也①；必生，可虏也②；忿速，可侮也③；廉洁，可辱也④；爱民，可烦也⑤。凡此五者，将之过也，用兵之灾也。覆军杀将⑥，必以五危⑦，不可不察也。

【注释】

①必死，可杀也：必，指坚持、固执之意。句言坚持死拼，则有被杀的危险。②必生，可虏也：言将帅若一味贪生，则不免沦为战俘。③忿速，可侮也：忿、愤怒、愤懑；速、快捷、迅速，这里指急躁、偏激。句言将帅如果急躁易怒，遇敌轻进，就有中敌人轻侮之计的危险。④廉洁，可辱也：将帅如果过于洁身清廉，自矜名节，就有受辱的危险。⑤爱民，可烦也：将帅如果溺于爱民，不审度利害，不知从全局把握问题，就易为敌所扰，有被动烦劳的危险。⑥覆军杀将：使军队覆灭，将帅被杀。覆，覆灭、倾覆。覆、杀均为使动用法。⑦必以五危：必，一定，肯定；以，由、因的意思。五危，指上述"必死""必生"等五事。言"覆军杀将"都是由这五种危险引起的，不可不充分注意。

【译文】

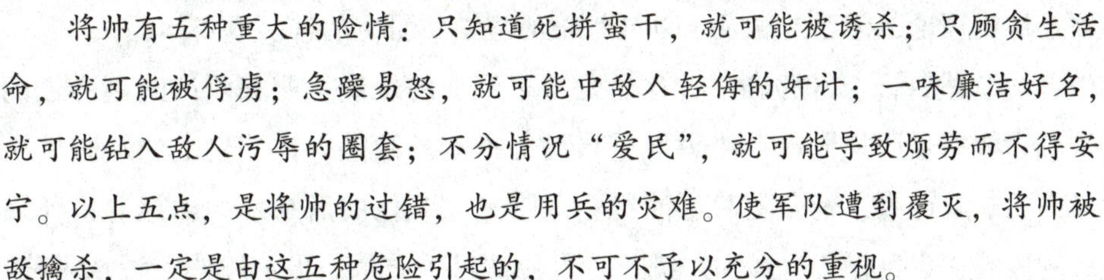

将帅有五种重大的险情：只知道死拼蛮干，就可能被诱杀；只顾贪生活命，就可能被俘虏；急躁易怒，就可能中敌人轻侮的奸计；一味廉洁好名，就可能钻入敌人污辱的圈套；不分情况“爱民”，就可能导致烦劳而不得安宁。以上五点，是将帅的过错，也是用兵的灾难。使军队遭到覆灭，将帅被敌擒杀，一定是由这五种危险引起的，不可不予以充分的重视。

解读

完善领导性格

孙子认为，如果统兵将领有勇无谋、贪生怕死、刚怒偏急、高傲自恃或心存妇人之仁（即文中所讲的“五危”），则必然招致全军覆灭、将帅受戮的灾难性后果，因而必须高度警惕。

“覆军杀将，必以五危”，从反面说明将帅性格上的缺陷和品质上的问题对战争的严重危害。

领导者的性格关系到事业的成败。《三国演义》里描写了不少将帅因性格缺陷而招致失败的事例。武艺超群的马超败于性格多疑、多勇少谋。东吴三军统帅周瑜心胸狭小，缺乏战略眼光，斤斤计较得失，不能容人，嫉妒萌发，为一时之怒，气绝身亡。官渡之战中的袁绍阵营，由于“班子”内成员性格的缺陷，矛盾恶化，尽管地广兵强，也逃脱不了失败的困境。《三国演义》中这些领导性格心理尽管带有“七分事实、三分虚构”的成分，还没有形成系统的领导性格理论，但已经触及了领导性格心理学所研究的许多重要问题。

“覆军杀将，必以五危”，这也是从事商战的现代企业家应该时刻谨记的警诫。如果企业领导者不注意规避自己性格上的缺陷，让性格上的缺陷左右自己的决策行为，就会随时可能给企业带来灾难性的后果。例如抱着拼死一战的决心，盲目投资，孤注一掷，就可能被对手诱杀；畏缩胆怯，一味求稳，错失良机，就可能被对手吞并；急躁冒进，轻举妄动，就可能被对手凌侮；过分重视虚名，就可能受各种议论的影响，使实际效益受损；过分迁就、放纵员工，就可能使管理松懈，效益下降，陷企业于困境。企业领导者如能随时警惕这五种会带来灾祸的弱点，企业的经营管理就会走上健康发展的道路。

经营者的性格缺陷在很大程度上影响着企业的前途和命运，对领导者来说，必须在实际工作中不断完善自己的性格。性格是一种相对稳定的心理特征，但是并非“江山易改，本性难移”，坚持长期努力，也能改造不良的性格，形成自信、坚韧、果断、冷静的性格特征，从而保证决策的正确和科学性。

第九篇 行军篇

本篇研究了“行军”作战的方法，提出了“令之以文，齐之以武”的治军思想，主要论述的是“处军”和“相敌”的作战原则，以最终达到“料敌”“取人”之目的。

审地度势，择便处军

【原典】

孙子曰：凡处军、相敌[①]：绝山依谷[②]，视生处高[③]，战隆无登[④]，此处山之军也。绝水必远水[⑤]；客[⑥]绝水而来，勿迎之于水内，令半济而击之[⑦]，利；欲战者，无附于水而迎客[⑧]；视生处高，无迎水流[⑨]，此处水上之军也。绝斥泽，惟亟去无留[⑩]；若交军于斥泽之中[⑪]，必依水草而背众树[⑫]，此处斥泽之军也。平陆易处而右背高[⑬]，前死后生[⑭]，此处平陆之军也。凡此四军之利[⑮]，黄帝之所以胜四帝也[⑯]。

凡军好高而恶下，贵阳而贱阴[⑰]，养生而处实[⑱]，军无百疾，是谓必胜。丘陵堤防，必处其阳而右背之[⑲]。此兵之利，地之助也[⑳]。

【注释】

①处军、相敌：处军，行军、宿营、处置军队，即在各种不同地形条件下，军队行军、作战、驻扎诸方面的处置对策。处，处置、安顿、部署的意思；相敌，观察、判断敌情。②绝山依谷：绝，越渡、穿越，指通过山地，要傍依溪谷行进。③视生处高：视，看，审察，这里是面向的意思。生，生处、生地，此处指向阳地带；处高，即居高之意。视生处高，指面朝阳，居隆高之地。④战隆无登：隆，重，高地；登，攀登。言在隆高之地与敌作战，不宜自下而上仰攻。⑤绝水必远水：意谓横渡江河，一定要在离江河稍远处驻扎。⑥客：指敌军，下同。⑦勿迎之于水内，令半济而击之：迎，迎击；水内，水边；济，渡；半济，指渡过一半。此句谓不要在敌军刚到水边时迎击，而要让敌军渡到一半时发动攻击。此时敌军首尾不接，队列混乱，攻之容易取胜。⑧无附于水而迎客：不要在挨近江河之处同敌人作战。无，勿；

附，靠近。⑨无迎水流：即勿居下游。此指不要把军队驻扎在河下游处，以防敌人决水、投毒。⑩惟亟去无留：惟，宜，应该；亟，急，迅速；去，离开。意谓遇到盐碱沼泽地带时，应当迅速离开，切莫停留驻军。⑪若交军于斥泽之中：如果在盐碱沼泽地带与敌作战。交军，两军相交，指同敌军交战。⑫必依水草而背众树：指一定要依近水草并背靠树林。依，依近；背，背靠、倚托之意。⑬平陆处易而右背高：指遇开阔地带，也应选择平坦之处安营，并把军队翼侧部署在高地之前，以高地为倚托。平陆，开阔的平原地带。易，平坦之地；右，指军队翼侧。右背高，指军队翼侧要后背高地以为依托。⑭前死后生：即前低后高。生、死，此处指地势高低。以高为生，以低为死。本句意谓在平原地带作战，也要做到背靠山险而面向平易。⑮四军之利：指上述山地、江河，盐碱沼泽地、平原四种地形条件下的处军原则。⑯黄帝之所以胜四帝也：这就是黄帝所以能战胜四方部族首领的缘由。黄帝是传说中的汉族祖先，部族联盟首领。传说他曾败炎帝于阪泉，诛蚩尤于涿鹿，北逐獯鬻（音“荤粥”），统一了黄河流域。四帝，四方蚩之帝，即周边部族联盟的首领。一般泛指炎帝、尤等人。⑰贵阳而贱阴：贵，重视；阳，向阳干燥的地方；贱，轻视；阴，背阴潮湿的地方。句意为看重向阳之处而轻视阴湿地带。⑱养生而处实：指军队要选择水草和粮食充足、物资供应方便的地域驻扎。养生，指水草丰盛、粮食充足，能使人马得以休养生息；处实，指军需物资

供应便利。⑲必处其阳而右背之：指置军于向阳之地并使其主要侧翼背靠高地。⑳地之助也：意谓得自地形的辅助。

【译文】

孙子说，凡是处置部署军队和观察判断敌情，都应该注意：通过山地，要靠近有水草的山谷，驻扎在居高向阳的地方，不要去仰攻敌人占领了的高地。这是在山地部署机动军队的原则。横渡江河，必须在远离江河处驻扎；敌人渡水来战，不要在江河边予以迎击，而要等他渡过一半时再攻击，这样才有利；如果要同敌人决战，不要紧挨水边布兵列阵；在江河地带驻扎，也应当居高向阳，不可面迎水流，这是在江河地带部署处置军队的原则。通过盐碱沼泽地带时，一定要靠近水草并背靠树林，这是在盐碱沼泽地带部署机动军队的原则。在平原地带要占领平坦开阔地域，而侧翼则应倚托高地，做到前低后高，这是在平原地带部署机动部队的原则。以上四种军队部署原则运用带来的好处，正是黄帝之所以能战胜其他“四帝”的原因。

在一般情况下驻军，总是喜欢干燥的高地，厌恶潮湿的洼地，重视向阳之处，轻视阴湿之地，靠近水草地区，军需供应充足，将士百病不生，这样，克敌制胜就有了保证。在丘陵堤防地域，必须占领朝阳的一面，而把主要侧翼背靠着它，这些对于用兵有利的措施，是利用地形作为辅助条件的。

解读

根据环境择善处置

孙子说：所谓“处军”，是指在军队行动时遇到各种地形的处置；所谓“相敌”，是指观察与分析判断敌情。因此，判断敌情必须先从地形研究出发，山地、河川、沼泽、平原等地理条件不同，相应的作战方案也会有所不同。

隋末，爆发了轰轰烈烈的农民大起义。公元617年年初，农民起义形成三大中心：李密起义军活动于河南，窦建德起义军转战于河北，杜伏威起义军控制了江淮地区。他们歼灭了大量隋军，使隋王朝濒临崩溃。在农民起义风起云涌的形势下，一些贵族和地方官吏也纷纷起兵反隋，以重建封建统治秩序。李渊父子的太原起兵就是其中之一。李渊父子有政治远见和军事才能，起兵之后，采取明智的战略策略，不但赢得了政治上的主动，而且军事上得力，因此不到半年，就攻下隋都长安，占据关中和河东，并迅速拓地到秦、晋、蜀等广大地区。次年，李渊在长安称帝，国号唐。接着又击败了薛举、梁师都、刘武周等割据势力，引兵东向，伺机统一全国。

当时，李密领导的瓦岗起义军已经解体，李唐的主要对手是河北窦建德起义军和洛阳王世充集团。另外还有杜伏威起义军控制的江淮地区，隋残余萧铣集团控制的长江中游及粤、桂等地。李渊集团对此采取了远交近攻、各个击破的策略：计划先打王世充后击窦建德，在派遣使者稳住窦建德的同时，由李世民率军出潼关进攻东都洛阳，消灭王世充集团。唐武德四年（621 年）三月，李世民率军十余万东进。八月，唐各路军开始相继展开攻势。王世充欲与李世民讲和，李世民未允，命各军奋力夺取洛阳外围各地，连连拔回洛城等地。

后来，王世充的部将纷纷降唐，王世充除保有徐（今江苏铜山县）、梁（今河南淮阳县）、亳（今安徽亳县）、滑（今河南滑县）、随（今湖北随州）诸州及襄阳之外，仅困守洛阳及偃师、虎牢与平州（今河南孟津县东）各点。

王世充因洛阳危急，遂遣使向窦建德求救，许以破唐之后，由窦建德统治洛阳及并、汾地区，自己则取长安及蜀汉荆襄之境，双方永为兄弟之国。窦建德采纳了谋士刘斌的建议，答应出兵救援。唐武德四年（621 年）三月，窦建德率 10 万大军西援洛阳。窦军连下管州（今河南郑州）、荥阳、阳翟（今河南禹县）等地，很快进抵虎牢（今河南荥阳西北汜水镇）以东的东原一带（即东广武，河南荥阳东北广武山）。

虎牢为洛阳东面的战略要地。二月三十日夜，唐军王君廓部在内应的协助下，袭占该地。李世民在洛阳坚城未下、窦军骤至的形势面前，于青城宫召集前线指挥会议，研究破敌之策。宋州（治所在今河南商丘南）刺史郭孝恪等认为：王世充据有洛阳坚城，兵卒善战，其困难在于粮草匮乏；窦远来增援，兵众既多且锐。如果让王、窦联兵，窦以河北粮食供王，就会对唐军造成不利，使李唐的统一大业受挫。因此，主张在分兵围困洛阳的同时，由李世民率主力据虎牢，阻止窦军西进，先消灭窦军，届时洛阳城就能不攻自破。李世民采纳了这一建议，立即将唐军一分为二，令李元吉、屈突通诸将继续围攻洛阳，自率精兵 3500 人，于三月二十五日先期出发，进驻虎牢。

不久，李世民得到情报，说窦军企图乘唐军粮草用尽，到黄河北岸牧马的机会，袭击虎牢。李世民将计就计，遂率兵一部过河，南临广武，观察窦军情况，故意留马一千余匹在河渚，诱窦军出战。次日，窦军果然中计，全军出动，在汜水东岸布阵，北依大河，南连鹊山，绵延二十余里，摆出进攻虎牢的架势。李世民登虎牢城观察窦军动静，向诸将正确地分析情况，说：“窦军没有经历过大战，今度险而进，逼城而阵，有轻视唐军之意。我军待窦军疲惫后，再行出击，定能克敌制胜。”于是一面严阵以待，使窦军无隙可乘，一面派人召回留在河北的诱兵，准备出击。

窦建德轻视唐军，仅遣 300 骑过汜水向唐军挑战，李世民派部将王君廓率 200 长矛兵出战。两军往来冲击，交锋数次，未分胜负，各自退回本阵，战斗呈胶着状态。

窦建德军沿汜水列阵，自辰时至午时，士卒饥饿疲乏，都坐在地上，士卒又争着喝水，秩序混乱，表现出要返回军营的意向。李世民细心观察到这些迹象后，即派遣宇文士及率领300骑兵经窦军阵西而南，先行返阵，并指示说：如窦军严整不动，即回军返阵；如其阵势有动，则可引兵由东冲出。宇文士及至窦军阵前，窦军阵势即开始动摇。李世民见状，下令出战，并亲率骑兵先出，主力继进。过汜水后，直扑窦的大营，当时窦建德正召集群臣议事，唐军骤至，群臣纷纷向窦建德处走避，致使奉调抵抗唐兵的骑兵通道被阻。窦建德急令群臣退去，为骑兵让路，但为时已晚，唐军已经冲入。窦建德被迫向东撤退，唐将窦抗的部队紧追不舍。接着李世民所率骑兵也突入窦军大营，双方展开激战。李世民又命秦叔宝、程知节、宇文歆等部迂回窦军后路。窦军见大势已去，遂惊慌溃逃。唐军乘胜追击三十余里，斩首三千余级，俘获五万余人。窦建德负伤坠马被俘，其余军卒大部溃散，仅窦建德之妻率数百骑逃回河北。至此，窦军被全部歼灭。

唐军虎牢之战得胜后，主力回师洛阳。王世充见窦军被歼，内外交困，走投无路，遂于绝望之中献城投降。

“择便处军”原指军队行动时遇到各种地形的处置。在个人日常工作和生活中，也要学会根据环境择善处置，尽可能趋利避害。

孙子十分重视“处军”“相敌”在作战指挥中的重要作用。作为战争的行为科学，孙子从后勤供给、攻守利弊两个方面评价地理环境因素对战争的制约，兼顾攻守利弊、后勤供给（给养、武器、疾病、生活等），无疑是成功之道。

察微知著，以料敌情

【原典】

上雨，水沫至，欲涉者，待其定也[①]。凡地有绝涧[②]、天井[③]、天牢[④]、天罗[⑤]、天陷[⑥]、天隙[⑦]，必亟去之，勿近也。吾远之，敌近之；吾迎之，敌背之[⑧]。军旁有险阻[⑨]、潢井[⑩]、葭苇[⑪]、山林、翳荟者[⑫]，必谨复索之[⑬]，此伏奸之所处也[⑭]。敌近而静者，恃其险也；远而挑战者，欲人之进也；其所居易者，利也[⑮]；众树动者，来也；众草多障者，疑也[⑯]；鸟起者，伏也[⑰]；兽骇者，覆也[⑱]。

【注释】

①上雨，水沫至，欲涉者，待其定也：上，指上游；沫，水上草木碎末；涉，原意为徒步蹚水，这里泛指渡水；定，指水势平稳。②绝涧：指两岸峭峻、水流其间的险恶地形。③天井：指四周高峻、中间低洼的地形。④天牢：牢，牢狱。天牢即是对山险环绕、易进难出的地形的形象描述。⑤天罗：罗，罗网。指荆棘丛生，军队进入后如陷罗网无法摆脱的地形。⑥天陷：陷，陷阱。指地势低洼、泥泞易陷的地带。⑦天隙：隙，狭隙，指两山之间狭窄难行的谷地。⑧吾远之，敌近之；吾迎之，敌背之：意谓对于上述绝涧等“六害”地形，我们要远离它，正对它，而让敌军去接近它，背靠它。⑨军旁有险阻：险阻，险山大川阻绝之地。⑩潢井：潢，积水池；井，指内涝积水、洼陷之地。潢井即指积水低洼之地。⑪葭苇：芦苇，这里泛指水草丛聚之地。⑫山林、翳荟者：指山林森然，草木繁茂。⑬必谨复索之：一定要仔细、反复地搜索。谨，谨慎；复，反复；索，搜索、寻找。⑭此伏奸之所处也：指险阻、潢井等处往往是敌人伏兵或奸细的藏身之处。⑮其所居易者，利也：敌军在平地上驻扎，是因为有利（进退便利）才这样做。易，平易，指平地。

⑯众草多障者，疑也：在杂草丛生之处设下许多障碍，是企图使我方迷惑。疑，使动用法，使迷惑，使困疑之意。⑰鸟起者，伏也：鸟雀惊飞，是其下有伏兵。伏，埋伏，伏兵。⑱兽骇者，覆也：野兽受惊奔跑，这是敌军大举袭来。骇，惊骇，受惊；覆，倾覆、覆没之意，引申为铺天盖地而来。

【译文】

上游下雨涨水，洪水骤至，若想要涉水过河，得等待水流平稳后再过。凡是遇上绝涧、天井、天牢、天罗、天陷、天隙这六种地形，必须迅速离开，不要靠近。我军远远离开它们，而让敌人去接近它们；我军应面向它们，而让敌人去背靠它们。行军过程中如遇到有险峻的隘路、湖沼、水网、芦苇、山林和草木茂盛的地方，一定要谨慎地反复搜索，这些都是敌人可能设下伏兵和隐藏奸细的地方。

敌人逼近而保持安静的，是倚仗它占领着险要的地形；敌人离我很远而前来挑战的，是想引诱我军入其圈套；敌人之所以驻扎在平坦地带，是因为它这样做有利可图；许多树林摇曳摆动，这是敌人隐蔽前来；草丛中有许多遮障物，这是敌布疑阵；鸟雀惊飞，这是下面有伏兵；野兽骇奔，这是敌人大举突袭。

解读

用师之本，在知敌情

古人说，“用师之本，在知敌情”“未知敌情，则军不可举”。孙子在总结了前人的经验之后，详细介绍了 32 种直接观察、判断敌情的方法，这 32 种方法被后人称为“相敌三十二法”。

孙子的“相敌三十二法”，原则上可分为两类。一是依据自然景象的特征和变化来观察、判断敌情。如群鸟突然飞起，是下面有伏兵（鸟起者，伏也）；走兽到处乱跑，是敌人大举来袭（兽骇者，覆也）。二是依据敌人的行动来观察、判断敌情。如敌军离我很远而又来挑战的，是企图诱我前进（远而挑战者，欲人之进也）；敌军急速奔走并摆开兵车列阵的，是期求与我决战（奔走而陈兵者，期也）。

孙子所处的时代距今已有两千多年，他能透过一些细微的现象，通过逻辑推理，察微知著，看到事物的本质，实在是高明至极！

晋国在麻隧（今陕西泾阳县南）之战中击败秦国后，便进而准备进攻楚国。但楚国远在南方，必须诱其北进中原，才有机会。所以，晋国这时特别着眼于中原。因中原诸侯本多纠纷，这最易引起楚国瞩目。

麻隧之战后次年（公元前577年）八月，郑成公派子罕讨伐许国。楚国见其盟国许国受侵，讨论是否伐郑救许。令尹子重认为伐郑足以引起晋、楚交战，主张不救许。司马子反则说：“见死不救，还算是什么盟国呢?”力主伐郑救许。楚共王听从子反的建议，立即兴兵伐郑。楚军迅速占领郑国的暴隧（今河南扶沟县境），又东侵卫国，攻占首止（今河南睢县首乡）。郑成公则派兵侵入楚境新石（今河南许昌市附近），以威胁楚军的后路。晋国君臣得知楚军侵入郑、卫两国，顿时大哗。

此后，中原又发生若干事件。首先是宋国发生内乱，亲楚派与亲晋派相互残杀，楚国不能不密切注视。接着是晋国发生内变，晋国的三郤（郤奇、郤双、郤至）专横跋扈，擅杀大夫伯宗和栾弗忌，伯宗的儿子伯州犁被迫逃亡楚国避难。楚国上次伐郑、伐卫，曾受郑军牵制，无功而返，这时为求与

郑国和好，便割让楚国的汝阴之地（约在今河南襄城县汝河以南地区）给郑。郑成公立即叛晋附楚，并自视为中原强国，兴兵伐宋。晋国这时唯恐宋国降楚，则整个中原形势将有利于楚国，决心伐郑救宋。楚国听说晋国出兵，亦迅速出兵北上救郑。

周简王十一年（公元前575年）四月，晋厉公以伐郑为名，实际目的是攻打楚国，率兵车五百余乘、将士5万余人，渡过黄河向鄢陵（今河南鄢陵县）急进。出发前联络齐、鲁、宋、卫之军，要他们协助作战，会师于鄢陵。鄢陵附近川原平旷，无名山大川阻挡，而且道路四通八达，便于展开军事行动。

楚共王亲自统率全军，连同郑成公带来的郑军，共有兵车530乘，将士9.3万人。楚、郑联军由申邑（今河南南阳县）出方城（今河南方城县），过叶（今河南叶县）经瑕（今河南襄城县西南），渡过汜、颍二水，疾趋鄢陵。楚军中军统帅子反，欲乘晋所召集的诸侯之军尚未到达，以优势兵力先击破晋军。故楚军北上行军极为迅速，到达鄢陵后，不顾天色已昏，直压晋军营前列阵。

此时，齐、鲁、宋、卫诸国军队尚在向鄢陵开进的途中。晋军既感到兵力单薄，又受楚军所迫，没有列阵的余地。晋中军元帅栾书采纳属下的建议，填塞水井，平毁灶台，就在宿营地列阵，并在营前清理出一条通道，以便发动进攻。

晋将郤至经过“相敌”之后说：“据我观察和了解，楚、郑联军有六个难以克服的弱点，不可不加以利用。楚军中军元帅子反和左军元帅子重关系不好，此其一；楚军王卒多年老之兵，此其二；郑军列阵不整，此其三；楚军中随军的蛮卒不懂得战术，此其四；楚、郑联军在晦日列阵，此其五；楚、郑联军阵中士卒喧嚣不静，秩序混乱，此其六。如此杂乱无章的军队，作战必然各顾自己，没有斗志。楚军主力兵多年老，战斗力不一定强，又违反晦不列阵的忌讳，我军一定能把他们击破。”晋厉公与栾书认为言之有理，决定立刻进攻。

这时，楚共王登上巢车（架在兵车上的瞭望高台）瞭望晋军；同时，晋厉公登上高台瞭望楚军。从楚国叛逃晋国的苗贲皇对晋厉公说：“楚军的精锐在其中军王卒，不可抵挡。如果以我军的精锐先分击其左右，然后集中三军之力合攻王卒，必可取之。”晋厉公采纳其议。于是，栾书乃作如下部署：以中军一部进攻楚军左军，以另一部进攻楚军中军；集中上军、下军、新军及公族之兵，进攻楚军右军及郑军。晋军部署完毕后，立即向楚军发起进攻。

正当晋军向楚军阵地发起攻击时，晋厉公乘坐的战车忽然陷于泥淖之中，栾书正想换下自己的战车供晋厉公使用。其子栾鍼斥责他道：“请你赶快离开！你负有指挥全军的重任，怎么能什么事都插手？”栾书只好作罢，继续率军进攻。由栾鍼把厉公的车掀出泥淖。战斗中，晋将魏锜用箭射伤了楚共王的左目。

楚军听说楚共王中箭负伤，人心惶恐，又见晋军攻来，以为诸侯之军已到，便阵势大乱，纷纷败退至颍水南岸。这天夜里，楚中军元帅子反整顿队伍，准备明晨再战。楚共王派人召子反商议明日的战事，子反饮酒醉，竟未去见楚王。楚共王说：“是上天要让楚国失败的吧！我不能再待在这儿了。”于是连夜撤军南下。

鄢陵一战，晋军在犹豫之际经过“相敌”，决定进攻是取胜的重要原因；

晋将建议塞井夷灶就地列阵，栾书集中兵力于一翼，均属战术上的卓见；尤其是栾书能察微知著，不忽视任何细节，足为将帅的楷模，亦为此战取胜的关键。

透过一些细微的现象，通过逻辑推理，察微知著，看到事物的本质，这是做事取胜的保证。

令之以文，齐之以武

【原典】

尘高而锐者，车来也①；卑而广者，徒来也；散而条达者，樵采也②；少而往来者，营军也。辞卑而益备者，进也③；辞强而进驱者，退也；轻车先出居其侧者，陈也；无约而请和者，谋也④；奔走而陈兵车者，期也；半进半退者，诱也。杖而立者，饥也；汲而先饮者，渴也；见利而不进者，劳也。鸟集者，虚也；夜呼者，恐也；军扰者，将不重也⑤；旌旗动者，乱也；吏怒者，倦也；粟马肉食⑥，军无悬缻，不返其舍者，穷寇也。谆谆翕翕，徐与人言者⑦，失众也；数赏者，窘也；数罚者，困也；先暴而后畏其众者⑧，不精之至也⑨；来委谢者，欲休息也。兵怒而相迎，久而不合⑩，又不相去，必谨察之。

兵非益多也，惟无武进⑪，足以并力、料敌、取人而已。夫惟无虑而易敌⑫者，必擒于人。

卒未亲附而罚之则不服⑬，不服则难用也；卒已亲附而罚不行，则不可用也。故令之以文，齐之以武⑭，是谓必取⑮。

【注释】

①尘高而锐者，车来也：尘土高扬笔直上长，这是敌人兵车驰来。锐，锐直、笔直；车，兵车。②散而条达者，樵采也：尘土散漫而细长，时断时

续，这是敌人在砍伐柴薪。条达，指飞扬的尘土分散而细长。③辞卑而益备者，进也：敌人措辞谦卑恭顺，同时又加强战备，这表明敌人准备进犯。卑，卑谦、恭敬；益，增加、更加之意。④无约而请和者，谋也：敌人还没有陷入困境却主动前来请和，其中必有阴谋。约，困屈、受制之意。⑤军扰者，将不重也：敌营惊扰纷乱，是因将领不够持重的缘故。⑥粟马肉食：粟，粮谷，这里作动词用，意为喂马。粟马肉食，拿粮食喂马，杀牲口食肉。⑦徐与人言者：意谓语调和缓地同士卒商谈。徐，缓缓温和的样子；人，此处指士卒。⑧先暴而后畏其众者：指将帅开始对士卒粗暴，继而又惧怕士卒者。⑨不精之至也：不精明到了极点。⑩久而不合：合，指交战，久而不合即久而不战之意。⑪惟无武进：意为只是不要恃武冒进。惟，独，只是；武进，恃勇轻进。⑫无虑而易敌：没有深谋远虑而无端蔑视敌手。易，轻视，蔑视。⑬卒未亲附而罚之则不服：在士卒还未亲近依附之前就施用刑罚，士卒就会怨愤不服。⑭故令之以文，齐之以武：令，教育；文，指政治道义；齐，整饬，规范；武，指军纪军法。此句的意思是用政治、道义来教育士卒，用军纪军法来统一、整饬部队。⑮是谓必取：指用兵打仗一定能取胜。

【译文】

尘土又高又尖，这是敌人的战车驰来；尘土低而宽广，这是敌人的步兵开来；尘土四散飞扬，这是敌人在砍伐柴薪；尘土稀薄而又时起时落，这是敌人正在安寨扎营。敌人的使者措辞谦卑却又在加紧战备的，这是想要进攻；敌人的使者措辞强硬而军队又做出前进姿态的，这是准备撤退；敌人战车先出动，部署在侧翼的，这是在布列阵势；敌人尚未受挫而主动前来讲和的，必定有阴谋；敌人急速奔跑并摆开兵车列阵的，是期待同我决战；敌人半进半退的，是企图引诱我军。敌兵倚着兵器站立，这是饥饿的表现；敌兵打水的人自己先喝，这是干渴缺水的表现；敌人明见有利而不进兵争夺，这是疲劳的表现；敌军营寨上方飞鸟集结，表明是座空营；敌人夜间惊慌叫喊，这是其恐惧的表现；敌营惊扰纷乱，这表明敌将没有威严；敌阵旗帜摇动不整齐，这说明敌人队伍已经混乱；敌人军官易怒烦躁，表明全军已经疲倦；用粮食喂马，杀牲口吃肉，收拾起炊具，不返回营寨，这是打算拼死突围的穷

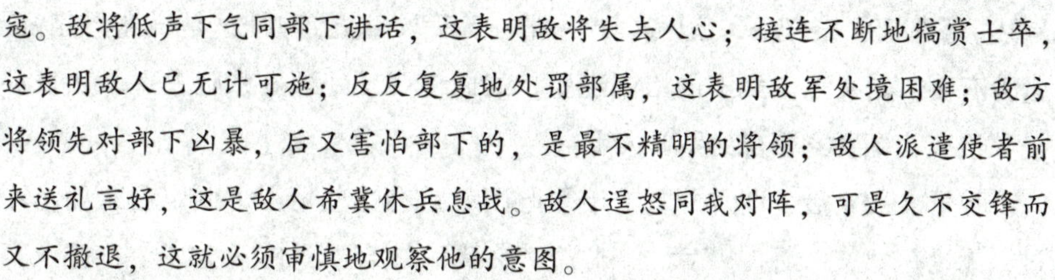

寇。敌将低声下气同部下讲话，这表明敌将失去人心；接连不断地犒赏士卒，这表明敌人已无计可施；反反复复地处罚部属，这表明敌军处境困难；敌方将领先对部下凶暴，后又害怕部下的，是最不精明的将领；敌人派遣使者前来送礼言好，这是敌人希冀休兵息战。敌人逞怒同我对阵，可是久不交锋而又不撤退，这就必须审慎地观察他的意图。

兵力并不是越多越好，只要不轻敌冒进，而能做到集中兵力、判明敌情、取得部下的信任和支持，也就足够了。那种既无深谋远虑而又自恃轻敌的人，一定会被敌人所俘虏。

士卒还没有亲近依附就施行惩罚，那么他们就会不服，不服就难以使用；士卒已经亲附，而军纪军法仍得不到执行，那也无法用他们去作战。所以，要用怀柔宽仁的手段去教育他们，用军纪军法去管束规范他们，这样就必定会取得部下的敬畏和拥戴。

解读

恩威并施，宽严相济

孙子在如何治军问题上强调要“令之以文，齐之以武”，也就是文武兼施，赏罚并重的意思。

“文”的手段，在用政治、道义教育士卒的同时，还包括爱护士卒和奖赏士卒。但是，孙子在强调要“视卒若爱子”的同时，还告诫：如果士卒对将帅已经亲近依附，但却不能执行军纪军法，这样的军队也是不能打仗的。言下之意是将帅对士卒不能放纵。“武”的手段是以军纪军法约束士卒，使士卒畏服。但孙子同时又指出：将帅在士卒亲近归附之前，贸然处罚士卒，士卒就不会顺服，这样的军队也是不能用来打仗的。言下之意是使用“武”的手段也要掌握分寸。

恩威并施，宽严相济，类似“令之以文，齐之以武”的提法，古人多有叙述。《礼记·杂记下》记载："一张一弛，文武之道。"这是说宽严相济，张弛有节，是文王、武王的治国经验。如此说明，处理好张弛关系，从来都被政治家、军事家等视为重要大事。

孙子文武兼治、刑赏并重的治军原则就是在这些情况下制定出来的。不过，无论是"文"还是"武"，或者"文武"结合，目的只有一个：让士卒们去拼命作战。

戚继光是明朝军事家、抗倭名将、民族英雄。戚继光之所以能实现自己的志愿——扫平倭寇，主要依靠自己严格训练出来的一支精兵——"戚家军"。他被调到浙江后，经过实战，认识到"无精兵而议论打仗，就如同一个无臂之人同手执利剑者格斗一样，那自然是难以取胜的。要战胜敌人，就必须有一支精兵"。当时明朝士兵平时素无训练，骄横不受节制，"战无号令"，"望贼奔溃，闻风胆破"，残害百姓，甚至比倭寇更坏。

嘉靖三十七年（1558年）四月，取得乌牛之捷，收兵记功时，一士兵提着一颗血淋淋的人头前来报功。戚继光见这个被杀者双目怒睁，心中正在纳闷。另一士兵看见此头，忽然放声痛哭，说："这是我的弟弟呀！刚才负伤并未死，为什么要杀他啊！"还有一士兵，竟拿着一个十五六岁无辜少年的头颅前来报功。戚继光愤怒地把这两个冒功者杀掉，但此类事件仍时有发生，至于因强奸妇女、抢劫百姓而受处罚的士兵，更比比皆是。

一次，戚家军在新河所一带大败敌寇，残倭向乐清逃去。戚继光命军队乘胜追击。但其士兵因胜而骄，军纪松弛，不肯向前，连自己很信任的一个亲兵也跟着退缩。戚继光只得把违反军规的士兵，连那个退缩的亲兵也杀掉，以振军威，这才硬行督促着士兵往前方追击。彼时戚继光的部队虽经严格训练，但一遇短兵相接时，仍往往胆怯畏缩。当时戚继光创造了一种新武器名叫狼筅。这是一种杀敌利器，但由于有的士兵贪生怕死，临敌时竟将狼筅丢弃不用，结果不仅不能刺敌，反而戳伤自己的兵马。戚继光由此悟出一条道理：兵器虽好，须"得人而用之"，否则，"不得其人，则制于人也"。

总之，这样的兵素质太差，要抗倭，必须训练出如同"岳家军"的劲旅。戚继光遂上书请求练兵，提议选练骁壮之士卒三千，以备调用。他的建议，一直到嘉靖三十八年（1559 年）第三次提出时，才取得总督胡宗宪的批准。九月，戚继光前往义乌、永康等地招募新兵。经过戚继光的动员，应募的人很多，戚继光进行严格的挑选，但凡过去当过兵打过败仗的，或曾在官府服过役沾染了坏习气的，以及浮猾的小市民，一概不要。入选的大都是勇敢的农民和彪悍的矿工。戚继光很快就招募了四千多人。

继而，戚继光对新军进行严格教育与训练。一是养兵保民教育，要求士兵懂得军队的任务，就是“保障生民，捍御地方”，懂得“只要军队肯杀贼，守军法不扰害百姓，百姓肯定拥护军队”的道理。二是重视武艺训练，让士兵练习合于实战、能防身杀敌、立功报国的真武艺，绝不允许士兵去学只能装饰门面、丝毫不切实用的花拳绣腿。在武艺训练时，按照年龄大小、身材高低、体质强弱的不同，分别授予不同的兵器。武艺训练中，还结合体质锻炼，让士兵穿重甲，负重物，以练体力；使用比实战武器更重的器材，以练手力；裹沙袋长跑，以练足力。三是教练阵法。戚继光根据江浙的地形和倭寇的作战特点，创制“鸳鸯阵”以及由“鸳鸯阵”变化而成的“两仪阵”“小三才阵”和“三才阵”。这些阵法长短兵器迭用、攻防结合、因势变化，能有效地保存自己，消灭敌人。四是严格纪律，戚继光说：“古今名将用兵，从未出现过无节制、号令，不用金鼓、

旗幡，而浪战取胜者。”他把各种军队的号令编印成册，发给士兵，要求人人熟记，并赏优罚劣。同时，要求部队做到“冻死不拆屋，饿死不掳掠”，严禁砍伐树木、毁坏田地、烧毁房屋、奸淫掳掠、杀害战俘。戚继光处处以身作则，与士兵同甘共苦，要求所有军官“件件苦处，要身先士卒”，务使“兵民相体”“万众一心”。在作战中做到赏罚严明，当赏者虽仇亦赏，该罚者虽亲不免。由于戚继光治军严格，有一套较为完整的练兵法则，在较短时间就训练成一支纪律严明、组织良好、勇敢善战的精兵。这支军队在抗倭作战中转战浙闽，战必胜，攻必克，打得倭寇丢盔弃甲，下海逃窜。当时百姓称誉这支百战百胜的军队为“戚家军”。戚继光以其抗倭战绩和严格治军被记入我国史册。

治军之要就在于严明军纪、赏罚分明。赏罚作为治军的手段，要让士兵都懂得履行职责的重要；同时要教育士兵，使之有自尊心，有责任感，有义务感，有自信心，激发将士的自觉性，使部队保持最大战斗力。

如今，微笑外交、和气生财、关心职工利益等，为各领域之“文治”；而与之相对应的是完善规章制度、健全法制等，是为“武治”。“文武”之道，一张一弛，谁运用得好，谁就是胜者。

赏与罚，曾被古人称为御人的“二柄”，是领导者统御部属，使用人才的重要手段。孙武把“法令孰行”、“赏罚分明”，作为判明胜负的两个重要条件。曹操也说：“明君不赏无功之臣，不赏不战之士。”赏罚分明得当，是古今中外一切用人者的根本原则。领导者一定要正确使用赏罚，切莫随心所欲，无原则赏罚。

令素行者，与众相得

【原典】

令素行以教其民[①]，则民服；令不素行以教其民，则民不服。令素行者，与众相得也[②]。

【注释】

①令素行以教其民：令，法令规章；素，平常，平时；行，实行，执行；民，这里主要指士卒、军队。②令素行者，与众相得也：意谓军纪军令平素能够顺利执行的，是因为军队统帅同兵卒之间相处融洽。得，亲和；相得，指关系融洽。

【译文】

平素能严格贯彻命令，管教士卒，士卒就会养成服从的习惯；平素不重视严格贯彻命令，管教士卒，士卒就会养成不服从的习惯；平时命令能够得到贯彻执行，这表明将帅同士卒之间相处融洽。

解读

好制度贵在执行

“令素行”，这就说明将帅与士卒之间关系融洽。将帅要想做到“令素行”，则需“与众相得”。“与众相得”是“令素行”的前提条件和结果。但要做到“与众相得”并不容易。首先要做到“为将之道与众同”，正如《军谶》所说，军井还没有凿成，将帅不说口渴；帐幕还没有架好，将帅不说疲倦；军灶还没有做好饭，将帅不说饥饿。冬天不穿皮衣，夏天不用扇子，雨天不独自张伞，这就是将帅与士卒同甘苦的准则。将帅能与士卒同安乐，共患难，这种军队就能团结一致而不会离散，经常使用而不知疲倦，这样，士兵拥护将帅，必然誓死效命疆场，从而战必胜，攻必克。

为将高高在上，甚至贪婪暴戾，必然丧失军心，士兵离心离德，一旦用之于战争，必然丧师辱国。

将与众同，尤在“与众同好，与众同恶”。孙子说：“道者，令民与上同意者也。”（《始计篇》）“与众相得”亦是强调上下同心。但是，要想使军队上下同心，就要求将帅平时以军纪军法严格约束士卒，以身作则，使士卒畏服，无条件地服从命令。所谓“其身正，不令而行”就是这个意思。曹操就是这种“其身正，不令而行”的人。

曹操是东汉末年的丞相，后被封为魏王，是三国时期著名的政治家、军事家。曹操带兵军纪十分严明，并且自己也以身作则，带头遵守，因此，他的军队很有战斗力，很快就消灭了多股强大的军阀割据势力，统一了中国北方。

当时，由于多年战乱，人民四处流散，中原一带田地荒芜，曹操就采纳部将的建议，下令让军队的士兵和老百姓实行屯田。很快，荒芜的土地种上了庄稼，收获了大批粮食。有了粮食，老百姓安居乐业了，军队也有了充足的军粮，为进一步统一全国打下了物质基础。看到这一切，大家都很高兴。可是，有些士兵不懂得爱护庄稼，常有人在庄稼地里乱跑，踩坏庄稼。

曹操知道后非常生气，他下了一道极其严厉的命令：全军将士，一律不得践踏庄稼，违令者斩！

将士们都知道曹操一向军令如山，令出必行，令禁必止，绝不姑息宽容。所以此令一下，将士们小心谨慎，唯恐犯了军纪。将士们操练、行军经过庄稼地旁边的时候，总是小心翼翼地通过。有时，将士们看到路旁有倒伏的庄稼，还会过去把它扶起来。

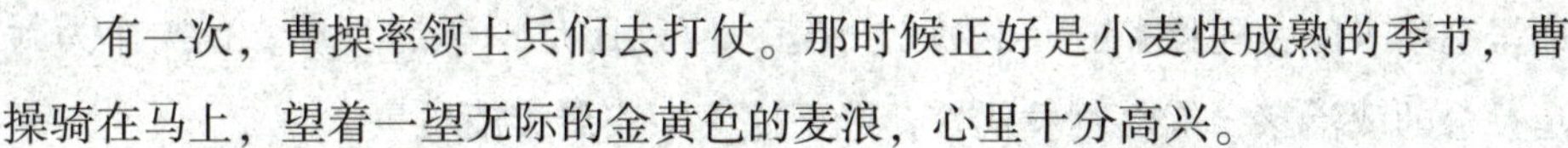

有一次，曹操率领士兵们去打仗。那时候正好是小麦快成熟的季节，曹操骑在马上，望着一望无际的金黄色的麦浪，心里十分高兴。

正当曹操骑在马上边走边想问题的时候，突然“扑啦啦”的一声，从路旁的草丛里蹿出几只野鸡，从曹操的马头上飞过。曹操的马没有防备，被这突如其来的情况吓惊了，它嘶叫着狂奔起来，跑进了附近的麦地。等到曹操使劲勒住了惊马，地里的麦子已经被踩倒了一大片。

曹操看到眼前的情景，把执法官叫了过来，十分认真地对他说：“今天，我的马踩坏了麦田，违反了军纪，请你按照军法给我治罪吧！”

执法官听了曹操的话，非常为难。按照曹操制定的军纪，踩坏了庄稼，是要治死罪的。可是，曹操是主帅，军纪也是他制定的，怎么能治他的罪呢？

想到这里，执法官对曹操说：“丞相，按照古制‘刑不上大夫’，您是不必领罪的。”

“这怎么能行？”曹操说，“如果大夫以上的高官都可以不受法令的约束，那法令还有什么用处？何况这糟蹋了庄稼要治死罪的军令是我下的，如果我自己不执行，怎么能让将士们去执行呢？”

“这……”执法官迟疑了一下，又说：“丞相，您的马是受到惊吓才冲入麦田的，并不是您有意违反军纪，踩坏庄稼的，我看还是免予处罚吧！”

“不！你的理不通。军令就是军令，不能分什么有意无意，如果大家违反了军纪，都去找一些理由来免予处罚，那军令不就成了一纸空文了吗？军纪人人都得遵守，我怎么能例外呢？”

听了曹操的话，执法官头上冒出了汗，他想了想又说：“丞相，您是全军的主帅，如果按军令从事，那谁来指挥打仗呢？再说，朝廷不能没有丞相，老百姓也不能没有您呐！”

听到执法官这样说，众将官也纷纷上前哀求，请曹操不要处罚自己。

曹操见大家求情，沉思了一会儿说：“我是主帅，治死罪是不适宜。不过，不治死罪，那就用我的头发来代替我的首级吧！”说完他拔出宝剑，割下了自己的一把头发。

现在的人觉得剪头发是件很正常的事，可是，古代人认为头发是从父母那里继承来的，随便割掉不仅大逆不道，而且还是不孝的表现。曹操作为封建社会的政治家，能够割发代首，严于律己，实属难能可贵。

可以说，曹操“割发代首”的故事是军中制度执行的楷模。想象一下，如果曹操的禁令仅停留在口头上，而当曹操自己违反时，却出尔反尔，朝令夕改，又如何叫下属做到令行禁止呢？

军队是一个上万人甚至数十万人的大集体，如果没有合理的统辖制度和严明的号令，无法保持秩序，如散沙一般，根本不可能打胜仗。

在政治建设和军队建设中，不能因为仁慈而废弃法令，也不能因为执行法规失当而丧失恩信。军队用法规来约束将士们的行为，企业也毫不例外，也应该有自己的规章制度。所谓没有规矩，不成方圆。如果一个企业没有合适的管理制度，那必会导致员工们放任自流，企业的各种流程也会陷入一片混乱之中。但光有制度是不够的，能否将制度落到实处才是最关键的。

领导作为制度的制定者和执行者，应当怎样才能不让自己的制度只是一纸空文呢？除了要严格地要求员工以外，自己遵守也是十分必要的，只有做到以身作则，起到模范带头作用，才能先律己后律人。不仅如此，还要勇于自我责罚。所谓王子犯法，与庶民同罪。只有这样的领导才会树立起威信，也只有这样的领导才能制定出行之有效的规章制度。

第十篇 地形篇

本篇主要论述地形在战争中的作用，详论了六种地形的作战规律，分析了六种败相，以及判断取胜的三个重要因素，阐明了将帅与国君、士卒的关系。

行兵之道，贵知地利

【原典】

孙子曰：地形有通者①，有挂者，有支者，有隘者②，有险者，有远者。我可以往，彼可以来，曰通；通形者，先居高阳③，利粮道，以战则利④。可以往，难以返，曰挂；挂形者，敌无备，出而胜之；敌若有备，出而不胜，难以返，不利。我出而不利，彼出而不利⑤，曰支；支形者，敌虽利我⑥，我无出也；引而去之⑦，令敌半出而击之⑧，利。隘形者，我先居之，必盈之以待敌⑨；若敌先居之，盈而勿从，不盈而从之⑩。险形者，我先居之，必居高阳以待敌⑪；若敌先居之，引而去之，勿从也。远形者，势均，难以挑战，战而不利。凡此六者，地之道也；将之至任⑫，不可不察也。

故兵有走者，有弛者，有陷者，有崩者，有乱者，有北者。凡此六者，非天之灾，将之过也。夫势均，以一击十，曰走。卒强吏弱，曰弛。吏强卒弱，曰陷。大吏怒而不服⑬，遇敌怼而自战⑭，将不知其能，曰崩。将弱不严，教道不明，吏卒无常，陈兵纵横，曰乱。将不能料敌⑮，以少合众，以弱击强，兵无选锋⑯，曰北。凡此六者，败之道也；将之至任，不可不察也。

【注释】

①地形有通者：地形，地理形状、山川形势；通，通达，指广阔平坦、四通八达的地区。②隘者：狭窄、险要之地。这里特指两山之间的狭谷地带。③先居高阳：意为抢先占据地势高且向阳之处，以争取主动。④以战则利：以，为也。此句承上“先居高阳，利粮道”而言，意谓在平原地区，若能先

敌抵达，占据高阳地带，并保持粮道畅通，如此进行战斗则大为有利。⑤彼出而不利：敌人出击也同样不利。⑥敌虽利我：敌虽以利相诱。利，利诱。⑦引而去之：引，带领；去，离开，离去。引而去之即指率领部队伪装退去。⑧令敌半出而击之：令，使。句意为在敌人出兵追击前进一半时再回师反击他们。⑨必盈之以待敌：一定要动用充足的兵力堵塞隘口，来对付来犯的敌军。盈，满，充足的意思。⑩盈而勿从，不盈而从之：从，顺随。此处意谓顺随敌意去进攻。在“隘”形之地，敌若先我占据，并已用重兵堵塞隘口，我方就不可顺随敌意去攻打；如敌方还未用重兵扼守隘口，我军就应全力进攻，去争取险阻之利。⑪险形者，我先居之，必居高阳以待敌：意谓在险阻之地，我军应当抢先占据地高向阳的要害之处以待敌军，争取主动。⑫将之至任：指将帅所应担负的重大责任。至，最、极的意思。⑬大吏怒而不服：大吏，指小将。句意为偏裨将士恚怒，不肯服从主将的命令。⑭遇敌怼而自战：意为遇敌心怀怨愤，擅自出阵作战。怼，怨恨，心怀不满。⑮料敌：指分析敌情。⑯选锋：由精选而组成的先锋部队。

【译文】

孙子说：地形有“通”“挂”“支”“隘”“险”“远”六种。凡是我们可以去，敌人也可以来的地域，叫作“通”；在“通”形地域上，应抢先占领开阔向阳的高地，保持粮草补给线的畅通，这样对敌作战就有利。凡是可以前进、难以返回的地域，称为“挂”；在“挂”形地域上，假如敌人没有防备，我们可以突然出击战胜他们；倘若敌人已有防备，我们出击就不能取胜，而且难以回师，这就不利了。凡是我军出击不利，敌人出击也不利的地域叫作“支”；在“支”形地域上，敌人虽然以利相诱，我们也不要出击，而应该率军假装退却，诱使敌人出击一半时再回师反击，这样就有利。在“隘”形地域上，我们应该先敌占领，并用重兵封锁隘口，以等待敌人进犯；如果敌人已先占据了隘口，并用重兵把守，我们就不要去攻击；如果敌人没有用重兵据守隘口，那么就可以进攻。在“险”形地域上，如果我军先敌占领，就必须控制开阔向阳的高地，以等待敌人来犯；如果敌人先我占领，就应该率军撤离，不要去攻打它。在“远”形地域上，敌我双方势均力敌，就不宜去挑战，勉强求战，很是不利。以上六点，是利用地形的原则。这是将帅的重大责任所在，不可不认真考察研究。

军队打败仗有“走”“弛”“陷”“崩”“乱”“北”六种情况。这六种情况的发生，不是由于天然的灾害，而是将帅自身的过错。在势均力敌的情况下，以一击十而导致失败的，叫作“走”。士卒强悍，将吏懦弱而造成败北的，叫作“弛”。将帅强悍，士卒懦弱而溃败的，叫作“陷”。偏将怨怼不服从指挥，遇到敌人愤然擅自出战，主将又不了解他们的能力，因而失败的，叫作“崩”。将帅懦弱缺乏威严，训练教育没有章法，官兵关系混乱紧张，列兵布阵杂乱无常，因此而致败的，叫作“乱”。将帅不能正确判断敌情，以少击众，以弱击强，作战又没有精锐先锋部队，因而落败的，叫作“北”。以上六种情况，均是导致失败的原因。这是将帅的重大责任之所在，是不可不认真考察研究的。

解读

地形有死生之势

孙子对选择地形的重要性和有关各种地形的行动原则进行了详细的论述。其中指出：地理形势，是用兵的辅助条件。正确判明敌情，制订取胜计划，研究地形的险易，计算道路的远近，这是主将的职责。深知这些道理并能用来指导作战的，必然会取得胜利；不能用来指导作战的，必然失败。《六韬·虎韬》中亦如是记载：“凡深入敌人之境，必察之形势，务求便利。依山林险阻，水泉林木，而为之固；谨守关梁，又知城邑丘墓地形之利。”宋人梅尧臣说：“地形有一死生之势，战有存亡之道。”清人俞益谟说：“行兵之道，贵知地利，地利不明，万难出奇设伏。”也就是说，在行军作战中，根据地形采取不同的战略战术至关重要，如此才能克敌制胜。

俗话说：“不知民情难为相，不知地形难为将。”奇谋方略的创造，常要借助于地形条件。地形条件在战争中虽然不是活跃因素，而选定适宜，利用得当，就等于在兵力对抗中找到了得力的帮手。为此，孙子在本篇中论述了六种军事地形的特点以及如何加以利用。

古今战史证明，地形首先确定了军事行动的舞台。设营、配置兵力、开辟交通线都是由地形条件决定的。古代两军交锋的所有战阵，总是在地形制约中完成的，主将只有在战前实地考察不同的地形，对战局了然于胸，才能驾驭复杂的地形，出奇制胜。

东汉建武十一年（公元35年）夏天，光武帝任命马援为陇西郡郡守。马援一上任，便整顿兵马，派步骑3000人出征。先在临洮击败先零羌，斩首数百人，获马牛羊一万多头。守塞羌人八千多人望风归降。当时，羌族各个部落还有几万人占据要隘进行抵抗，马援和杨武将军马成率兵进击，羌人将其家小和粮草辎重聚集起来在允吾谷阻挡汉军。马援率部暗中抄小路袭击羌人营地，羌人见汉军突如其来，惊慌失措，连忙逃入唐翼谷中。马援挥师追击，羌人率精兵聚集北山坚守。马援对山摆开阵势佯攻，吸引敌人，另派几百名骑兵绕到羌人背后，趁夜放火，并击鼓呐喊。羌人不知有多少汉军袭来，纷纷溃逃。马援大获全胜，斩首千余级。但因为兵少，没有穷追敌人，只把羌人的粮谷和牲畜等财物收为汉军所有。

当时，金城破羌（今青海乐都东）以西，离汉朝路途遥远，又经常发生变乱，不好治理。朝廷大臣商议，要把该地区舍弃。马援持不同意见，他提出了三个理由：第一，破羌以西的城堡都还完整牢固，适于固守；第二，那地方土地肥沃，灌溉便利；第三，假如舍弃不管，任羌人占据湟中，那么，以后将有无穷的祸患。光武帝觉得他言之有理，依从了他的意见，下诏命令武威太守把从金城迁来的客民全都放回。放回的客民一共有三千多，他们都各自返回了原籍。

建武十三年（公元37年），武都参狼羌（羌族的一个分支）与塞外各部联合，杀死官吏，发动叛乱。马援率4000人前去征剿。羌人再次凭借有利地形据险而守，任凭汉军百般挑衅，就是稳坐山头不战。马援在详细勘察了羌人的据守情况和周围的山势地形后，发现羌人有一个致命的弱点：水源不足。马援指挥部队夺取了羌人仅有的几个水源，断绝了羌人的水和粮草，没过多久，羌人便不战自溃：一部分羌人投降了马援，大部分羌人远遁塞外。陇西从此安定下来。

地形有死生之势，战有存亡之道。行兵之道，贵知地利，地利不明，万难出奇设伏。在行军作战中，根据地形采取不同的战略战术至关重要，如此才能克敌制胜。做事要谋求成功，就要善于借势。

在军事上，不同的地域具有不同的优势；在企业经营中，不同的地域也同样具有不同的优势。

广州南方大厦是国内屈指可数的商业大厦之一，20世纪80年代曾创下年销售总额2．7亿元的纪录，位列全国第一位。这里面的原因当然很多，但南方大厦善于发挥自己独特的地理优势巧做生意是其中一个非常重要的原因。

当时，南方大厦的销售主管从气象部门得知一条重要信息：明春雨季长、雨量大，广州多阴雨天。这位主管在核实了气象消息之后，决定预先购入一批雨伞。事有凑巧，当时深圳有一家公司因积压了25万把雨伞而一筹莫展，主管果断地支付了100万元巨款，将人家的“陈货”放在自己的库中“陈”了起来。第二年春天，广州果然阴雨不断，25万把雨伞未等雨季过去，早已销售一空。

接着，又发生了一件令大厦内的职员和同行们不解的事情：雨季刚刚过去，广州阳光灿烂，这位销售主管又购入了20万把雨伞。于是，人们议论纷纷：“主管是不是发财昏了头？不下雨了购入这么多伞卖给谁？再说，即使是下雨，广州市民们的伞早已买过了，谁还买雨伞啊？”

可是，令人想不到的情况又出现了，气象预报指出：降雨区离开广州不断北上，然后在长江流域和黄河流域止步不前。南下的游客们都知道这一天气趋势，在返归之前，人人都去选购雨伞。这时候，广州市的其他商厦大多已没有货源，南方大厦又发了一笔财！

可见，“因地制宜”是企业经营决策和实施中的重要原则之一。地形，是用兵的辅助条件，判断敌情，制定取胜的计谋，研究地形的险易，计算路程的远近，这是高明将领的用兵方法。为人处世与兵战一样，也要注意环境的影响，氛围不同会产生不同的办事效果。

视卒如爱子，故可与之俱死

【原典】

夫地形者，兵之助也。料敌制胜，计险厄远近[①]，上将[②]之道也。知此而用战者必胜[③]，不知此而用战者必败。故战道必胜[④]，主曰无战，必战可也[⑤]；战道不胜，主曰必战，无战可也[⑥]。故进不求名，退不避罪，唯人是保[⑦]，而利合于主[⑧]，国之宝也[⑨]。

视[⑩]卒如婴儿，故可与之赴深溪[⑪]；视卒如爱子，故可与之俱死。厚而不能使，爱而不能令[⑫]，乱而不能治[⑬]，譬若娇子，不可用也[⑭]。

【注释】

①计险厄远近：指考察地形的险要，计算道路的远近。②上将：贤能、高明之将。③知此而用战者必胜：知此，懂得上述道理；用战，指挥作战。④战道必胜：战道，作战具备的各种条件，引申为战争的一般规律。战道必胜，指根据战争规律分析，具备了必胜的把握。⑤必战可也：即言可自行决断与敌开战，无须听从君命。⑥无战可也：即拒绝君命，不同敌人交战。⑦唯人是保：人，百姓、民众；保，保全。此句谓进退处置只求保全民众。⑧利合于主：指符合、满足国君的利益。⑨国之宝也：即国家的宝贵财富。⑩视：看待、对待的意思。⑪深溪：极深的溪涧，这里喻危险地带。⑫厚而不能使，爱而不能令：只知厚待而不能使用，只知溺爱而不重教育。厚，厚养，厚待；令，使令，教育。⑬乱而不能治：指士卒行为乖张不羁而不能加以约束惩治。治，治理，这里有惩处之意。⑭譬若娇子，不可用也：此句言为将者，仅施仁爱而不加以威严，只会使士卒成为娇子而不能使用。

【译文】

地形是用兵打仗的辅助条件，正确判断敌情，积极掌握主动，考察地形险恶，计算道路远近，这些都是贤能的将领必须掌握的方法。懂得这些道理去指挥作战的，必定能够胜利，不了解这些道理去指挥作战的，必定失败。所以，根据战争规律进行分析，有着必胜把握的，即使国君主张不打，坚持去打也是可以的；根据战争规律进行分析，没有必胜把握的，即使国君主张一定要打，不打也是可以的。进不谋求战胜的名声，退不回避违命的罪责，只求保全百姓，符合国君利益，这样的将帅，是国家的宝贵财富。

对待士卒就像对待婴儿一样，那么士卒就可以同他共赴患难；对待士卒就像对待爱子一样，那么士卒就可以跟他同生共死。如果对士卒厚待而不能使用，溺爱而不能教育，违法而不能惩治，那就如同娇惯了的子女一样，是不可以用来同敌人作战的。

解读

做人要有仁爱之心

“视卒如爱子，故可与之俱死。”这是处理将与兵关系的原则。将领只有如爱子般关爱士卒，才能使士卒与自己同生共死。孙子的这段论述，充分体现了中国传统文化中“君人者制仁”的思想精髓。《六韬》中说：“敬其众，合其亲。敬其众则和，合其亲则喜，是谓仁义之纪。”一个人，要想成就一番事业，不仅要有过人的胆识，宽广仁慈的胸怀也是不可少的，一个没有仁爱之心的人，只能成为一个“孤家寡人”，根本不可能做成什么大事业。这一点无论在军事斗争领域还是社会生活和人际交往的其他领域，同样适用。

宋哲宗元祐年间，苏轼出任钱塘（杭州）的地方官。他上任不久，掌管地方税务的官吏抓来一个人，是南剑州的举子吴味道。此人携带着两大卷物品，冒用苏东坡的名衔密封，上面写有“送京师苏侍郎宅”（苏侍郎即苏轼的弟弟苏辙，时任职门下侍郎)。他这样做显然是为了逃税。

于是，苏轼把吴味道叫到跟前，问卷内是什么东西。

吴味道惶恐地上前说道："我今年秋天有幸得到推荐成为乡贡进士，同乡凑集了十万钱送给我，作为赴京师的路费。我用了其中的一部分钱买了二百匹建阳薄丝。但是考虑到沿途所有的地方都要抽税，到京城时恐怕剩不到一半了。于是私下想，当今天下名望最高，并且喜欢提携奖掖读书人的，只有先生您和苏侍郎了。即使这件事情败露了，也一定会得到宽恕。因此，我就假借先生的名衔，封好了货物往京城而来。没想到先生您已经先来到这里任职，真是罪责难逃。"

仔细打量了一番后，苏轼笑着叫来掌管文书的官吏，把旧封除去，另题自己的新官衔，附上"送至东京竹竿巷苏辙处"字样的字条，并亲自给弟弟写了封书信，一同交给吴味道，让他带到京城去。

过了一年，吴味道考中进士，特地回来向苏轼表示感谢。苏轼非常高兴，两人成了至交。

吴味道进京赶考，冒充苏轼之名携带物品以图逃税，按律本当问罪，但苏轼了解举子的艰辛，不但没有处罚他，反而真心地对他提供了帮助。吴味道考中之后，自然不会忘记苏轼的恩惠。苏轼是出于同情才这样做的，但客观上也使他又多了一个官场上的好朋友。

苏轼的这种同情，体现的就是我国传统儒家思想的核心——“仁”。

孔子说：“仁者爱人。”他认为，“仁”就是人们道德修养的最高境界。在儒家思想中，崇尚道义、富有远见卓识和同情心、行为高尚的人，就可以被称为“君子”。相反，唯利是图、目光短浅、行为卑下的人，则被看作“小人”。君子是人人都愿意结交的，而对于小人，人们则往往唯恐避之不及，更不用说得到别人的支持和帮助，或者作为一个理想的合作伙伴了。

一般来说，“己欲立而立人，己欲达而达人”能够体现出“仁”的指导思想，但“仁”比前者具有更加广泛的含义。不论是“己欲立”“己欲达”，还是“己所不欲”，都包含从自身考虑的直接的功利目的，即为了满足实现“己立”“己达”或者避免“己所不欲”。而“仁”却通常不包含明确的直接目的，仅仅是出于自己的同情、恻隐等内在美德。同样，能够经常实行“仁”道的人所得到的回报，也不仅仅表现在一两件具体的事情上。

仁义不仅表现在个人或者组织之间的交往中，有助于个人或者组织的长远目标的实现，而且还适用于组织内部，有利于协调内部关系。在我国古代，把仁爱精神推及政治领域，便是“仁政”。暴政失民，仁政得民，被认为是千古不易的真理。中国历史上，人民安定、政权稳固、生产繁荣、社会进步的所谓“盛世”，都是统治者推行宽松的“仁政”的结果。而国家灭亡，则往往是由于统治者暴虐，不能以仁义治天下的结果，史籍中这样的例子比比皆是，如“不务德而武伤百姓”以至于令“百姓弗堪”的夏桀，好酒淫乐、固执残暴的商纣，一意孤行、多行暴政逼得国人“道路以目”的周厉王，以及由于“仁义不施”而短命的秦王朝等。

当今的领导者，仍然可以从“君人者制仁”的谋略中得到启示。减轻被管理者或下级的负担，多体谅和同情他们，让他们真正体会到领导者的宽厚、仁义。只有从下级的切身利益考虑，关心他们的疾苦，才能充分调动他们的积极性，这是一个组织能够齐心协力实现计划目标的先决条件。

管理界有句名言：“爱你的员工吧，他会加倍爱你的企业。”用爱心对待员工，与员工像一家人一样建立“感情维系的纽带”。实践证明，这样的管理者被员工认为更有人情味，他们受到员工的拥戴，员工也乐意为他们打拼。所以，企业的领导一定要拿出笼络之方，关心每一位员工，关心的动作无须太大，从一件小事开始就行。

中国有句话叫义薄云天，讲究情义是人性的一大“弱点”，中国人尤其如此。“生当陨首，死当结草”“女为悦己者容，士为知己者死”，无一不是“感情效应”的结果。管理者大都深知其中的奥妙，不失时机地付出感情投资，对于拉近和激励部下往往能收到异乎寻常的效果。

在现实生活中，有许多身居高位的大人物会记得只见过一两次面的下属的名字，在电梯上或门口遇见时，点头微笑之余，叫出下属的名字，会令下属受宠若惊，进而获得下属的衷心拥戴。

墨子说：“爱人者必见爱也，而恶人者必见恶也。”意思是说，爱别人的人一定会被别人爱，而憎恨别人的人也会被别人憎恨。正所谓“投我以桃，报之以李”，你怎样对待别人，别人就会怎样对待你，为人处世不可不知。

动而不迷，举而不穷

【原典】

知吾卒之可以击，而不知敌之不可击，胜之半也[①]；知敌之可击，而不知吾卒之不可以击，胜之半也；知敌之可击，知吾卒之可以击，而不知地形之不可以战，胜之半也[②]。故知兵者[③]，动而不迷[④]，举而不穷[⑤]。

【注释】

①胜之半也：胜利或失败的可能性各占一半。指没有必胜的把握。②不知地形之不可以战，胜之半也：如果不知道地形不适宜于作战，得不到地形之助，则能否取胜同样也无把握。③知兵者：通晓用兵打仗之道的人。④动

而不迷：迷，迷惑、困惑。⑤举而不穷：举，行动；穷，困窘、困厄的意思。句意为行动自如不为所困。

【译文】

只了解自己的部队可以打，而不了解敌人不可以打，取胜的可能只有一半；只了解敌人可以打，而不了解自己的部队不可以打，取胜的可能只有一半；既知道敌人可以打，也知道自己的部队能够打，但是不了解地形不利于作战，取胜的可能性仍然只有一半。所以，懂得用兵的人，他行动起来不会迷惑，他的作战措施变化无穷，而不致困窘。

解读

兵无常势，水无常形

兵形像水是孙子所概括的用兵规律。孙子在本篇提出了主动用兵、示形诱敌等战法后，又揭示了因敌情而变的战术原则，提示了指挥作战的机动灵活性。指挥战争，本无常规，千变万化，敌莫能知。军情永远处于变化之中。正如流水一般，“兵无常势，水无常形”。正是“实”“虚”的可变性，能够“因敌变化而胜者，谓之神”，足见灵活应战的可贵。

灵活作战本身不是目的，只是达到胜利目的的手段。消灭敌人的武装力量，取得胜利才是战争的目的。因事、因人、因时、因地采取灵活机动的战术，正是“兵形像水”的主旨所在。

公元 1367 年，按照朱元璋提出的“先取山东，撤其屏蔽；旋师河南，断其羽翼；拔潼关而守之，据其户槛，然后进兵元都”；克元都后，再挥军西向，“太原以及关陇可席卷而下”的战略决策，征讨大将军徐达和副将常遇春率军25万，沿淮河、运河、黄河北上进取山东、河南。

当时，元军在山东分为东平、东昌（今聊城）、洛宁、益都、济南、般阳（益都西）等路，由山东东西道宣抚使普颜不花坐镇益都（今山东益都）指挥。虽然各路兵力较弱，战备松弛，但占据山东，却可屏障元朝的京畿重地。益都居于鲁山之北，南有大岘山，古称济水以南之天险；又有沂州南连淮泗，北通青齐；益都之西，有南依泰山、北临黄河的济南为门户，向为兵家必争之要地。

明军欲北攻山东，可从两路进军：其一可由江淮北经沂州直取益都；其二可由徐州北攻济宁、济南，再东取益都。徐达鉴于沂州守将王宣可以争取，因此，率主力由沂州北进，另以一部兵力出徐州，消灭鲁西南之敌，以掩护主力的翼侧。

明军仅用三个月时间就顺利地夺占山东，至此明军已完成了北取中原的第一个目标——夺取山东，扫除元大都屏蔽的作战任务。元廷甚为恐惧，但此时王保保正在同元廷火并，互不相让，元军无力顾及明军的进攻。

洪武元年（1368 年）二月，徐达占领山东之后，按原定计划，旋师河南，执行剪除元大都羽翼的作战任务。徐达率主力由山东济宁溯黄河西攻汴梁，进取河南。另以一部攻占永城、归德（今河南商丘南），西攻许昌，策应徐达夺取汴梁。三月二十六日，邓愈率襄阳、安陆、江陵各地驻军向南阳进攻，配合徐达军的行动。邓军旋占唐州（今河南唐河）及南阳。三月二十九日，徐达军迫降汴梁元军左君弼部，元将李克彝率部乘夜西逃。四月初八，徐达军自虎牢（今河南荥阳西北汜水镇）西进，大败王保保之弟脱因帖木儿（此时王保保在山西太原）5 万人于洛水北塔儿湾（今河南偃师境内），元梁王阿鲁温投降。徐达军攻占洛阳后，接着又攻取嵩、陕、陈、汝诸州，并派冯国胜攻取潼关。元将李思齐、张思道闻风弃潼关逃入关中。

四月二十六日，冯国胜率兵进驻潼关，并西进占领了华州（今陕西华县）。至此潼关以东已全被明军占领。冯宗异按朱元璋的指示，选将留兵守关，不急于深入陕西。五月初一，徐达又增兵扼守潼关。至此，明军已完成了断其羽翼、“据其户槛”的战略进攻任务，元大都已处于“势孤援绝”的境地。

七月二十九日，徐达按朱元璋的指示，命益都、徐州、济宁各地的统兵将领，各率所部向东昌集结，并分别渡河。闰七月初二，徐达师出汴梁，自中滦渡黄河，连下卫辉、彰德（今河南汲县、安阳）、磁州（今河北磁县）、邯郸，十一日转向临清。临清地处卫河入运河之口，为北上船只的集结处，徐达在此会合山东各军，完成水陆进军的准备后，于十五日由临清北上。二十三日，明军已在攻取德州、长芦（今河北沧州）后进抵直沽（今天津狮子林桥西），控制出海口，并沿北运河分水陆两路继续推进。二十五日，明军大败元军于河西务（在今天津武清东北）。二十七日，明军克通州后进逼元大都。

洪武元年（1368 年）八月初二，徐达率明军自东面齐化门进入大都，元朝宣告灭亡。这样，明军只用了 9 个多月的时间，就完成了北上灭元的作战任务。

“兵无常势，水无常形。”做事要能因事、因人、因时、因地，采取灵活机动的战术，才能保证成功。

知天知地，胜乃可全

【原典】

故曰：知彼知己，胜乃不殆；知天知地，胜乃不穷①。

【注释】

①胜乃不穷：指胜利不会有穷尽。

【译文】

所以说，了解对方，了解自己，争取胜利也就不会有危险。懂得天时，懂得地利，胜利也就可以永无穷尽了。

解读

胜败的关键在于掌握“战道”

孙武在本篇列举了六种地形之后，紧接着又提出了“六兵”（走兵、驰兵、陷兵、崩兵、北兵、乱兵），并且强调指出：这六种败兵的出现，主要还不是由于地形的原因，而是为将者用兵的失误。地形对于战争的胜利只是一个辅助条件，胜败的关键是为将者是否善于掌握“战道”，也就是战争规律。

这“战道”究竟是什么？归结为一点，那就是：知己知彼，知天知地。一切都要按“战道”办事。

“彼”，指的是敌方。知彼，可以说是这“四知”中最复杂、最困难的一个方面。孙子突出强调，认为“不知敌之情者，不仁之至也”，“凡军之所欲击，城之所欲攻，人之所欲杀，必先知其守将、左右、谒者、门者、舍人之姓名，令吾间必索知之”。

“己”，指的是我方。孙子十分重视知己。知己不仅是多方面的，甚至矛头直指国君：“君之所以患于军者三：不知军之不可以进而谓之进，不知军之不可以退而谓之退，是谓縻军；不知三军之事，而同三军之政，则军士惑矣；不知三军之权，而同三军之任，则军士疑矣。三军既惑且疑，则诸侯之难至矣，是谓乱军引胜。”

“天”，孙子认为：“天者，阴阳、寒暑、时制也。”天是纯粹的物理现象，而知天则是取得军事胜利必不可少的条件。《火攻篇》所叙述的更为明白：“发火有时，起火有日。”把知天与军事行动密切地联系在一起，是“知兵”的重要方面。

“地”，孙子明确指出：“地者，高下、远近、险易、广狭、死生也。”他还强调说：“地形者，兵之助也。”为了知地，他十分重视利用向导，认为“不用乡导者，不能得地利”。

“彼、己、天、地”，孙子认为，这些是实在事实，无任何虚幻神秘的成分，只有慎察其事实，从实际出发，才能正确制定战争的战略和战术指导原则，克敌制胜。

建安十三年（公元208年），曹操率领马步水军83万，水陆并进，计伐东吴。诸葛亮分析天下形势，向刘备建议：往投东吴，使南北相持，我军将可从中得利。刘备接受了诸葛亮的计策，当即派他去东吴游说。

诸葛亮奉命来到江东，几次用计，多番曲折，先是“舌战群儒”，促使孙权与周瑜下定决心与曹军抗争。然而，在这过程中，由于诸葛亮屡屡表现出非凡的智慧与才能，遭到东吴都督周瑜的嫉恨，周瑜决心设计除掉诸葛亮，为东吴铲除后患。草船借箭就是因周瑜蓄意谋害诸葛亮而由诸葛亮导演出的精彩一幕。它生动地说明诸葛亮用兵具有知己、知彼、知天、知地的特点和才能。

有一天，周瑜请诸葛亮商议军事，说：“我们就要跟曹军交战。水上交战，用什么兵器最好？”诸葛亮说：“用弓箭最好。”周瑜说：“对，先生跟我想的一样。现在军中缺箭，想请先生负责赶造十万支。这是公事，希望先生不要推却。”诸葛亮说：“都督委托，当然照办。不知道这十万支箭什么时候用？”周瑜问：“十天造得好吗？”诸葛亮说：“既然就要交战，十天造好，必然误了大事。”周瑜问：“先生预计几天可以造好?”诸葛亮说:“只要三天。”周瑜说:“军情紧急,可不能开玩笑。”诸葛亮说:“怎么敢跟都督开玩笑。我愿意立下军令状,三天造不好,甘受惩罚。”周瑜很高兴,叫诸葛亮当面立下军令状,又摆了酒席招待他。诸葛亮说:“今天来不及了。从明天起,三天后,请派五百个军士到江边来搬箭。”诸葛亮喝了几杯酒就走了。

鲁肃对周瑜说:“十万支箭,三天怎么造得成呢?诸葛亮说的是假话吧?”周瑜说:“是他自己说的,我可没逼他。我得吩咐军匠们,叫他们故意迟延,造箭用的材料,不给他准备齐全。到时候造不成,定他的罪,他就没话可说了。你去探听探听,看他怎么打算,回来报告我。”

鲁肃见了诸葛亮。诸葛亮说:“三天之内要造十万支箭,得请你帮帮我的忙。”鲁肃说:“都是你自找的,我怎么帮得了你的忙?”诸葛亮说:“你借给我二十条船,每条船上要三十名军士。船用青布幔子遮起来,还要一千多个草靶子,排在船的两边。我自有妙用。第三天管保有十万支箭。不过不能让都督知道。他要是知道了，我的计划就完了。”

鲁肃答应了。他不知道诸葛亮借船有什么用，回来报告周瑜，果然不提借船的事，只说诸葛亮不用竹子、翎毛、胶漆这些材料。周瑜疑惑起来，说：“三天后，看他怎么办！”

鲁肃私自拨了二十条快船，每条船上配三十名军士，照诸葛亮说的，布置好青布幔子和草靶子，等诸葛亮调度。第一天，不见诸葛亮有什么动静；第二天，仍然不见诸葛亮有什么动静；直到第三天四更时候，诸葛亮秘密地把鲁肃请到船里。鲁肃问他：“你叫我来做什么？”诸葛亮说：“请你一起去取箭。”鲁肃问：“哪里去取？”诸葛亮说：“不用问，去了就知道。”诸葛亮吩咐把二十条船用绳索连接起来，朝北岸开去。

这时候大雾漫天，江上连面对面都看不清。天还没亮，船已经靠近曹军的水寨。诸葛亮下令把船尾朝东，一字儿摆开，又叫船上的军士一边擂鼓，一边大声呐喊。鲁肃吃惊地说：“如果曹兵出来，怎么办？”诸葛亮笑着说：“雾这样大，曹操一定不敢派兵出来。我们只管饮酒取乐，天亮了就回去。”

曹操听到鼓声和呐喊声，就下令说：“江上雾很大，敌人忽然来攻，我们看不清虚实，不要轻易出动。只叫弓弩手朝他们射箭，不让他们近前。”他派人去旱寨调来六千名弓弩手，到江边支援水军。一万多名弓弩手一齐朝江中放箭，箭好像下雨一样。诸葛亮又下令把船掉过来，船头朝东，船尾朝西，仍旧擂鼓呐喊，逼近曹军水寨去受箭。

天渐渐亮了，雾还没有散。这时候，船两边的草靶子上都插满了箭。诸葛亮吩咐军士们齐声高喊：“谢谢曹丞相的箭！”接着叫二十条船驶回南岸。曹操知道上了当，可是这边的船顺风顺水，已经飞一般地驶出二十多里，要追也来不及了。

二十条船靠岸的时候，周瑜派来的五百个军士正好来到江边搬箭。每条船大约有五六千支箭，二十条船总共有十万多支。鲁肃见了周瑜，告诉他借箭的经过。周瑜长叹一声，说：“诸葛亮神机妙算，我真比不上他！”

诸葛亮草船借箭之所以成功，并不是因为他有什么“神通”，而是由于他了解曹操的多疑性格，掌握了魏军不擅长水战的弱点，观测了当时的天象和地形，才导演出了这么精彩的一幕。如同他自己在与鲁肃谈体会时所说的：为将者，不通天文、不识地理、不晓阴阳、不看阵图、不明兵势，那他便是一个庸才。

仔细思考一下，打仗有“战道”，要按战争规律办事，而做其他事也都有“道”存焉，也都得按规律办事。办事要明理，办事要研究规律，正所谓“有理走遍天下，无理寸步难行”。

第十一篇 九地篇

《九地篇》是《地形篇》的姊妹篇，主要论述了九种不同作战地区的用兵原则，特别强调要根据将士在不同的作战地区所产生的不同心理，制定切合实际的战略战术，确保战争的胜利。

衢地必争

【原典】

孙子曰：用兵之法，有散地，有轻地，有争地，有交地，有衢地，有重地，有圮地，有围地，有死地。诸侯自战其地者，为散地①。入人之地而不深者，为轻地②。我得则利，彼得亦利者，为争地③。我可以往，彼可以来者，为交地④。诸侯之地三属⑤，先至而得天下之众者，为衢地⑥。入人之地深，背城邑多者，为重地⑦。行山林、险阻、沮泽，凡难行之道者，为圮地⑧。所由入者隘，所从归者迂，彼寡可以击吾之众者，为围地⑨。疾战则存，不疾战则亡者，为死地⑩。

【注释】

①诸侯自战其地者，为散地：言诸侯在自己领土上同敌人作战，遇上危急就容易逃散，这种地域叫作散地。②入人之地而不深者，为轻地：进入敌地不深、官兵易于轻返的地区叫作轻地。③我得则利，彼得亦利者，为争地：我军占领有利、敌军占领也有利的地区，叫作争地。④交地：指道路纵横、地势平坦、交通便利的地区。交，纵横交叉。⑤诸侯之地三属：三，泛指众多；属，连接，毗邻；三属，多方毗连，指几个诸侯国国土交界之处。⑥先至而得天下之众者，为衢地：谁先到达就可以得到四周诸侯的援助，这样的地方叫作衢地。⑦入人之地深，背城邑多者，为重地：进入敌境已远、隔着很多敌国城邑的地区叫作重地。⑧行山林、险阻、沮泽，凡难行之道者，为圮地：凡是山林、险要隘路、水网湖沼这类难行的地区，叫作圮地。⑨围地：意为道路狭隘，退路迂远，敌人能以少击众的地区。⑩疾战则存，不疾战则亡者，为死地：地势险恶，只有奋勇作战才能生存，不迅速力战就难免覆灭

的地区，叫作死地。

【译文】

孙子说：按照用兵的原则，军事地理上有散地、轻地、争地、交地、衢地、重地、圮地、围地、死地。诸侯在本国境内作战的地区，叫作散地。在敌国浅近纵深作战的地区，叫作轻地。我方得到有利、敌人得到也有利的地区，叫作争地。我军可以前往、敌军也可以前来的地区，叫作交地。同几个诸侯国相毗邻、先到达就可以获得诸侯列国援助的地区，叫作衢地。深入敌国腹地、背靠敌人众多城邑的地区，叫作重地。山林险阻、水网沼泽这一类难以通行的地区，叫作圮地。进军的道路狭窄，退兵的道路迂远，敌人可以用少量兵力攻击我方众多兵力的地区，叫作围地。迅速奋战就能生存、不迅速奋战就会全军覆灭的地区，叫作死地。

解读

在地利上下功夫

孙子所说的“衢地”指四通八达、敌我与其他诸侯国接壤的地区，一般都离本土较远，是交战的各方必争的战略要地。谁能抢在前面占领它，谁就能掌握战争的主动权。因此，古往今来，许多著名战役皆是围绕争夺“衢地”而展开的。

第二次世界大战时，位于太平洋东西两岸中间的中途岛是美国海军、空军的重要基地，失去中途岛，美国不但要失去珍珠港，还会失掉太平洋战区的主导地位。日本联合舰队司令山本五十六亲自指挥了中途岛大战，但由于泄密，美国事先做了周密部署，日军损失惨重，并因此失去了海空控制权和战略主动权。

1942 年 4 月，美国成功地轰炸了日本东京，使日本举国震惊。于是，联合舰队司令山本五十六决心击溃美国舰队，在东条英机的支持下，发起了规模空前的中途岛大战。

日本方面制订了这样的作战计划：山本率主力舰队与美舰队决战；南云忠一率第一航空母舰舰队担任主攻（该舰队拥有“赤城”“加贺”“飞龙”“苍龙”四艘大型航空母舰，运载261架飞机）另一支舰队护送12艘运输舰，运载5800名官兵，准备在中途岛登陆；还有3支舰队准备攻打阿留申群岛。

为了迷惑美军，日军首先对沙岛和东岛同时发起攻击。日军没有想到，美军对他们的行动已经了如指掌，因为美国海军作战情报处截获破译了日军发出的90%的密码电报。5月20日，美军从截获的电报中得知了日军的所有行动计划，唯一不能确认的是“AF”——日军进攻的目标。情报长官罗彻福少校认为，AF是指中途岛，为此，他设计了一个圈套：发出一份紧急电报，说中途岛上的水蒸馏塔坏了。日军截获了这份电报后，又向东京报告“AF”缺水。这样，日军的阴谋彻底暴露了。当时的美国海军司令尼米兹将军亲自飞往中途岛，把所有能派出去的飞机都派到了中途岛，还增加了驻军，增设了高射炮群，然后张开“口袋”静等日军。

在南云忠一向美军发起第一次攻击后，他突然接到报告：东北200英里处发现敌舰10艘，南云大吃一惊，在如此大的舰队后面必定有航空母舰！南云正准备下令攻击敌舰，美舰已经派出飞机来轰炸。日本军舰的飞机起飞迎战，击落美机数十架，当日军飞机回到舰上加油时，从美国“企业”号航空母舰上飞来的3架俯冲轰炸机直扑日舰“赤城”号、“加贺”号、“苍龙”号，日本军舰一片火海。得知战况后，山本五十六惊得目瞪口呆。

在中途岛战役中，日军损失大型航空母舰4艘、重型巡洋舰1艘、飞机332架，兵员损失3500人；而美军仅损失航空母舰1艘、驱逐舰1艘、飞机147架、兵员307人。至此，日军失去了海空控制权和战略主动权。

由此可见，“衢地”在战争中的位置是何等重要！

围地则谋，死地则战

【原典】

是故散地则无战①，轻地则无止②，争地则无攻③，交地则无绝④，衢地则合交⑤，重地则掠⑥，圮地则行⑦，围地则谋，死地则战⑧。所谓古之善用兵者，能使敌人前后不相及⑨，众寡不相恃⑩，贵贱不相救⑪，上下不相收⑫，卒离而不集⑬，兵合而不齐⑭。合于利而动，不合于利而止⑮。敢问：“敌众整⑯而将来，待之若何？”曰：“先夺其所爱，则听矣⑰。”兵之情主速⑱，乘人之不及，由不虞之道⑲，攻其所不戒也。

【注释】

①散地则无战：在散地上不宜作战。②无止：止，停留、逗留。无止即不宜停留。③争地则无攻：遇到争地，我方应该先行占据；如果敌人已先期占领，则不要去强攻争夺。④交地则无绝：绝，隔绝、断绝。句意为在交地要做到军队部署上能够互相策应，行军序列不可断绝。⑤衢地则合交：合交，结交。在衢地上要加强外交活动，结交诸侯盟友，以为己援。⑥重地则掠：

掠，掠取，抢掠。在敌方之腹地，不可能从本国往复运粮，要就地解决军队的补给问题，故“重地则掠”。⑦行：迅速通过。⑧死地则战：军队如进入死地，就必须奋勇作战，死里逃生。⑨前后不相及：前军、后军不能相互策应配合；及，策应。⑩众寡不相恃：众，指大部队；寡，指小分队；恃，依靠。此言军中主力部队与小分队不能相互依靠和协同。⑪贵贱不相救：贵，军官；贱，士卒。指军官和士卒之间不能相互救助。⑫上下不相收：收，聚集、联系。言军队建制被打乱，上下之间失去联络，无法聚合。⑬卒离而不集：离，分、散；集，集结。言士卒分散难以集中。⑭兵合而不齐：虽能使士卒集合在一起，但无法让军队整齐统一。⑮合于利而动，不合于利而止：合，符合；动，作战；止，不战。意为对我方有利则战，不利则不战。⑯众整：人数众多且阵势严整。⑰先夺其所爱，则听矣：爱，珍爱，引申为要害、关键；听，听从，顺从。句意为要首先攻取敌人的要害之处，敌人就会不得不听从我的摆布了。⑱兵之情主速：情，情理；主，重在、要在；速，迅速、疾速。此句言用兵的主旨重在迅速。⑲由不虞之道：由，经过，通过；不虞，不曾料想、意料到。句意为要走敌人预料不到的路径。

【译文】

因此，处于散地就不宜作战，处于轻地就不宜停留，遇上争地就不要勉强强攻，遇上交地就不要断绝联络，进入衢地就应该结交诸侯，深入重地就要掠取粮草，碰到圮地必须迅速通过，陷入围地就要设谋脱险，处于死地就要力战求生。

从前善于指挥作战的人，能够使敌人前后部队不能相互策应，主力和小部队无法相互依靠，官兵之间不能相互救援，上下之间无法聚集合拢，士卒离散难以集中，遇上交战，阵形也不整齐。至于我军，则应见对我有利就打，对我无利就停止行动。试问：“敌人兵员众多且又阵势严整向我发起进攻，那该用什么办法对付他呢？”回答是：“先夺取敌人最关键的有利条件，这样他就不得不听从我们的摆布了。”用兵之理，贵在神速，乘敌人措手不及的时机，走敌人意料不到的道路，攻击敌人没有戒备的地方。

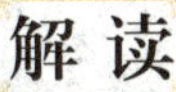

解读

置之死地而后生

人们说，打仗靠士气，所谓“一鼓作气，再而衰，三而竭”。没有旺盛的士气，是不能打胜仗的；如果士兵萎靡不振，打起仗来更是必败无疑。然而，所谓士气，通俗地说，就是一种情绪、情感的表现，是人们在不同环境下的复杂心理活动的反应。在论述中，孙子提出一个重要思想，就是：越是把军队投入危险的地方，越是能激发士卒们团结对敌的情绪，创造转败为胜、化险为夷的奇迹。

置之死地而后生，陷之亡地而后存。孙子曰：“围地则谋，死地则战。”又曰：“投之亡地然后存，陷之死地然后生。”进入“围地”，敌军占据地利，可以以一当十，我军完全处于被动挨打的危险境况，九死一生。因此，孙子强调，必须立即堵塞缺口，阻挡住敌军的攻击，并巧设计谋，出奇制胜，以求死里逃生。

“死地”的形势比“围地”更险恶，甚至连更多的谋划时间也没有。这时候，唯一的策略就是激励全军战士同仇敌忾，殊死奋战，死里求生。

战争不仅是智谋的较量，也是力量的较量，更是意志和决心的较量。有时候，意志和决心所发挥出的能量在一定条件下可以改变力量强弱的对比。在九死一生的被动情况下，利用全体将士的求生欲望，焕发他们决一死战的勇气，变被动为主动，从而反败为胜，这就是历代军事家们所说的“置之死地而后生”。

“聚三军之众，投之于险”，“众陷于害，然后能为胜败”，“焚舟破釜”，置之死地而后生是孙武在《孙子兵法》中的一个很重要的战略思想。利用士兵陷入绝境的求生本能欲望，以及由此产生的勇敢精神来改变局面，这是有一定道理的。

十六国时，夏王赫连勃勃亲率精骑两万攻入南凉国境，掳获了数十万头牛、羊、马和数不胜数的财物，然后踏上了归途。

南凉国君不甘心财物被劫，亲自统率大军追赶。赫连勃勃得知南凉大军追来，有心迎战，又担心寡不敌众；有心退却，又舍不得数十万头牲畜和一车车的财物。他思来想去，唯有“置之死地而后生”一计可以两全。

仔细察看了附近的地形后，赫连勃勃选择在阳武下峡与南凉决一死战。当时正是初冬时节，峡中河水已经封冻。赫连勃勃下令将峡中积冰全部凿开，又命令用所有的车辆塞住通道，断绝了将士们的退路，迫使全军将士拼死一搏，求得生路。果然，南凉兵追到阳武下峡时，夏军见退路已绝，人人奋力拼杀，个个以一当十。赫连勃勃左臂中箭，鲜血直流。他大喝一声，将箭拔出，挥动长剑杀入南凉阵中。夏军见国主如此勇武，军心大振。南凉军队兵败如山倒，一个个落荒而逃。赫连勃勃指挥夏军，乘胜追击八十余里，南凉士兵一败涂地，只有少数将士逃回，留得性命。

置之死地而后生，陷之亡地而后存。越是把军队投入危险的地方，越是能激发士卒们团结对敌的情绪，创造转败为胜、化险为夷的奇迹。事先断绝退路，就能下决心，取得成功。

战争是这样，市场竞争中同样如此，“围地则谋、死地则战”也具有广泛的意义。对于一个企业，尤其是一些经济和技术实力都不是很强的中小企业来说，在无法与同行大企业竞争的情况下，就应避免与对方正面交战，而应另辟蹊径，争取转机。当一个企业濒临破产的“死地”时，就应该运用“围地则谋、死地则战”的策略，想办法激发全体职工“同心协力干”的决心，众志成城，共同渡过难关。

日本电产公司主要生产普通交流电机，在安川电机、富士电机等大企业的围攻下，陷入了绝境。在对电机市场进行周密调查后，经理永守重信果断决策研制计算机用精密马达。永守重信领先一步研制出计算机终端装置所用的磁盘驱动精密马达，一度在国际市场拥有65%的占有率，在国内拥有85%的占有率，使穷途末路的企业又重新获得了生机。

处于“死地”时，痛苦和绝望会慢慢滋长，人越是拒不接受，越会沉浸其中，既然无法摆脱，倒不如勇敢地接受。正如美国著名心理学家洛克所说：“当你面对无法避免的打击与挫折时，唯一的也是最好的方法就是——接受它。”

首尾相应，并敌一向

【原典】

凡为客之道[①]，深入则专，主入不克[②]；掠于饶野，三军足食；谨养而勿劳[③]，并气积力；运兵计谋，为不可测[④]。投之无所往，死且不北[⑤]。死，焉不得士人尽力。兵士甚陷则不惧[⑥]，无所往则固[⑦]，入深则拘，不得已则斗[⑧]。是故其兵不修而戒[⑨]，不求而得，不约而亲，不令而信。禁祥去疑，至死无所之[⑩]。吾士无余财，非恶货也；无余命，非恶寿也。令发之日，士卒坐者涕沾襟[⑪]，偃卧者涕交颐。投之无所往者，诸刿之勇也[⑫]。

故善用兵者，譬如率然[⑬]；率然者，常山[⑭]之蛇也。击其首则尾至，击其尾则首至，击其中则首尾俱至。敢问："兵可使如率然乎?"曰："可。"夫吴人与越人相恶也，当其同舟而济，遇风，其相救也，如左右手。是故方马埋轮，未足恃也[⑮]；齐勇若一，政之道也；刚柔皆得，地之理也。故善用兵者，携手若使一人，不得已也。

【注释】

①为客之道：客，客军，指离开本国进入敌国的军队。这句的意思是离开本国进入敌国作战的规律。②主入不克：即在本国作战的军队，无法战胜客军。主，在本地作战。克，战胜。③谨养而勿劳：认真地搞好休整，不要使将士过于疲劳。谨，注意，注重。养，休整。④为不可测：使敌人无从判断。测，推测，判断。⑤投之无所往，死且不北：将士兵置于无路可走的境地时，虽死也不会败退。投，投放，投布。⑥兵士甚陷则不惧：士卒们深陷危险境地就不再恐惧。甚，很、非常的意思。⑦无所往则固：无路可走的情

况下军心就会稳固。⑧不得已则斗：迫不得已就会殊死战斗。⑨是故其兵不修而戒：修，修治、修明法令；戒，戒备、警戒。指士卒不待督促，就知道加强戒备。⑩至死无所之：即使到死也不会逃避。之，往。⑪士卒坐者涕沾襟：坐着的士卒则泪流面颊。⑫诸刿之勇也：像专诸、曹刿那样英勇无畏。诸，专诸，春秋时吴国的勇士。公元前515年，专诸在吴公子光（即阖闾）招待吴王僚的宴席上，用藏于鱼腹的剑刺死吴王僚，自己也当场被杀。刿，曹刿，春秋时期鲁国的武士。齐鲁柯地（今山东东阿）会盟上，他劫持齐桓公，迫使齐同鲁订立盟约，收回为齐所侵的鲁国土地。⑬率然：古代传说中的一种蛇。⑭常山：即恒山，五岳中的北岳，位于今山西浑源南。西汉时为避讳汉文帝刘恒的"恒"字，改称"常山"。⑮方马埋轮，未足恃也：将马并排地系缚在一起形成方马阵，将车轮埋起来，想用此来稳定部队，以示坚守的决心，是靠不住的。

【译文】

在敌国境内进行作战的一般规律是：深入敌国的腹地，我军的军心就会坚固，敌人就不易战胜我们。在敌国丰饶的田野上掠取粮草，全军上下的给养就有了足够的保障。要注意休整部队，不要使其过于疲劳。保持士气，积蓄力量，部署兵力，巧设计谋，使敌人无法判断我军的意图。将部队置于无路可走的绝境，士卒就会宁死不退。士卒既宁死不退，那么，他们怎会不殊死作战呢？士卒深陷危险的境地，心里就不再存有恐惧；无路可走，军心自然就会稳固；深入敌境，军队就不会离散。遇到迫不得已的情况，军队就会殊死奋战。因此，这样的军队不需整饬就能注意戒备，不用强求就能完成任务，无须约束就能亲密团结，不待申令就会遵守纪律。禁止占卜迷信，消除士卒的疑虑，他们就至死也不会逃避。我军士卒没有多余的钱财，这并不是他们厌恶钱财；我军士卒置生死于度外，这也不是他们厌恶长寿。当作战命令颁布之时，坐着的士卒泪沾衣襟，躺着的士卒泪流满面。把士卒置于无路可走的绝境，他们就都会像专诸、曹刿一样勇敢。

善于指挥作战的人，能使部队自我策应如同"率然"蛇一样。"率然"，是常山地方的一种蛇，打它的头部，尾巴就来救应；打它的尾巴，头就来救应；打它的腰，它的头尾都来救应。试问：“可以使军队像‘率然’一样吧？”回答是：“可以。”那吴国人和越国人是互相仇视的，但当他们同船渡河而遇上大风时，他们相互救援，配合默契就如同人的左右手一样。所以，想用把马并缚在一起、深埋车轮这种显示死战决心的办法来稳定部队，那是靠不住的。要使部队能够齐心协力奋勇作战如同一人，关键在于部队管理教育有方，要使优劣条件不同的士卒都能发挥作用，根本在于恰当地利用地形。所以善于用兵的人，能使全军上下携手团结如同一人，这是因为客观形势迫使部队不得不这样。

解读

协同作战，秩序井然

古人云：“聚而不聚为孤旅，分而不分为縻军。”协同作战，不是简单地集中兵力。兵力应当集中而不能集中的，就是自己孤立自己，兵力应当分开使用而不能分开的，就是自己束缚自己。何时聚好，何时分好，只能根据具体情况，审时度势，权衡利弊而定夺。

在实战中，既需要酌情选用，又要配合使用。通常情况下，处于内线作战的部队，面对多路敌人的正面围攻，则需分出少部力量，选择良好地形阻敌多路，同时集中其主力，突然进攻某一路，实行内线中的外线作战，这是摆脱被动局面的关键。同时，平时所讲的集中兵力，四面包围，打歼灭战，也有集中与分散相结合的问题。既然是四面包围，部队就分成多路行动；既然要打歼灭战，部队就需梯次配置。否则，部队展不开，又如何发挥优势兵力的作用呢？

今天，现代化军队已发展成为多兵种的合成军队，协同作战是现代战争的客观要求和必然方式。指挥员应将每个环节都链接成“常山之蛇”军阵，强调协同作战，具有大局思想。那种不服从指挥的部队，只能是削弱甚至丧失本有的战斗力，会使上下混乱不堪，计划破绽百出，作战不堪一击。

孙子强调用兵要“我专而敌分”，“以众击寡”。作战中要造成“以镒称铢”“以碫击卵”之优势兵力，使“我专为一”，“敌分为十”，从而达到“以十攻一”，聚而歼之的目的。克劳塞维茨在其《战争论》中写道：“战略上最重要而又最简单的准则是集中兵力……我们要严格遵守这一原则，并把它看作是一种可靠的行动指南。”“数量上的优势不论在战术上还是在战略上都是最普遍的制胜因素。”

明朝嘉靖年间，特别是中期以后，政治腐败，军备废弛，以日本武士、浪人为主的倭寇乘虚而入，对中国沿海地区进行劫掠和侵扰，给中国人民造成了严重的灾难，也激起了中国人民的愤怒和反抗。

嘉靖三十九年（1560年）三月，戚继光调任分守台（台州府，今浙江临海）、金（金华府，今浙江金华）、严（严州府，今浙江建德东北梅城）地方参将。戚继光到任后，抓紧建造战船、加强水陆军训练，强化进行一系列海防措施，使台州地区的濒海防御能力有大幅提高。嘉靖四十年（1561年）四月，戚继光率台州军民三次击退了倭寇的进攻，大获全胜，使浙江沿海的倭患基本得到了平息。

倭寇侵扰浙江屡屡受挫后，对福建的侵扰逐渐猖獗，在嘉靖三十七年至四十一年间，先后攻陷了福清、福宁（今福建霞浦）、宁德、永宁（今福建石狮市东南）等地，整个福建倭寇四处劫掠，形势十分紧张。在此情况下，福建巡抚紧急上疏明廷，请求派兵援闽。于是，明世宗令戚继光领兵火速入闽。

嘉靖四十一年八月和四十二年四月，戚继光两次领兵援闽，经横屿（今属福建宁德）之战和平海卫（今福建莆田平海）之战，再度重创倭寇，使福建倭患暂告平息。为加强抗倭的军事领导，嘉靖四十二年（1563 年）十一月，明廷任命戚继光为总兵官，镇守福建及浙江金华、温州二府地方，负责水陆军务。

十一月初一至初三，倭寇乘二十余艘船先后在兴化（今福建莆田）、福宁登陆，遭明军打击后，向南逃窜。戚继光从倭寇逃窜的方向判定，可能侵犯仙游（今福建仙游）。于是，抓紧进行了作战部署，一是紧急调回轮休的六千余名士兵返闽，二是亲率部队向仙游方向进发，同时预派 200 人加强仙游城防，令沿海各地驻军严防倭寇登陆，严密监视倭寇动向。十一月初五，戚继光进驻兴化。十一月初六，倭寇一万余人屯兵仙游的四个城门之外，包围了仙游城。

当时，仙游城内只有戚继光派去的 200 名士兵和民兵 500 人，即使将戚部在福建的兵力集中起来，也仅为倭寇兵力的一半。根据这一情况，戚继光决定先取守势，确保仙游，待兵力集中后，再进行剿倭方针。为此，戚继光采取以下措施：一是派一部兵力占据仙游城北的铁山，据险设垒，与敌形成对峙形势，牵制倭寇；二是选拔 500 名勇士对敌巢时常进行袭扰，使其不能专心攻城，又不敢四处掠夺；三是亲自率本部于初七进驻仙游东侧沙园，做出进剿的声势，迷惑敌人；四是选派精兵强将 180 人，乘夜陆续向城中运送火药、火箭等，加强城防力量；五是在仙游附近诸要道部署兵力，断绝倭寇的外援，防止倭寇流窜逃跑。

倭寇不断加强对仙游的围攻，城内军民在县尹陈大有的率领下，与城外戚军密切配合，拼死抗倭。倭寇见强攻难以得手，企图进行诱降。陈大有根据戚继光的要求，一面同敌人假意谈判周旋，拖延和争取时间；一面加修工事，改进兵器，加强防御。十二月初六，倭寇因无力长期围困，见明援军未到，城内军民伤亡严重，开始大规模攻城行动。在此生死存亡的关头，城外铁山牵制倭寇的戚兵奋勇杀进敌阵，烧毁敌云梯，城内军民英勇拼杀。戚继光闻报，命令部队发射火铳、鸣鼓呐喊。倭寇误认为援军赶到，于是停止攻城。

十二月二十三日，回浙江轮休的官兵约6000人到达仙游沙园。戚继光马上召集将领开会，研究制定解围仙游、歼灭倭寇的作战方案和具体行动计划。戚继光认为，明军兵力总体上不占优势，难以向倭寇发起全面进攻，同时难以围剿盘踞在四个城门的敌人。但是，倭寇四巢间距离较远，可以采取各个击破的战术，逐一夺取。于是决定先以主力攻打南巢倭寇，得手后再兵分两路攻打东西两巢，最后解除仙游之围。具体部署是兵分三路：中路负责主攻南门倭巢，左右两路，在攻南巢时主要负责中路翼侧安全。南巢攻下后，左路同中路左部合攻西巢，右路同中路右部合攻东巢。并对行军作战的注意事项作了周密部署，对主攻南巢时可能出现的情况制订了应变预案。

十二月二十五日，明军各路开始行动。次日拂晓，乘雾秘密接近南巢。快到城下时，才被倭寇发现。当时，倭寇正在攻城，仙游已危在旦夕。恰逢援军赶到，倭寇只好放弃攻城，慌忙列阵迎战。戚军奋勇杀敌，直冲敌阵。倭寇大败，龟缩南巢。戚军立即包围南巢，拔除栅栏，纵火焚烧，当即杀死倭寇四百余人，余者逃往他巢。戚军随后按照作战部署进攻东西两巢，遂荡平东巢，铲除西巢。戚继光亲自督策部队奋力北上，再破北巢，粉碎了倭寇对仙游的围困。残余倭寇遂后撤退数里，脱离与明军接触。三十日，倭寇向泉州、惠州方向逃窜。

仙游一战，明军大获全胜，消灭倭寇千余人，俘通事一人，缴获器械六百余件，解救民众三千余人。

“常山之蛇”军阵，强调协同作战，具有大局思想。服从指挥的军队，战斗力会倍增，协同能力强，秩序井然，有条不紊，因敌应变，上下精诚团结，众志成城，无坚不摧。

九地之变，屈伸之利

【原典】

将军之事[1]，静以幽[2]，正以治[3]。能愚士卒之耳目，使民无知[4]；易其事，革其谋，使人无识[5]；易其居，迂其途，使人不得虑[6]。帅与之期，如登高而去其梯[7]；帅与之深入诸侯之地，而发其机[8]，焚舟破釜，若驱群羊，驱而往，驱而来，莫知所之。聚三军之众，投之于险，此谓将军之事也[9]。九地之变，屈伸之利[10]，人情之理，不可不察也。

【注释】

①将军之事：将，用作动词，主持、指挥的意思。此句意为指挥军队打仗的事。②静以幽：静，沉着冷静；以，同“而”；幽，幽深莫测。③正以治：谓严肃公正而治理得宜。正，严正、公正；治，治理、有条理。④能愚士卒之耳目，使之无知：愚，蒙蔽、蒙骗。句意为能够蒙蔽士卒，使他们不能知觉。⑤易其事，革其谋，使人无识：变更正在做的事情，改变计谋，使他人无法识破。易，变更；革，改变、变置。⑥易其居，迂其途，使人不得虑：更换驻防的地点，行军迂回，使敌人无法图谋。虑，图谋。⑦帅与之期，如登高而去其梯：期，约定。句意为主帅赋予军队作战任务，要断其退路，犹如登高而去梯，使之勇往直前。⑧帅与之深入诸侯之地，而发其机：统帅与军队深入敌国，就如击发弩机射出的箭一般（笔直向前而不可复回）。机，弩机之扳机。⑨聚三军之众，投之于险，此谓将军之事也：集结全军，把他们投置到险恶的绝地，这就是指挥军队作战中的要事。⑩九地之变，屈伸之利：对不同地理条件的应变处置，使军队进退得宜。屈，弯曲；伸，伸展。屈伸，这里指部队的前进和后退。

【译文】

在指挥军队这件事情上，要做到考虑谋略沉着冷静而幽深莫测，管理部队公正严明而有条不紊。要能蒙蔽士卒的视听，使他们对于军事行动毫无所知；变更作战部署，改变原订计划，使人无法识破真相；不时变换驻地，故意迂回前进，使人无从推测我方的意图。将帅向军队赋予作战任务，要像使其登高而去掉梯子一样，使军队有进无退。将帅率领士卒深入诸侯国土，要像弩机发出的箭一样一往无前。要烧掉舟船，打碎锅子，以示死战的决心。对待士卒，要能如驱赶羊群一样，赶过去又赶过来，使他们不知道要到哪里去。集结全军官兵，把他们投置于险恶的环境，这就是指挥军队作战的要务。九种地形的应变处置，攻防进退的利害得失，全军上下的心理状态，这些都是作为将帅不能不认真研究和周密考察的。

解读

因地制宜者胜

《孙子·九地篇》把地形分为九种：散地、轻地、争地、交地、衢地、重地、圮地、围地、死地。大别之，可分为两类：自己国土内的散地和别人国土内的绝地。小别之，绝地又可分为三类：争地、交地；深入敌国腹地的重地；因地形而异的死地、围地、圮地和三国交界的衢地。这里讲的九种地形和《地形篇》讲的六种地形同为地形，但其所指却迥然不同。《地形篇》讲的六种地形，是讲排兵布阵的地理形势，所以专就地形的广狭、险易和距离远近而说。本篇讲的九种地形，是指军队远征进入敌境后所遇到的战地形势和士兵的心理。

地形之所以有轻、重、散、争等形态，正说明这是以人情为主，掺入心理作用的地形观，并不是纯粹客观上自然形势的地形观，用现代军事科学分类，《地形篇》的六种地形属于军事地形学范畴，《九地篇》的九种地形属于战略地形学范畴。

孙子主张战略突击，提倡深入敌国作战，这具有使士兵听从指挥、努力作战、就地解决军队给养、士兵无所畏惧等诸多优点。适应这种需要，《九地篇》首先论述了军队在九种不同战略地形下进行突击作战的指导原则，并进一步指出："九地之变，屈伸之利，人情之理，不可不察也。"总之，作战要择地处军，根据遇到的地形而采取不同的战法。

公元 214 年 5 月，长江沿岸地区雨水充沛，非常有利于吴军战船出击，于是，偏将军吕蒙向孙权建议说："近来曹操派庐江太守朱光在江北皖城（今安徽潜山县皖水之滨）屯田种稻。皖城肥沃高产，屯兵必然大增。不数年，就会形成对我军的威胁，宜尽早除之。"孙权采纳了吕蒙的建议，于闰五月率军乘船由长江入皖水，亲征皖城。但考虑到皖城是曹魏靠近吴国的边境小城，属于军事上的"轻地"，不宜久留。大多数人劝孙权在城外堆土山，准备攻城器械，待一切安排妥当后再攻城。吕蒙不同意他们的看法，建议说："若堆土山，造攻具，必然旷日持久。如此皖城必巩固城防，增加援兵，那时就难以攻取。何况我们是乘雨季从水路袭其边地，若滞留到河水干涸时，不仅还军的道路艰难，将士亦恐怠惰离心，为臣对此实在担心。目前皖城的城防想必不会很坚固，以我们三军之锐气，四面同时攻城，定能一鼓作气攻下，若及时赶在雨季结束之前从水路回师，避免在敌国边境之地多作停留，这才是全胜之策！"

于是，吕蒙推荐西陵太守甘宁为先锋。甘宁身先士卒，攀城而上，吕蒙擂鼓督战，士兵斗志昂扬，纷纷攀登城墙，半天的时间就攻下了皖城，俘获了太守朱光。

善于用兵者，首先善于选择战场。有利的地形地理要配合正确的战略战术，两者相辅相成，缺一不可。同样的地形地理，不同的将帅所运用的战略战术会有不同的结局。具体来讲，因地制宜原则就是针对各种不同的地形地理，采取各种不同的战略战术。兵家必争之地，就要不惜任何代价，抢先争利，不争必败；兵家必弃之地，就要退避三舍，不弃则亡。

孙子在本篇中论述了九种不同作战地区的用兵原则，对每一类型均有细致的解释和分析。这是兵家在作战时必须慎重处理的问题。管子也曾说："不务地利，则仓库不盈。"同理，做生意不论大小，也要注意地理环境条件的选择，做得好，肯定可以取得很好的经营效果。

顺详敌意，巧能成事

【原典】

凡为客之道，深则专，浅则散①。去国越境而师者，绝地也；四彻者，衢地也；入深者，重地也；入浅者，轻地也；背固前隘者，围地也；无所往者，死地也。是故散地，吾将一其志②；轻地，吾将使之属；争地，吾将趋其后；交地，吾将谨其守；衢地，吾将固其结③；重地，吾将继其食；圮地，吾将进其途；围地，吾将塞其阙④；死地，吾将示之以不活。故兵之情，围则御⑤，不得已则斗，过则从⑥。

是故不知诸侯之谋者，不能预交；不知山林、险阻、沮泽之形者，不能行军；不用乡导者，不能得地利⑦。四五者，不知一，非王霸之兵也⑧。夫霸王之兵，伐大国，则其众不得聚；威加于敌，则其交不得合⑨。是故不争天下之交，不养天下之权⑩，信己之私，威加于敌，故其城可拔，其国可隳。施无法之赏⑪，悬无政之令，犯三军之众⑫，若使一人。犯之以事，勿告以言；犯之以利，勿告以害。投之亡地然后存，陷之死地然后生。夫众陷于害，然后能为胜败⑬。

故为兵之事，在于顺详敌之意⑭，并敌一向，千里杀将⑮，此谓巧能成事者也。

【注释】

①深则专，浅则散：言作战于敌国，深入则士卒一致，浅进则士卒涣散。②散地，吾将一其志：在散地作战，我们要使全军的意志统一起来。③衢地，

吾将固其结：遇上衢地，我们要巩固与诸侯国的结盟。④塞其阙：堵塞缺口。意在迫使士兵不得不拼死作战。⑤围则御：被包围就会奋起抵御。⑥过则从：过，甚，绝。指身陷绝境士兵就会听从指挥。⑦“是故……不能得地利”句：此段话已见于前《军事篇》，此处重复，以示重要。另一说认为此处系衍文。⑧四五者，不知一，非王霸之兵也：此言九地的利害关系，有一不知，就不能成为霸王的军队。四五者，泛指。⑨威加于敌，则其交不得合：国家强大的实力形成的压力、兵威施加到敌人头上，使之在外交上无法联合诸国。⑩不养天下之权：没有必要在其他国家里培植自己的权势。养，培养、培植。⑪施无法之赏：无法，超出惯例，破格。句意为施行超出惯例的奖赏。⑫犯三军之众：犯，使用，指挥运用。句意为指挥三军上下行动。⑬夫众陷于害，然后能为胜败：只有把军队投置于险恶境地，才能取胜。害，害处，指恶劣环境。胜败，指取胜、胜利。⑭在于顺详敌之意：顺，假借为“慎”，谨慎的意思；详，详细考察。句意为用兵作战要审慎地考察敌人的意图。⑮并敌一向，千里杀将：并敌一向，集中主要兵力，选定恰当的主攻方向；杀将，擒杀敌将。

【译文】

在敌国境内作战的通常规律是：进入敌国境内越深，军心就越是稳定巩固；进入敌国境内越浅，军心就容易懈怠涣散。离开本土，越人敌境进行作战的地区，叫作绝地；四通八达的地区，叫作衢地；进入敌境纵深的地区，叫作重地；进入敌境浅的地区，叫作轻地。背有险阻面对隘路的地区，叫作围地。无路可走的地区，叫作死地。因此，处于散地，要统一军队的意志；处于轻地，要使营阵紧密相连；在争地上，要迅速出兵抄到敌人的后面；在交地上，就要谨慎防守；在衢地上，就要巩固与诸侯列国的结盟；遇上重地，就要保障军粮的供应；遇上圮地，就必须迅速通过；陷入围地，就要堵塞缺口；到了死地，就要显示殊死奋战的决心。所以，士卒的心理状态是：陷入包围就会竭力抵抗，形势逼迫就会拼死战斗，身处绝境就会听从指挥。

因而，不了解诸侯列国的战略意图，就不要预先与之结交；不熟悉山林、险阻、沼泽等地形情况，就不能行军。不使用向导，就无法获得有利的地形。

这些情况，如有一样不了解，都不能成为称王争霸的军队。凡是称王争霸的军队，进攻敌国，能使敌国的军民来不及动员集中；兵威加在敌人头上，能够使敌方的盟国无法配合策应。因此，没有必要去争着同天下诸侯结交，也用不着在各诸侯国里培植自己的势力；只要伸展自己的战略意图，把兵威施加在敌人头上，就可以夺取敌人的城邑，摧毁敌人的国都。施行超越惯例的奖赏，颁布不拘常规的号令，指挥全军就如同使用一个人一样。向部下布置作战任务，但不要说明其中的意图。动用士卒，只说明有利的条件，而不要指出危险的因素。将士卒投置于危地，才能转危为安，使士卒陷身于死地，才能起死回生。军队深陷绝境，然后才能赢得胜利。所以，指导战争这种事，在于谨慎地观察敌人的战略意图，集中兵力攻击敌人之一部，千里奔袭，擒杀敌将。这就是所谓巧妙用兵，实现克敌制胜的目标。

解读

机不可失，时不再来

战争是力量的较量，它是以一定的人力、物力、财力为基础的。在硝烟滚滚的战场上，战争双方的人力、物力、财力都不是一成不变的，它们是在不断变化的。即使是力量占绝对优势的一方，在某一局部地区、某一特定天时之下，它的优势也可能转化为劣势；反之，即使是人力、物力、财力都完全处于劣势的一方，只要军队的统帅运筹得当，就可以利用特定的天时、地利和时间在局部上变劣势为优势，从而改变整个战局的形势。俗话说“机不可失，时不再来”，关键在于是否能把握住时机、抓住时机，从而集中兵力，形成局部优势，赢得胜利。

王莽末年，以绿林农民起义军为主体的刘玄汉军，在昆阳（今河南叶县）地区抓住时机，大破王莽军主力的反击战，为中国古代著名十大战役之一，史称“昆阳之战”。

在王莽统治期间，徭役繁多，横征暴敛，加之连年水旱蝗灾不绝，民不聊生。因此，各地先后爆发农民起义，其中最为突出的是威震山东的赤眉军和纵横中原的绿林军。西汉王朝宗室刘玄、刘秀等人先后加入王匡、王凤领导的绿林军。地皇四年（公元23年）一月，绿林军向西挺进，逼近王莽统治的军事重镇宛城（今河南南阳）。二月，绿林军乘王莽军主力东攻赤眉之机，在批水（今河南信阳境）击灭王莽军甄阜、梁丘赐部，继而又在清阳（今河南新野东北）击溃严尤、陈茂军，势力发展到十余万人。由新市、平林、下江、舂陵四支力量组成的绿林军，随着形势的深入发展，迫切需要建立政权。因此，地皇四年（公元23年）二月，刘玄称帝，国号仍为汉，建元更始。在更始政权中，王匡为定国上公，王凤为成国上公，朱鲔为大司马，陈牧为大司空，刘秀为太常偏将军，各路起义军统称为汉军。汉军兵分两路，以主力军围攻宛城，另一支部队由王凤、王常、刘秀率领袭向颍水以南，于三月进占昆阳（今河南叶县）、定陵（今河南舞阳北）和郾城（今河南郾城西南）。

王莽接到汉军连连大捷的消息非常恐慌，急令大司空王邑驰赴洛阳，与大司徒王寻从各州郡调兵，企图一举歼灭汉军。王莽军号称百万，其中甲士42万人。行军之时，旌旗蔽日，辎重连接，黄沙滚滚，千里不绝。汉军将领见王莽军声势浩大，惊慌不已，纷纷退回昆阳。众将慑于王莽军声势，忧心忡忡，担心身家性命，意欲放弃昆阳，分散返回，各保自己的地区。唯有太常偏将军刘秀镇定自若。刘秀道：“今昆阳兵弱粮少，而外寇强大，全靠大家并力抵御，才有胜利的希望。如若分散，势必皆不能保全。”刘秀扫视诸将，注意他们的神态，继续分析说：“我军尚未攻克宛城，我围攻宛城的主力不能前来相救，如昆阳被王莽军攻破，各部分的军队早晚也将被消灭。诸公不思同心协力坚守此城，怎么还想各自保全妻儿财物啊？”成国上公王凤等将领怒斥刘秀：“刘将军怎敢如此？”刘秀听后笑着站了起来。恰好，探马回来报告，王莽军已至城北，军队绵延数百里见不到尾。诸将听罢，无不惊慌失色，兵临城下，走亦嫌迟，只能另图良策。王凤等向来轻视刘秀，但到了危急关头，只好向他讨教。刘秀详细向他们分析情况，筹划行动方案。此时，昆阳城里的汉军只有八九千人，势难出战；但昆阳城坚壕阔，足以坚守。

因此，刘秀建议留成国上公王凤和廷尉大将军王常守昆阳。由刘秀率骠骑十万发起进攻，咆哮的河川几乎被尸体堵塞断流。王邑、严尤等将领踏着死尸渡水才得以逃脱。汉军大捷，所缴获王莽军的全部军用物资，一连搬了一个多月尚未搬尽，剩下来的只得烧毁。此时，宛城亦已被汉军攻破。大司空王邑仅率从长安出发时带的数千勇士仓皇返回洛阳。消息传至长安，王莽朝廷极为恐慌。各地豪强乘机起兵，杀官夺地，反对王莽，自称将军，用汉年号以待刘玄部队。地皇四年（公元23年）九月，汉军乘胜进攻洛阳。十月，大军进入长安。王莽新朝在昆阳大战以后的三个月就彻底垮台。

昆阳之战，刘秀能乘敌之隙，抓住时机，乘机进击是夺取胜利的一个重要原因。

战争如此，人生亦如此。在人生旅途上，命运之神并非只眷顾几个分外令她“垂青”的人。事实上，几乎人人都会遇到良机，聪明的人往往都会牢牢抓住它，不会任由它从身旁溜走。

其实，在日常生活中，只要你留心，身边的每一件小事当中都可能蕴藏着机会。成大事的人绝不会放过每一件小事，他们对什么事情都极其敏感，能够从平凡的生活事件中发现成功的机遇。

人生的机会可能会以多种方式降临在我们面前，但要捕捉机遇，就需要在平时养成留心身边事的习惯，时时刻刻全身心地准备着去迎接、去拥抱每一次光顾你的幸运之神。

践墨随敌，以决战事

【原典】

是故，政举之日，夷关折符，无通其使[①]；厉于廊庙之上，以诛其事。敌人开阖，必亟入之[②]，先其所爱[③]，微与之期[④]。践墨随敌[⑤]，以决战事[⑥]。

【注释】

①政举之日，夷关折符，无通其使：政，指战争行动；举，实施、决定；夷，封锁；折，折断，这里可理解为废除；符，通行证；使，使节。句意为决定战争行动之时，要封锁关口，废除通行凭证，不同敌国的使节相往来。②敌人开阖，必亟入之：敌方出现疏隙，己方须不失时机地突击。阖，门窗，此处借喻敌方之虚隙。亟，急。③先其所爱：指首先攻取敌人关键、要害之处，以争取主动。④微与之期：微，不；期，约期。即不要与敌人约期交战。⑤践墨随敌：践，是遵守、遵循的意思；墨，意为原则。句意为遵守的原则是随敌情而变化。⑥以决战事：以解决战争胜负问题。即求得战争的胜利。

【译文】

因此，在决定战争方略的时候，就要封锁关口，废除通行符证，不允许敌国使者往来，要在庙堂里反复秘密谋划，做出战略决策。敌人方面一旦出现间隙，就要迅速地乘虚而入。首先夺取敌人的战略要地，但不要轻易与敌约期决战，要灵活机动，因敌变化来决定自己的作战行动。

解读

灵活机动，不生搬硬套

“践墨随敌，以决战事”，这是作战指挥的要点。意思是说实施作战计划时，既要遵循军事原则，又要针对敌情的变化，灵活机动地采取相应的军事行动。敌情是经常变化的，指导作战的方案也需要随情况的变化而变化。否则，墨守成规，一成不变，必然要打败仗。

“践墨随敌，以决战事”是孙子用兵思想的一个重要内容，是以“知己知彼”为前提的用兵原则。

公元前208年，秦国攻打赵国都城巨鹿，赵军兵败被围，巨鹿危在旦夕。赵王一面命大将陈余出战抗敌，一面派人向齐、燕、代、楚等求救。慑于秦军威势，陈余不敢出战，只在城外拒守。齐、燕、代几国的援兵也进到巨鹿附近，便不敢再向前。只有项羽率领楚军投入了救赵战斗。渡过黄河后，项羽即下令全军将士：沉掉船只，砸破釜甑，烧毁营舍，每人只带三天干粮，誓与秦军决一死战。楚军上下面临绝境，又见主帅项羽英勇慷慨，因此人人怀必死之心，奋力前行，直抵巨鹿城下。

秦将王离见楚军来救，当即调遣军队，亲往迎敌。两军相逢，秦军还没有展开阵势，楚军便一齐冲来，乱砍乱杀，勇猛异常，秦军猝不及防，竟三战三退。秦将章邯见王离战败，便率大军前往接战，与楚军对阵。这时，燕、齐、代等国援军统统留在自己营中，踞壁观望。远远地望见秦楚两支军马渐渐接近，秦军甲仗整齐，队伍雄壮，颇有泰山压顶之势，而楚军却衣甲简陋，步伐粗疏，三三五五，各自成队，全然不成阵式，只是一股劲儿向秦军阵中猛冲过去。

各国将士见此情景，无不为楚军捏一把汗，都以为楚军没有训练，只知一味蛮干，必败无疑！殊不知，这正是项羽用兵之妙。试想，楚军与秦军相比，数量几乎相差一半，如要兵对兵，将对将，搭配均匀方才动手，楚军简直不够分配，那才真是必败无疑！故而项羽从战场情势出发，临机处置，自己身先士卒，命令将士各自为战，不拘形式，只求杀敌取胜。这一次楚军已破釜沉舟，都是怀着必死之心前来，尤其主将冲锋在前，他们个个奋勇百倍，故能以一当十，以十当百。一时间，真正是呼声动天地，怒气冲斗牛，不但秦兵在场交手挡不住这股劲敌，一个个被吓得胆战心惊，就是站在壁上观望的各国将士，看了那情景也禁不住目瞪口呆，不寒而栗。秦将章邯本来就曾在项羽手下吃过败仗，这次遇到楚军如此勇猛，自料难以持久，斗了几个回合便下令退兵，这时部队伤亡已十之有三了。项羽见章邯退去，也下令收兵回营休息，到了夜间，仍严装以待。

过了一宵，项羽命令将士饱食干粮，再次出战。临出发时，项羽对将士们下令说："今日务必尽扫秦兵。否则，我军粮食已尽，将会全军覆灭。你死我活，就在今日一战！务请诸君拼力杀敌，以求全胜！"楚军将士得令后，一个个信心十足、勇气百倍，才进入战场，便一声呼啸，直向秦军奔去。秦将章邯刚刚上阵便陷入被动，尽管他也鼓励士卒，要与楚军决一雌雄，无奈经过昨日战败，士卒们已经胆怯。因此，章邯屡次下令前进，秦兵总是进一步退两步，进两步退四步，直到五进五退，已经是溃不成军了。

从项羽率军抵达巨鹿城下，与秦军先后大战九回合，秦军无一不败，章邯逃回城南大营。再说王离勉强守住本寨，不敢出战，项羽令英布、蒲将军领兵堵住甬道，自己亲自率军攻打王离，一鼓作气，直捣王离营门，王离想夺路逃走，却兜头碰着项羽，只战三四回合，便被楚军生擒了。就这样，楚军一举解了巨鹿之围。

"践墨随敌"作为古代战术最重要的组成部分，在作战指导原则上有其特殊的重要作用。在实施作战计划时，既要遵循军事原则，又要灵活变通。总而言之，必须根据主客观情况的变化，以灵活有效的作战方式，达到战胜敌人的效果。

始如处女，后如脱兔

【原典】

是故，始如处女，敌人开户①；后如脱兔，敌不及拒。

【注释】

①开户：放松戒备。

【译文】

因此，战斗打响之前要像处女那样显得深静柔弱，诱使敌人放松戒备。战斗展开之后，则要像脱逃的野兔一样行动迅速，使得敌人措手不及，无从抵抗。

解读

缓急相辅，各得其所

“兵之情主速”，这是古今中外军事家所公允并且被无数次战争证明了的至理名言。兵贵神速有两层含义：一是军队行动要快，“其疾如风”，“动如雷震”，“兵贵胜，不贵久”都是这种含义的表述。二是军队行动的时间要准确，不迟不早，恰到好处。迟了，会错过战机；早了，会暴露战略意图。所以关键在于恰到好处，及时把握住军事行动的时机。

兵贵神速是用兵的一般规律。只有发兵神速，速战速决，才能够攻敌不备，打得敌人措手不及。这样就能解决军需物资不足的问题。如果发现战机却犹豫不决，敌人就要先发制我；我虽然先发制敌，但行动不快，敌人就会先收到消息。难得到的是时间，容易失去的是机会。所以，行动一定要迅速，捕捉战机一定要准确。需要速战速决时，就要以迅雷不及掩耳之势，压倒敌人，夺取胜利。军队的神速行动，是将帅随机应变，多谋善断，办事果敢的智慧表现。

兵贵神速并不排除缓兵之计。战争情况复杂多变，行动计划有张有弛。形势有不宜进行立即决战的，关键所在是拖延时间，等待机会。敌人气盛时，就稍微待它懈怠。敌人集中优势兵力进犯，就稍微等待它分散瓦解。我军调集的救兵还没到达时，就必须等待我兵力集结后再行动。新归附的士卒相处不融洽，也必须等待互相信任后再行动。计划还没有考虑成熟，必须等待确定后再行动。时机不成熟不宜决战，暂时不打也是好的计策。缓兵之计，一般是在不利的形势下，没有把握取胜时所采用的，是为了争取一段时间休整，养精蓄锐。

兵贵神速，先发制人；缓兵之计，后发制人。这两种截然不同的用兵原则，既对立又统一，两者相辅相成。采用哪一种，要根据自己的实力和敌情等客观条件选择。运用之妙，存乎一心。兵贵神速，是在有利的形势下，不给敌人以喘息、备战的时间，捕捉战机，克敌制胜。缓兵之计，是在不利的形势下，给自己争取更多的时间，做充分的准备，做到有备无患，保存自己。

清朝时，在新疆西边有个叫浩罕的小国。这个小国本来已经接受了清朝的封号，是中国的藩属。后来，俄国人不断向东扩张，侵占了浩罕国的大片领土，引起了浩罕国首领阿古柏的不满。俄国就唆使阿古柏侵占我国新疆，以此作为它侵占浩罕的补偿。1865 年，阿古柏在俄国的唆使下，率兵占领了南疆地区，接着又向北疆扩张，占领了乌鲁木齐。阿古柏的野心越来越大，他宣布在新疆建立“哲德沙尔国”，自称国王，扬言要把新疆从中国领土上分裂出去。

俄国军队趁阿古柏宣布建国称王的时候，出兵占领了新疆西部的伊犁和附近地区。他们在那里征收赋税，行使国家主权，完全排斥了清朝对伊犁地区的统治。

为了尽快解决这种局面，1875 年 5 月初，朝廷任命左宗棠为钦差大臣，督办新疆军务。

一年后，左宗棠率领大军离开兰州，经过河西走廊向新疆进发。到了肃州（今甘肃酒泉）后，他把将领召集起来说："诸位将军第一次到西北边疆，大概对新疆的情况不太熟悉吧？我自幼爱读史书和兵书，对新疆的山川地形和历史沿革略知一二。新疆中部有一条大山脉，叫作天山，把新疆分成南北两大部分，山南叫南疆，山北叫北疆。我们这次进兵，要先攻交通比较便利我们容易到达的北疆，直取乌鲁木齐，在乌鲁木齐站稳脚跟以后，再收复其他地方。"将领们齐声说："一切听从大人指挥。"左宗棠说："既然如此，诸将听我的命令：大将刘锦棠指挥都统金顺一军，担任主攻；提督徐占彪、张濯一军把守哈密，配合金顺。从湖广来的楚军驻守敦煌、安西、玉门一线，严防敌军向内侵犯。我在肃州指挥，各军有事，随时前来禀报。"

左宗棠部署完毕，举行了隆重的祭旗仪式。在庄严的"左"字大旗下全军宣誓：不怕艰难险阻，誓与敌人血战到底，收复祖国河山。然后各军按照左宗棠宣布的作战任务和目标整装出发。

刘锦棠于 4 月 26 日在肃州正式受命出关，左宗棠又授以"先迟后速，缓进急战"的八字方针。

"先迟后速，缓进急战"是左宗棠根据实际情况制定的战略部署：先北路后南路。出关后，第一个战役是攻占北疆，收复乌鲁木齐至玛纳斯一带，扼全疆总要之处，为下一步南进准备后方基地。进攻的指导方针则是"缓进急战"。

左宗棠所制定的战略部署和作战指导方针是完全正确的。从敌情来看，先打北路之敌，做到了先拣弱敌打，因为阿古柏比沙俄弱，北路的白彦虎等部又比南路阿古柏嫡系弱。从地理上看，先打北路之敌，清军既可依托哈密、巴里坤、古城一带后方基地，又可以割断阿古柏与沙俄的联系，制止沙俄继续东侵，形成对南路阿军的东、北两面逼攻之势。而"缓进急战"的策略则正确地解决了新疆这种特殊的地理条件下作战的后勤保障问题。

1876 年 8 月，在左宗棠的指挥下，清军发起了北疆战役。清军将领刘锦棠按照“缓进急战”的原则，率清军乘夜间敌人睡觉的机会，急速发起猛攻，很快就占领了古牧地（今新疆来泉）。乌鲁木齐守将——投顺阿古柏的中国人白彦虎见势不妙，先行逃跑了。其他敌军见主将临阵脱逃，也跟着败下阵来，清军仅花了10天时间就顺利地占领了乌鲁木齐，很快就收复了伊犁以外的北疆地区。左宗棠的第一步计划顺利实现了。接着就准备向南疆进军。

接着，左宗棠又于1877年4月中旬适时地发起了天山战役。刘锦棠一部攻达坂城，仅用4天时间就全歼守敌，无一漏网。接着分兵一部与他部清军攻克吐鲁番城，前后不到半个月就顺利结束，总计歼敌2万余人，救出百姓2万余人。至此，清军完全打开了进军南疆的门户。

在天山战役结束后，左宗棠又命令部队“缓进”，因为筹运粮草、军饷需要一些时间。

清军的“缓进”以及阿古柏因战败恼怒突然中风而死，又客观上促进了阿古柏营垒的分化瓦解，其内部为争权夺利而爆发了一场内乱。这给清军继续进兵提供了新的有利条件。

在这种情况下，左宗棠抓住有利时机，部署了南疆战役计划。刘锦棠亲率精锐步骑，一个月急驰3000里，在各族人民的支持和协助下，一举收复了东四城，12月又收复了西四城。阿古柏部属除一小部投奔沙俄外，余部全被歼灭。

就这样，沦陷十多年的天山南北终于回到了祖国的怀抱，在新疆这块土地上，阿古柏的侵略势力被彻底消灭了。

左宗棠收复新疆的“急”与“缓”，都是根据战场形势而做出的具体进攻步骤：“急战”是为了速战速决，打敌人一个措手不及；而“缓进”则是为了瓦解敌人内部，保证后方供给。这个进攻原则，充分体现了左宗棠作为一个军事家长远的战略眼光。

第十二篇　火攻篇

本篇主要论述了火攻的种类、条件和实施方法，力图借助于自然之火来辅助进攻，即“以火佐攻”。同时提出了慎重对待战争的问题。

火攻者明，水攻者强

【原典】

孙子曰：凡火攻有五，一曰火人①，二曰火积②，三曰火辎③，四曰火库④，五曰火队⑤。行火必有因，烟必素具⑥。发火有时，起火有日⑦。时者，天之燥⑧也；日者，月在箕、壁、翼、轸⑨也，凡此四宿者，风起之日也⑩。

凡火攻，必因五火之变而应之⑪。火发于内，则早应之于外⑫。火发兵静而勿攻，极其火央，可从而从之，不可从而止之。火可发于外，无待于内⑬，以时发之。火发上风，无攻下风⑭。昼风久，夜风止。凡军必知有五火之变，以数守之⑮。

故以火佐攻者明⑯，以水佐攻者强。水可以绝，不可以夺⑰。

【注释】

①火人：火，此处用作动词，用火焚烧之意。火人即焚烧敌军人马。②火积：指用火焚烧敌军的粮秣物资。积，积蓄，指粮草。③火辎：焚烧敌军的辎重。④火库：焚烧敌军的物资仓库。⑤火队：焚烧敌军的后勤补给线。队，通“隧”，道路的意思。⑥烟必素具：烟，指火攻的器具燃料等物；素，平素、经常的意思；具，准备妥当。此句意为发火用的器材必须经常准备好。⑦发火有时，起火有日：意谓发起火攻要选择有利的时机。⑧燥：指气候干燥。⑨箕、壁、翼、轸：中国古代星宿之名称，是二十八星宿中的四个。⑩凡此四宿者，风起之日也：四宿，指箕、壁、翼、轸四个星宿。古人认为月球行经这四个星宿之时是起风的日子。⑪必因五火之变而应之：因，根据、利用；五火，即上述五种火攻的方法；应，策应、对策。句意为根据五种火攻所引起的敌情变化，适时地运用军队进行策应。⑫早应之于外：及早用兵在

外面策应（内外齐攻，袭击敌人）。⑬无待于内：不必待内应。⑭火发上风，无攻下风：上风，风向的上方；下风，风向的下方。⑮以数守之：数，星宿运行度数，此指气象变化的时机，即前所述“发火有时，起火有日”等条件。句意为等候火攻的条件。⑯以火佐攻者明：佐，辅佐；明，明显。指用火攻效果明显。⑰不可以夺：夺，剥夺，这里有焚毁之意，指焚毁敌人的物资器械。

【译文】

孙子说：火攻的形式共有五种，一是焚烧敌军人马，二是焚烧敌军粮草，三是焚烧敌军辎重，四是焚烧敌军仓库，五是焚烧敌军粮道。实施火攻必须具备条件，火攻器材必须平时即有准备。放火要看准天时，起火要选好日子。所谓天时，是指气候干燥；所谓日子，是指月亮行经“箕”“壁”“翼”“轸”四个星宿位置的时候。凡是月亮经过这四个星宿的时候，就是起风的日子。

凡用火攻，必须根据五种火攻所引起的不同变化，灵活机动部署兵力策应。在敌营内部放火，就要及时派兵从外面策应。火已烧起而敌军依然保持镇静，就应持重等待，不可立即发起进攻。等待火势旺盛后，再根据情况做出决定，可以进攻就进攻，不可进攻就停止。火可以从外面燃放，这时就不必等待内应，只要适时放火就行。从上风放火时，不可从下风进攻。白天风刮久了，夜晚风就容易停止。军队都必须掌握这五种火攻方法。灵活运用，等待放火的时日条件具备时再进行火攻。

用火来辅助军队进攻，效果尤为显著。用水来辅助军队进攻，攻势必能加强。水可以把敌军分割隔绝，但却不能用来剥夺敌人的军需物资。

解读

借势借力，强己胜敌

孙子是仔细体察和利用水攻、火攻并把其写进兵法的第一人。孙子身处两千多年前的春秋时代，火药尚未发明，火器还未出现，各种物资条件也都有限，因此，他只能从自然力量中去寻找作战的辅助工具，运用火攻和水攻的手段，给敌人以打击。

在《火攻篇》中，孙子介绍了用火烧的方法来毁掉敌方的营寨、积聚、辎重、仓库、粮道五种形式，指出了火攻必须具备的条件：要看天时、要选择有风的日子、要在上风头、要用兵力配合等。最后孙子得出结论：借助于火和水的力量，可以明显地增加自己的力量，从而轻而易举地夺取战争的胜利。

正所谓“好风凭借力”。一个人在事业上要想获得成功，除了靠自己的努力奋斗外，有时还要借助他人的力量才能事半功倍。

曾子说：“用师者王，用友者霸，用徒者亡。”成就大事的人，都不是孤军奋战者，他知道个人的能力再强也是微弱的，“好汉也要三个帮”，众木成林，众志成城。

东汉末年，曹操在平定北方、统一中原之后，统率号称 80 万的大军沿长江东进，企图迫使占有江南六郡的孙权不战而降，然后一统中国。

这时候，屡遭败绩的刘备已退守到长江南岸的樊口。受刘备的委托，诸葛亮只身一人前往柴桑会见孙权。诸葛亮舌战群儒，坚定了孙权迎战曹操的决心。于是，孙权和刘备结为联盟，共同抗曹。孙、刘的军队与曹操的军队在赤壁相遇，拉开了赤壁大战的序幕。

由于曹操的军队不善水战，初次交锋，孙、刘占了上风。曹操命令荆州降将蔡瑁、张允训练水军，周瑜巧施离间计，使曹操斩杀蔡瑁、张允。曹操失去了善于水战的指挥，窘迫之际，将大船、小船或三十为一排，或五十为一排，首尾用铁环链锁在一起。这样，大江之上，任凭风大浪大，战船不再颠簸，曹操以为得计。

周瑜得到消息后，决心用火攻打败曹军。但是，时值冬季，江上多西北风，如果用火攻，不但烧不了曹军，反倒要烧了自家战船，周瑜为此坐卧不宁。诸葛亮能察天文地理，早已测知冬至前后将会有一场大的东南风出现，于是自告奋勇，要“借”一场东南大风，助周瑜一臂之力。

周瑜欣喜若狂，又得大将黄盖以死相助，以“苦肉计”骗得曹操的信任。黄盖在东南风乍起之时，驾着十余只战船，载满浇上了油和裹有硫黄等易燃物的干草，在夜幕来临之际迅速接近曹操的战船。黄盖一声令下，点燃干草，十余艘战船在东南风的劲吹之下，犹如十余只火龙，直扑曹操的战船。

霎时间，江面上烟火冲天。曹操的战船连在一起，一船着火，几十只船跟着着火，曹操的水军士兵大部分被烧死、溺死在江中。火从江面蔓延到曹军岸边的营寨，岸边的曹营也变成了一片火海。

孙、刘联军乘势水陆并进，曹操从华容道侥幸逃得性命，曹军损失殆尽。

赤壁一战，为以后的魏、蜀、吴“三国鼎立”奠定了基础。

在战争中巧借火和水的辅助力量可以使弱者转化为强者，使劣势转化为优势。这充分体现出了巧借外力的作用。

胜攻取而不修其功凶

【原典】

夫战胜攻取，而不修其功者，凶①，命曰费留②。故曰：明主虑③之，良将修④之。

【注释】

①不修其功者，凶：如不能及时论功行赏以巩固胜利成果，则有祸患。②命曰费留：指若不及时赏赐，将士不用命，致使战事拖延或失败，军费将如流水般逝去。命，命名；费留，吝财，不及时论功行赏。③虑：谋虑、思考。④修：治，处理。

【译文】

凡打了胜仗，攻取了土地城邑，而不能及时论功行赏的，就必定会有祸患。这种情况叫作“费留”。所以说，明智的国君要慎重地考虑这个问题，贤良的将帅要严肃地对待这个问题。

解读

取胜后及时加强和巩固成果

取得胜利并不容易，巩固胜利的成果，更不容易。若辛辛苦苦打下了一片天下，却又损失殆尽，那就是白费力气了。

在取得胜利以后，需要及时地制定一整套政治、经济和军事上的政策来加强和巩固成果，只有这样才算是真正地取得了胜利。

北宋初年，太祖赵匡胤问赵普："自唐末数十年以来，帝王前后共换了十多个，而且战争不断，是什么缘故呢？"赵普回答道："这是由于节度使的权力太大，君主软弱而臣下太强，现在只要稍微削夺一点他们的权力，把钱粮控制起来，收回他们麾下的精兵，天下自然就太平了。"十分精明的太祖不等赵普把话说完就开口说："爱卿不必再多说，我已经知道该怎么办了。"

没过多长时间，太祖赵匡胤和老朋友石守信等几位饮酒，当饮至酒酣的时候，太祖赵匡胤命令左右随从退下，对石守信等几位说："若不是你们的鼎力相助，我今日不能达到这样的地位，我非常感激大家对我的恩德，这些我都始终不会忘记的。可做皇帝也有做皇帝的难处啊，完全没有做节度使快乐，如今我从早到晚没有睡过一天的安稳觉。"

石守信等人说："是什么事让陛下感到烦恼呢？"

太祖说："这是很明显的事情，谁不想坐天子之位呢？"

石守信等人惶恐不已地叩头说："陛下为什么说出这样的话？"

太祖说："虽然说大家并没有这个想法，但你们的部下将领谁不想富贵？有朝一日，他们将黄袍披在你们的身上，即便你们不想，也由不得你们了。"

石守信等人连连叩头哭泣着说："臣等愚昧无知，还没想到这一步。只求陛下怜悯给我们指条生路。"

太祖说："人生一世就如白驹过隙，你们何不舍掉兵权，选择好的田地买下来，给子孙后代留下永久的基业？多多置办一些歌童舞女，每日饮酒取欢，以终天年，君臣之间互不猜疑，不也很好吗？"

石守信等叩首再拜，说："陛下对臣等关爱备至，就如同臣等再生父母啊。"

到了第二天，石守信一行都称自己有病不能朝见拜谒，并且请求太祖解去他们手中的兵权。

打江山不易，保江山更难。成功与失败，损失与收获，都没有绝对不可逾越的界限，完全可以相互转变。在取得胜利以后，需要及时地加强和巩固成果，只有这样才算是真正取得了胜利。

不以怒兴师，不以愠而战

【原典】

非利不动[1]，非得不用[2]，非危不战[3]。主不可以怒而兴师，将不可以愠[4]而致战。

【注释】

①非利不动：于我无利则不行动。②非得不用：不能取胜就不要用兵。得，取胜。③非危不战：不在危急关头不轻易开战。④愠（yùn）：恼怒、怨愤。

【译文】

没有好处不要行动，没有取胜的把握不要用兵，不到危急关头不要开战。国君不可因一时的愤怒而发动战争，将帅不可因一时的愤懑而出阵求战。

解读

善用激将法

同样条件下，我军能用火攻，敌军也能用火攻。因此，高度防备敌人纵火助攻，是将帅必须时刻注意的。同时，还有一种无形之火在战争中同样起着至关重要的作用，这就是“怒火”，也即“心头火”。因而，也就有另一种不易察觉的“火攻”形式，叫作“激将法”。

激将法是一种说服人的技巧。使用激将法，往往能够使被说服者情绪冲动，从而去做一件他在平常情况下可能不会做的事；激将者还可以激起对手的愤怒感、羞耻感、自尊感、嫉妒感或者羡慕感等，在这种情况下，处于激动之中的对象无论如何也想不到怎样上了激将者的当。

激将法具有多种用途，既可用来激励亲友奋发向上，又可用于外交以达到自己的目的，也可用于调兵遣将，使之勇猛向前。用得好，可事半功倍；用得不好，则适得其反。

聪明成熟的将帅能控制自己“不怒”，却能使对方大怒。将帅只有在按捺住“心头火”的前提下，才能充分显示和发挥智、信、仁、勇、严。心理学认为，人的喜怒哀乐影响人的判断能力、组织能力、管理能力、指挥能力等。喜形于容，怒形于色，是将帅的大忌。医学上也通过大量资料证明，人的七情六欲制约着人的体能，影响着人体能的发挥。军事科学对将帅心理素质的要求则更高、更严，近乎苛刻，所以有“千军易得，一将难求”之说。

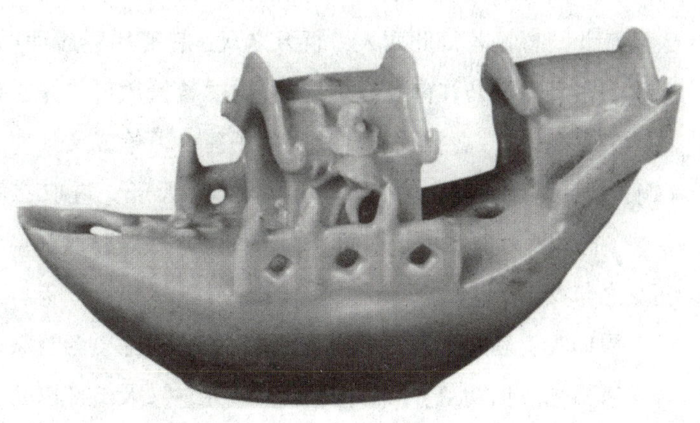

在中国古代，最善于用激将法的恐怕要数诸葛亮了。他的激将法因人、因事不同而采取不同的方法。他最常用的，是从对方最疼的地方激之。如诸葛亮明知大乔是孙策之妇，二乔是周瑜之妻，便巧改曹植《铜雀台赋》，证明曹操占领江东是要娶二乔以乐晚年，激得周瑜火气冲天，誓与“曹贼势不两立”，求诸葛亮助己共同破操。

建安十三年，曹操率军南下。刘备大惊，率军匆匆南撤，带领士兵和逃难的百姓向江陵一带撤退。这时曹操已经占领了江陵，将顺江而下。诸葛亮向刘备建议："形势十分危急，让我求救于孙将军吧！"

鲁肃引诸葛亮来见周瑜，谈及战和之事，周瑜佯讲其主张投降，鲁肃则力主抗战，二人争得耳红脸赤。诸葛亮却在一旁袖手冷笑。周瑜问诸葛亮有何高见。

诸葛亮冷冷地说："将军降曹，可以保妻子，全富贵。"这话表面是赞成周瑜的意见，实则是对他的讽刺。

鲁肃不知底细反大怒说："汝教吾主屈膝受降于国贼乎！"诸葛亮献计说："不劳牵羊担酒，纳土献印；亦不需亲自渡江；只须遣一介之使，扁舟送两个人到江北。曹操若得此两人，百万之众，皆卸甲卷旗而退矣。"周瑜问是哪两个人，诸葛亮说乃江南二乔。周瑜说："曹操欲得二乔，有何证验？"

诸葛亮说："曹操幼子曹植，字子建，下笔成文。曹操尝命作一赋，名曰《铜雀台赋》。赋中之意，单道他家合为天子，誓取二乔。"并诵《铜雀台赋》，把原赋"连二桥于东西兮，若长空之蝃蝀"改为"揽二乔于东南兮，乐朝夕之与共"。

周瑜听罢勃然大怒，离座指北而愤愤骂道："老贼欺吾太甚！"

诸葛亮急忙劝道："昔单于屡侵疆界，汉天子许以公主和亲，今何惜民间二女乎？"

周瑜说："公有所不知，大乔是孙伯符将军主妇，小乔乃周瑜之妻也。"

诸葛亮佯作惶恐之状，说："亮实不知，失口乱言，死罪死罪！"

周瑜说："吾与老贼势不两立！"他要求诸葛亮助一臂之力，共破曹操。本是诸葛亮求助于周瑜，现在反是周瑜求助于诸葛亮，可见诸葛亮激词之妙。

诸葛亮的一番妙语，激起了周瑜与曹操决战的勇气，诸葛亮的智慧得到了充分的体现。

怒火是一种无形之火，在战争中同样也起着至关重要的作用。因而，激将法就是另一种不易察觉的"火攻"形式。

非利不动，明君慎用

【原典】

合于利而动，不合于利而止。怒可复喜，愠可复悦；亡国不可以复存，死者不可以复生。故明君慎之，良将警之①，此安国全军之道也②。

【注释】

①故明君慎之，良将警之：明智的国君要慎重，贤良的将帅要警惕。慎，慎重、谨慎；警，警惕、警戒。②此安国全军之道也：这是安定国家保全军队的根本道理。安国，安邦定国；全，保全。

【译文】

符合国家利益才用兵，不符合国家利益就停止。愤怒可以重新变为欢喜，愤懑也可以重新转为高兴。但是国家灭亡了就不能复存，人死了也不能再生。所以，对待战争，明智的国君应该慎重，贤良的将帅应该警惕，这是安定国家保全军队的根本道理。

解读

谨慎可以防止失败

国君和军将，不能只求战必胜、攻必取，不问代价，不计后果，如果是这样，肯定是“玩火者，必自焚”。所以，孙子最后劝诫：对战争的发动要收敛、要慎重，否则也会“自焚”。这就是孙武的慎战思想。

孙武这一出色的判断，如今已被人类史上无数军事实践证明。

率领诸军伐吴，是大军事家刘备一生中最后的演出。刘备不听群臣劝诫，一意孤行，把个人感情凌驾于国家利益之上，将大批军马带上了不归路。不但损兵折将，就连自己也丧身白帝城。这场战争的失败是必然的结局，因为他完全违背了孙子的慎战思想，战场上是绝对不允许冲动的。

公元219年，吴国和蜀国在荆州打了两场恶仗。这一仗，蜀国不仅丢失了重镇荆州，而且丧失了一员大将关羽，从而使刘备兵分两路北取中原的计划破产。于是，刘备在冲动之下发动了对吴国的战争。

从当时的形势来看，曹操已死，其子曹丕在洛阳做了皇帝，也正想趁机消灭蜀、吴两国。正因如此，蜀国许多有见识的人都劝阻刘备不要轻易发动对吴国的战争，而要和吴国联合起来，共同对付魏国。可是，刘备根本不听。

公元222年，三国时期的魏、吴、蜀三国还在相互争战。2月，蜀国刘备率领4万大军攻打吴国。蜀军从巫山到湖北宜昌沿路扎下了几十个大营，又用树木编成栅栏，把大营连成一片，前后长达七百余里。白天一眼望去是旌旗蔽日，夜间则是灯火通明，其阵势咄咄逼人。

其实，吴国对蜀国的进攻早有防备。吴国的孙权一方面与魏国交好，以防止两面受敌，另一方面派陆逊为镇西将军，统领李异、刘阿进驻巫山、林归，加强西线的防御。为了争取主动，孙权还写信给蜀国，要求重归于好，不要互相攻伐，以免两败俱伤。但刘备决心已定，一心想打败吴国，坚决不同意和好。于是，孙权就任命陆逊为大都督，率5万人马去阻止刘备的进军。

刘备出兵后，很快攻占了两三百公里的吴国土地。他继续进军，随行的黄权劝阻他说：“吴国人打仗向来是很勇猛的，千万别小看他们。我们的水军现在是顺流而下，前进容易，可是要退兵就难了。让我当先锋，在前面开路，陛下你在后面接应，这样比较稳妥。”这时的刘备一意孤行，根本听不进别人的话，他要黄权守住江北，自己亲率主力直向宜昌方向而去。

陆逊是孙权手下的一个年轻将领，他在荆州之战中崭露头角，受到了孙权的重用。这时，陆逊所面临的形势十分严峻：无论兵力、士气和占有的地

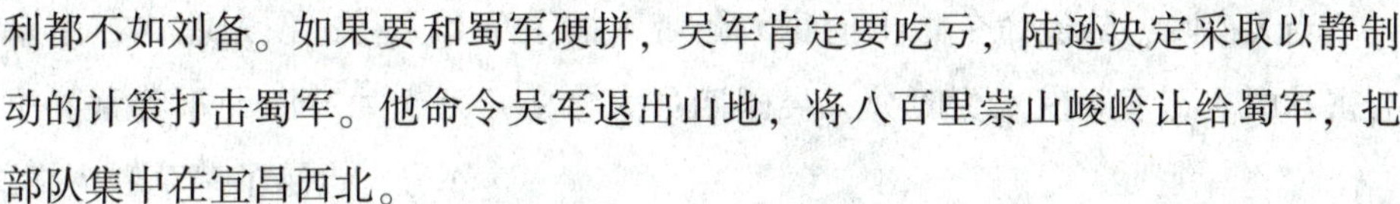

利都不如刘备。如果要和蜀军硬拼，吴军肯定要吃亏，陆逊决定采取以静制动的计策打击蜀军。他命令吴军退出山地，将八百里崇山峻岭让给蜀军，把部队集中在宜昌西北。

面对蜀军的步步进逼，吴军将士人人摩拳擦掌，想和蜀军决一死战。他们对陆逊的后退策略都不满意，认为陆逊胆小，怕打仗。但是，陆逊十分镇静，他对大家说："这次刘备带领大军前来进攻，士气旺盛，战斗力强。再说他们在上游占领了险要地方，我们一下子很难攻破，要是跟他们硬拼，万一失利，就要影响大局。现在我们还是要养精蓄锐，等待战局的变化。"

刘备根本没把陆逊这样一个年轻的军事指挥官放在眼中。但是，陆逊坚守不战，让刘备很着急。于是，他采取激将法，每天派人到阵前辱骂挑战，而陆逊总是不理。

刘备见骂阵没用，就企图用诱敌出战的办法。他派一部分兵力在吴军阵前扎营，向吴军挑战，自己亲率精兵八千埋伏在山谷里，等待着把吴军引诱出来，再来个两面夹击，陆逊还是没有上当。

这时，吴国的将士们更是不服，曾有人当面指责陆逊贻误战机。陆逊为了稳定军心，向将士们解释说："刘备想用激将法引我出击，而我坚守不出，其实是在反用激将法，如此一来，蜀军必会疲惫不堪。这样，刘备会更加着急，到时候我们再打他个措手不及。"

从 2 月一直持续到 6 月，陆逊一直按兵不动。天气一天比一天热，蜀军士兵开始叫苦不迭。刘备没有办法，只得把驻扎在山谷里的军队开到谷外，把江面上的军队移到陆地，把军营驻扎在深山密林之中，决定暂时休整部队，等到秋后再大举进攻。

陆逊见此，感到反击的时机到了。他召集将士，宣布要向蜀军进攻。将士们都很惊讶，认为此时不是进攻蜀军的最佳时机。陆逊对大家解释说："刘备的战斗经验非常丰富，其军队开始集结在我们境内时，士气旺盛，我们不能与他们硬拼。现在他们在这里驻扎了快半年之久，兵士们已经疲劳，斗志已经消沉，这正是我们打败蜀军的绝好时机。"

为了稳妥起见，陆逊先做了试探性的进攻，并想出了击破蜀军的办法。

当天夜晚，陆逊命令将士们每人各带一捆茅草和火种，预先埋伏在南岸的密林中。到了深夜三更时分，吴国四员大将率几万士兵冲向蜀军阵营。一声军号，点燃了茅草和火把。一时间，蜀军的营寨和两边的树木顿时烧成一片。蜀军被这突如其来的打击搞得晕头转向，互相践踏，死伤无数。顺着火光往远处望去，蜀军七百余里营寨接连起火。在一片烟火之中，蜀军如惊弓之鸟，四散奔逃，溃不成军。刘备在数名将领的护卫下，拼命冲杀，才逃了出去。

就这样，刘备的四十多个营寨和数万大军，一夜之间便灰飞烟灭。刘备后来逃到了白帝城，他想到这次失败，又羞又愧，无名的怨恨化作双泪横流，在一声长叹之中，终于病倒了。第二年四月，刘备在白帝城永安宫去世。

战场是残酷的，而且需要冷静，意气用事、不计后果只能给敌人制胜的机会。仓促下决定，会因考虑不周而失败，所以做决定前要再三思考，切忌疏忽大意。

在生活中，我们也有很多事情不假思索就做出了决定。所以，我们要慎重对待每一件事，只有这样，我们才能少出差错，才能一步一步把事情办好。谨慎是一种大智慧，也是成大事者的必修课。

谨慎包括慎言、慎谋、慎行。可以说，凡是谨言慎行的人，就不会轻易失败。因为谨言慎行的人大多思想深沉、思维严谨，遇事考虑周到。他们懂得，言语能伤人也能害己，说话如不加小心，很可能会招惹是非，引起争端和麻烦，甚至可能危及性命。

第十三篇 用间篇

本篇主要论述了战争中使用间谍的重要性，以及间谍的种类和使用方式，是孙子兵法中的间谍论专题。

取人用间，收集情报

【原典】

孙子曰：凡兴师十万，出征千里，百姓之费，公家之奉[①]，日费千金；内外骚动[②]，怠于道路[③]，不得操事[④]者，七十万家[⑤]。相守数年[⑥]，以争一日之胜，而爱爵禄百金[⑦]，不知敌之情者，不仁之至也，非人之将[⑧]也，非主之佐也，非胜之主[⑨]也。故明君贤将，所以动而胜人[⑩]，成功出于众者，先知也。先知者，不可取于鬼神[⑪]，不可象于事，不可验于度[⑫]，必取于人，知敌之情者也。

故用间有五：有因间，有内间，有反间，有死间，有生间。五间俱起，莫知其道[⑬]，是谓神纪，人君之宝[⑭]也。因间者，因其乡人而用之。内间者，因其官人而用之[⑮]。

【注释】

①奉：同“俸”，指军费开支。②内外骚动：指举国上下混乱不安。内外，前方、后方的通称。③怠于道路：怠，疲惫、疲劳。此言百姓因辗转运输而疲于道路。④操事：指操作农事。⑤七十万家：比喻兵事对正常农事的影响之大。⑥相守数年：相守，指相持、对峙。相守数年即相持多年。⑦而爱爵禄百金：而，如果；爱，吝惜、吝啬。意指吝啬爵位、俸禄和金钱而不肯重用间谍。⑧非人之将：不懂用间谍执行特殊任务的将领，不是领导部队的好将领。非人，不懂得用人（间谍）。⑨非胜之主：不是能打胜仗的国君。主，君主，国君。⑩动而胜人：动，行动，举动，这里指出兵。句意为一出兵就能战胜敌人。⑪不可取于鬼神：指不可以通过用祈祷、祭祀鬼神和占卜等方法去求知敌情。⑫不可验于度：指不能用证验日月星辰运行位置的办法去求知敌情。验，应验，验证；度，度数，指日月星辰运行的度数（位置）。

⑬五间俱起，莫知其道：此言五种间谍同时使用起来，使敌人无法摸清我军的行动规律。道，规律，途径。⑭人君之宝：宝，法宝。句意为“神纪”是国君制胜的法宝。⑮内间者，因其官人而用之：官人，指敌方的官吏。句意为，所谓内间，就是指收买敌国的官吏为间谍。

【译文】

孙子说，凡兴兵十万，征战千里，百姓的耗费，公事的开支，每天都要花费千金；前方后方动乱不安，民夫疲惫地在路上奔波，不能从事正常耕作生产的，多达七十万家。这样相持数年，就是为了决胜于一旦。如果吝惜爵禄和金钱，不肯重用间谍，以致不能掌握敌情而导致失败，那就是不仁慈到极点了，这种人不配做军队的统帅，称不得是国家的辅佐，也不是胜利的主宰者。所以，英明的君主和贤良的将帅，他们之所以一出兵就能战胜敌人，功业超越普通人，就在于能够预先掌握敌情。要事先了解敌情，不可用求神问鬼的方式来获取，不可拿相似的事情类比推测来得到，不可用日月星辰运行的位置去做验证。一定要取之于人，从那些熟悉敌情的人口中去获取。

间谍的运用方式有五种，即因间、内间、反间、死间、生间。这五种间谍同时使用起来，使敌人无从捉摸我用间的规律，这就是使用间谍的神秘莫测的方法，也正是国君克敌制胜的法宝。所谓因间，是指利用敌人的同乡做间谍。所谓内间，就是利用敌方的官吏做间谍。

解读

堡垒最容易从内部攻破

随着间谍活动的进一步发展，后世兵家认为，用间不仅仅局限于了解敌人的军机密要，也可以独立发展成为一种特殊的斗争方式，离间术便是适应这种需要而产生的。为了达到离间的目的，尤其需要使用内间。

内间为五间之一种。“内间者，因其官人而用之。”是指收买敌国官吏作为己方间谍。在兵家看来，利诱是包治百病的良药，而用什么手段接近，则是值得研究的问题。兵家主张根据对象的不同特点，采取不同的手段：对对方受宠的人贿以珍玩珠宝，对对方不得志的人许以高官厚禄。

究其原因，间谍的产生都是人的私欲所造成的。人是自私的，也正是这种“自私”的本性存在，才让人在思考问题的时候往往站在“自我”的角度。正因如此，才产生了推动人类社会进步的原动力——欲望。在很多时候，人们就是通过对于人性之中所存的这种本性，在一定的“度”内满足人因为“自私”所产生的欲望，进而达到自己的目的。

绍兴十年，完颜宗弼毁约南进。岳飞按照其联结河朔、进军中原的方略，遣将联络北方义军，袭扰金军后方；自率主力北上，在民众配合下，充分发挥士气旺盛、训练有素等有利条件，在郾城、颍昌之战中大破金军精骑，击败金军主力。

正当岳飞行将渡河时，高宗、秦桧却向金乞和，诏令各路宋军回师，致使岳飞恢复中原的计划功败垂成。次年，岳飞回临安，被解除兵权，改授枢密副使。十二月二十九日，被高宗、秦桧以“莫须有”的罪名杀害。

秦桧年轻时在太学读过书，政和五年登第，任州学教授。北宋灭亡前夕，任御史中丞。金军攻陷汴京（今河南开封），准备立张邦昌为帝，秦桧独自向金帅上书表示反对，要求由皇储继承宋朝的皇位，因此颇得声名。金帅指名索要秦桧，成为俘虏。到北方后，秦桧见宋朝大势已去，屈膝投降了敌人，很快就成为挞懒的亲信，随军为挞懒出谋划策。秦桧曾替被金朝羁留的宋徽宗起草文稿，呈送金帅粘罕，文稿的主要内容是为金朝献计：与其出兵远征，劳师动众，不如派回一名宋廷旧臣，让他劝谕南宋皇帝自动归顺，世代臣属，年年纳贡，这样就可以“不动一兵一卒，而坐享厚利”。这一计策虽然没有立即被粘罕采纳，秦桧由此却更受金朝统治者的赏识。

建炎四年，金朝统治者接受了建议，改变作战战略，施展了一条更为毒辣的诡计，把已经投降的秦桧放回宋朝去充当奸细。

秦桧突然归来，引起许多官员的怀疑。只有宰相范宗尹与秦桧是故旧，在赵构前极力推荐秦桧的“忠心”，因而得到赵构欣赏。秦桧一见赵构就兜售

“议和”妙策，说：“如果使天下平安无事，必须是南自南、北自北。”建议与金议和，还请求赵构写信给挞懒“求好”。第二天，范宗尹进呈由秦桧代赵构草拟的一份通过挞懒向金朝求和的国书，赵构见后说：“秦桧朴忠过人，朕得到了他，高兴得一夜都睡不着觉。”于是任命秦桧为礼部尚书。绍兴元年（公元1131年）二月，升为参知政事（仅次于宰相的职位）。七月，范宗尹被罢宰相职。秦桧鉴于朝廷缺相，图谋夺取宰相高位。他制造舆论，声称：“我有两个计策，可以耸动天下。”有人问他为什么不讲，秦桧回答说：“如今没有人当宰相，不好实行啊！”这话传到赵构耳中，加上正有大臣暗中推荐秦桧，就在八月提拔他做右相兼知枢密院事。

建炎四年，岳飞收复襄阳六郡，六年奇袭刘豫军、击伊阳（今河南嵩县），收复今豫西、陕南大片土地。刘豫连续被宋军打得弃甲曳兵、狼狈而逃。金朝统治者始知刘豫这一走狗不仅无用，而且还会成为自己的累赘，就在绍兴七年（公元1137年）十一月下令废黜刘豫，取消齐国政权。挞懒等人主张将河南、陕西地区归还给宋朝，要求赵构向金称臣，贡纳岁币。金熙宗与群臣议定后，就将宋朝在金的使臣王伦放回，让其回报金朝准许和议的消息。十二月，王伦回朝向赵构转达挞懒的口信：“好好告诉江南，从此道路无阻，和议可望成功。”还把金朝同意归还“梓宫”（徽宗的灵柩）和皇太后，以及退还河南各州等事告诉赵构；赵构得报，大喜，立即厚赏王伦，决意加紧与金议和。

秦桧深知赵构急于求和的心理，便尽力迎合；同时，打击和排挤所有反对议和的官员，扶植党羽。御史中丞常同、中书舍人潘良贵、参知政事刘大中、左相赵鼎、枢密副使王庶、礼部侍郎曾开等人，都因反对议和而相继被罢官出朝。而趋炎附势、力赞议和的官员，像勾龙如渊、施庭臣、莫将、沈该、孙近等人，受到破格提拔，掌握了弹劾机构御史台等要害部门，以便控制舆论，排除异己。

秦桧与赵构沆瀣一气，十分露骨地向金朝统治者乞降，引起宋朝文武官员和广大人民的激烈反对。福建安抚大使张浚连续五次上书，驳斥秦桧等人的谬论。韩世忠连上十多道奏章，要求拒绝议和，发兵决战。

绍兴八年（公元 1138 年）十二月，秦桧以宰相的身份，到临安金朝使臣的馆舍，代表赵构跪拜在金使的脚下，诚惶诚恐地接受了金朝的诏书。金朝答应把陕西、河南“赐还”给宋朝，并归还徽宗及其皇后的灵柩；宋朝向金称臣，每年贡银子 25 万两、绢 25 万匹。赵构、秦桧一伙就这样违背人民意愿，在抗金斗争相继取得胜利的形势下，使宋朝变成了金的属国。绍兴九年（公元 1139 年）正月，赵构以和议达成布告全国，大赦天下，以示庆祝。

正当赵构和秦桧一伙弹冠相庆，以为大功告成之时，金国形势发生了变化。同年七八月间，金熙宗以谋反的罪名处死了挞懒等大臣，提升兀术为都元帅。兀术认为，把陕西、河南疆土归还给宋朝是最大的失策，决意发兵夺回，撕毁和约，下令伐宋。金军分成四路，向宋发动大规模的进攻。赵构、秦桧一伙一时惊恐万状，为了保全自己的地位和身家性命，只能命各军抵抗。岳飞在郾城、颍昌之战大破金军，击败金军主力。这时金兀术秘密写信给秦桧说：“你一天到晚请求讲和，而岳飞却正想进攻河北，还杀我女婿，此仇非报不可。必须杀了岳飞，才可以讲和。”他向秦桧明确提出以害死岳飞为议和的条件。秦桧奉令禀明赵构，遂与其死党在风波亭以“莫须有”的罪名杀害了岳飞，葬送了南宋北伐收复领土的大业。

堡垒是最容易从内部攻破的，这已是人人皆知的一条定律，从哲学上说，这完全符合内因是变化的依据，外因是变化的条件的原理。收买敌国官吏做己方间谍。在兵家看来，利诱是包治百病的良药。所以，既要防间，更要会用间。

策反敌谍，为我所用

【原典】

反间者，因其敌间而用之[①]。死间者，为诳事于外[②]，令吾间知之，而传于敌间也[③]。生间者，反报也[④]。

【注释】

①反间者，因其敌间而用之：所谓反间，就是指收买或利用敌方的间谍，使其为我所用。②为诳事于外：诳，欺骗、瞒惑。此句意为故意向外散布虚假情况，用以欺骗、迷惑敌人。③令吾间知之，而传于敌间也：意思是让我方间谍了解自己故意散布的假情报并传给敌方间谍，诱使敌人上当受骗。在这种情况下，事发之后，我方间谍往往难免一死，所以称之为“死间”。④生间者，反报也：反，同“返”。意思为那些到敌方了解情况后能够活着的间谍是回来报告敌情的人。

【译文】

所谓反间，即利用敌方间谍为我所用。所谓死间，是指故意制造散布假情报，通过我方间谍将假情报传给敌间，诱使敌人上当受骗，一旦真情败露，我方间谍就难免一死。所谓生间，就是侦察后能活着回来报告敌情的人。

解读

反间计的手段

有“用间”就有“反间”，自古以来它们就是敌对双方交战中惯用的较量手段之一。反间是五间的一种。所谓反间，就是收买或利用敌方派来的间谍，使其为我方所用。反间计的内容是以假乱真。其方法包括两个方面：一是敌方间谍被我方发现或捕获后，不是公开审判，而是暗中以重金收买，使他变为在我方控制下给敌方提供假情报的双重间谍。二是我方发现了敌间谍，并摸清了他的来意，但不露声色，装得像根本不知道一样，采取将计就计的办法，为他透露一些假情报。敌人以假当真，我方则可以利用敌人的错误达到目的。

对于“用间”方来说，“间”是在暗处，被侦察方在明处，反过来，反间时，间谍此时已经暴露在明处，反间方变成在暗处。这种“用间”和“反间”双方的斗争有时是非常激烈和惊心动魄的。因此，无论哪一方都要通过精心策划并运用高超的技巧来取得对方的信任，它是高度的智慧和胆识的体现。

反间计确实很厉害，轻可以使对手输上一阵，中可以使对手丢掉左膀右臂，重可以使对手丧身亡国。

然而运用反间人员必须十分谨慎。反间人员可能有以下几种情况：第一种是一心一意为我方所用；第二种是两面派，既应付我方，亦应付敌方。对敌我两方均有所讨好；第三种是顽固不化的死硬派，似乎表面上愿为我方效劳，而实际为敌尽忠。因此，我方要十分警惕后两种人，尤其是第三种人，因为这种人是非常危险的，必须严加提防，予以戒备。俗话说，害人之心不可有，防人之心不可无。否则，将给我方造成不可弥补的损失。

总之，攻防是一对矛盾，具有对立统一的性质。这一基本观点同样适用于谍报工作。

赤壁之战前，周瑜利用计谋除掉了曹营精通水战的蔡瑁、张允两位将领，就是一个有名的反间计。

曹营士兵大多是北方人，不习水战。曹操在占领荆州之后，便用降将蔡瑁和张允为都督，训练水军，为扫平江东作准备。蔡、张二人久居荆州，深得水战之妙。由他们训练水军，对江东显然是一种潜在的威胁，周瑜深为忧虑。

一天，周瑜正在帐中议事，有人通报蒋干来访。周瑜闻之大喜，顿时计上心来。蒋干与周瑜自幼同窗，交情颇厚，现为曹操帐下幕宾。这次，他是主动请命前来江东的，目的是要说服周瑜投降。一见面，周瑜就把蒋干的嘴“封”了起来：他命大将太史慈监酒，声称“今天是老同学相见，但叙朋友之情，不言军旅之事，有言之者当即斩首”，使得蒋干始终无法开口道出说辞。欢宴之后，周瑜一定要与蒋干同榻而眠。他故意装作大醉的样子，和衣而卧，呕吐狼藉，一会儿就鼾声如雷。蒋干因心中有事，难以入睡。二更即起，见帐内残灯尚明，桌上堆着文书，便下床偷看，他见有蔡瑁、张允写给周瑜的一封投降书信，不禁大惊，忙将其藏到了身上。这时，周瑜在床上翻了个身，说起了梦话，道是数日之内要让蒋干看那曹操的脑袋。蒋干连忙熄灯上床。将近四更时分，只听得有人进帐唤道："都督醒了吗?"周瑜装作梦醒的样子，故意问那人说："床上睡的是什么人?"那人答道："都督请子翼一同睡觉，怎么忘记了?"周瑜懊悔地说："我平日从未醉酒，昨天喝醉了，不知可曾说过些什么?"那人道："江北有人过来。"周瑜小声喝道："低声!"又叫："子翼!"蒋干装作睡着，一声不应。

周瑜同来人悄悄走出帐外，蒋干则在帐内偷听。只听来人在外面说："蔡、张二位都督道：'急切中无法下手……'"后面的话因声音太小，无法听清。一会儿，周瑜回到帐内，又叫："子翼!"蒋干不应，仍然蒙头假睡。周瑜遂脱衣就寝。蒋干暗想：这周瑜是个精细人，天亮后若不见了蔡、张二人的书信，岂肯与我罢休?因此，刚到五更，即趁周瑜熟睡之机，悄悄溜出帐外，叫上随身带的小童，飞快地赶到江边下船回江北去了。

蒋干立即把书信呈给曹操，曹操看后勃然大怒，遂唤蔡瑁、张允入帐，未容二人分辩，即命武士推出斩首。这样，大战尚未开始，曹军最为得力的两个水军将领就被周瑜以反间之计轻而易举地除掉了。

能攻善守，是谍报工作必须遵循的一条重要原则。因此，古今战争中善于指挥的将领，既用间施计，又能攻善守，从而取得战争的胜利。

微哉！无所不用间

【原典】

故三军之事，莫亲于间①，赏莫厚于间②，事莫密于间③。非圣智④不能用间，非仁义不能使间⑤，非微妙不能得间之实⑥。微哉微哉，无所不用间也！间事未发⑦而先闻者，间与所告者皆死⑧。

【注释】

①三军之事，莫亲于间：三军中最亲信的人，无过于委派的间谍。②赏

莫厚于间：赏赐没有比间谍所受更优厚的了。③事莫密于间：军机事务，没有比间谍之事更为机密的。④圣智：才智过人的人。⑤非仁义不能使间：指如果吝啬爵禄和金钱，不能做到以诚相待，则无法用好间谍。⑥非微妙不能得间之实：微妙，精细奥妙，这里指用心精细、手段巧妙；实，指实情。意谓不是精心设计、手段巧妙的将领，不能取得间谍的真实情报。⑦间事未发：发，举行、实施之意。此言用间之计尚未实施开展。⑧而先闻者，间与所告者皆死：先闻，事先知道，即暴露。即言间事先行暴露，则必须杀掉间谍和知情者，以灭其口。

【译文】

所以在军队中，没有比间谍为更可亲信的人；给的奖赏，没有比间谍更为优厚的；没有什么比间谍之事更为秘密的了。不是才智超群的人不能使用间谍；不是仁慈慷慨的人不能指使间谍；不是谋虑精细的人不能分辨证实间谍提供的情报。微妙啊，微妙！无时无处不在使用间谍！间谍的工作还未开展，而秘密却已暴露，那么间谍和了解内情的人都要被处死。

解读

无时无处不用间

用间是军事中一种常法，是取胜的重要手段之一。“无所不用间也！”“间”字原意为门中窥月，窥日月运行，察战场玄机，探人情微妙，大概都可被纳入“间”的引申义中，而要探知日月盈昃、战场风云、人情冷暖，无不可用间。因此，孙子不仅强调“用间”，而且主张“无所不用间”。

战国时期，齐国帮助楚国攻打秦国，夺取了曲沃这个地方。从此，齐、楚两国结成了同盟。

公元前313年，秦国想攻打齐国，但看到齐、楚两国联合起来了，力量强大，秦惠王为此十分苦恼。有一天，秦惠王对张仪说：“我们要攻打齐国，但齐、楚两国关系友好，你看怎么办才好？”张仪说：“请大王为我预订车辆，拨出费用，我去试试看吧。”

张仪来到了楚国，见到了楚王，说：“大王啊，我国君王最敬慕的人只有您一个，我张仪愿意奔波效劳的也非您莫属；我国君王所最恨的人中，莫过于齐王了，我所恨的人也莫过于齐王。现在我们君王准备讨伐齐国，可是贵国却与齐国结成联盟，所以我们君王不能很好地处理这件事，而我张仪也就不能为大王您效臣子之劳了。大王如果能与齐国断绝关系，我愿意请求秦王把商于（今河南淅川县西南）600 里的土地送给楚国，使秦、楚两国永远结为兄弟邻邦。”楚王听了以后十分高兴，当即答应了张仪的要求。

楚国满朝文武官员得知这一消息后，都向楚王表示祝贺，陈轸最后才来见楚王，而且不表示祝贺。楚王问他说：“我不动一兵一卒，不伤一人，就轻易地得到了 600 里土地，大家都向我祝贺，唯独你不表示祝贺，这是为什么呢？”

陈轸回答说：“我认为商于这 600 里的土地不仅得不到，而且后患必将由此而产生，所以不敢前来祝贺。”

楚王一听怔了一下，连忙问：“为什么？”

陈轸回答：“秦国之所以重视我们楚国，正是因为楚国有齐国这个盟邦。如今楚国要与齐国绝交，楚国就变得孤立了，秦国为什么要把 600 里土地白白地送给一个孤立的国家呢？我断定，如果楚、齐两国绝交，张仪回到秦国以后，就会背信弃义。这势必造成我们在北面丢了齐国这个盟友，在西面受到秦国的威胁。如果齐、秦两国的军队一起来进攻我们，那我们楚国不是很危险了吗？”

楚王并不喜欢听陈轸的这一番好话。他耐着性子听完了陈轸的话后，恼羞成怒，说道：“你给我住嘴！等着看我得到秦国的土地好了。”

为了表示诚意和对张仪的信任，楚王把相国的大印授给了张仪，同时还送给张仪许多东西。接着，他宣布和齐国绝交。

张仪看到这一切，心中暗暗高兴。当他要返回秦国时，楚王派了一个将军做使者跟随张仪去秦国领取 600 里土地。

张仪一回到秦国，假装从车上掉下来摔伤了身体，三个月都没有上朝办事，更是只字不提给楚国土地的事。楚国使者在秦国白白等了三个月，什么也没有得到就回来了。

楚王得知这一情况后，错误地认为张仪一定是嫌楚国跟齐国绝交还不够彻底，于是他就派了一个名叫宋遗的勇士到齐国去辱骂齐王，做样子给秦国看。齐王哪能受得了如此污辱，一气之下就投靠了秦国，齐、秦就这样联合了起来。

不久，楚王又派一个使者到秦国要土地。这时，张仪上朝办事了。他对楚国使者说："你怎么不去接受土地啊？从某地到某地方圆 6 里。"楚国使者一听原来的 600 里变成了现在的 6 里，极为气愤，立即回国报告了楚王。楚王听后大怒，想立即出兵攻打秦国。

陈轸听到楚王要出兵攻打秦国，急忙劝阻楚王说："攻打秦国倒不如用一座城去贿赂秦国，然后和秦国联合起来攻打齐国，这样，我们给秦国的可以从齐国那里补偿回来。如今大王您已经和齐国绝了交，又要去攻打秦国，这不是自己促使齐国和秦国联合起来攻打我们楚国吗？"

楚王对陈轸的话还是一句也听不进去，他命令屈匄率领楚军去攻打秦国。

秦王见楚军来攻，立即派魏章领兵抵抗。公元前 312 年的春天，秦、楚两国在陕西、河南两省间一个叫丹阳的地方交战。结果，楚军大败，8 万人被歼灭，屈匄和楚军高级将领七十多人被俘。秦国一下子夺取了楚国的大片土地。楚国又调集全国军队再次攻击秦军，在蓝田又被秦军打败了。

张仪利用楚王的贪心，以 600 里土地为诱饵，离间了齐楚联盟，并通过与齐国的联合，夺取了楚国大片土地，大大削弱了楚国的国力。

与战争本身的巨大消耗相比，间谍实在是非常廉价且有实效的利器。为了赢得战争，施计定策就不能只想到面对面厮杀的战场，而要运用相应的策略，这有时便体现为"用间"。同样，在商战中，这种计策也被很多人用。

能以上智为间者，必成大功

【原典】

凡军之所欲击[①]，城之所欲攻，人之所欲杀，必先知其守将、左右、谒者、门者、舍人[②]之姓名，令吾间必索知之。必索敌人之间来间我者[③]，因而利之[④]，导而舍之[⑤]，故反间可得而用也。因是而知之[⑥]，故乡间、内间可得而使也[⑦]。因是而知之，故死间为诳事，可使告敌。因是而知之，故生间可使如期[⑧]。五间之事，主必知之，知之必在于反间，故反间不可不厚也[⑨]。昔殷[⑩]之兴也，伊挚在夏[⑪]；周[⑫]之兴也，吕牙[⑬]在殷。故惟明君贤将，能以上智[⑭]为间者，必成大功。此兵之要，三军之所恃而动也[⑮]。

【注释】

①军之所欲击：即“所欲击之军”，此句为宾语前置句式。下文“城之所欲攻”、“人之所欲杀”句式同此。②守将、左右、谒者、门者、舍人：守将，主将；左右，守将的亲信；谒者，指负责传达通报的官员；门者，负责守门的官吏；舍人，门客，指谋士幕僚。③必索敌人之间来间我者：索，搜索。必须查出前来我方进行间谍活动之敌谍。④因而利之：趁机收买、利用敌间。因，由，这里有趁机、顺势之意。⑤导而舍之：设法诱导他，并交给一定的任务，然后放他回去（为己所用）。⑥因是而知之：指从反间那里获悉敌人内情。⑦乡间、内间可得而使也：通过利用反间，乡间和内间才能有效地加以使用。⑧可使如期：可使如期返报。⑨故反间不可不厚也：厚，厚待，有重视之意。五间之中，以反间为关键，因此必须给予反间以十分优厚的待遇。⑩殷：公元前十七世纪，商汤灭夏，建都亳（今河南商丘县北），史称商朝。后来，商王盘庚迁都到殷（今河南安阳小屯村），因此商朝又称为“殷”。

⑪伊挚在夏：伊挚，即伊尹。原为夏桀之臣，后归附商汤，商汤任用他为相，在灭夏过程中，伊尹发挥了很大的作用。夏，夏朝，大禹之子夏启所建立的中国历史上第一个奴隶制王朝，共传十七世，至夏桀时为商汤所灭。⑫周：周朝，公元前十一世纪周武王灭商后所建立的王朝，建都于镐京（今陕西西安）。⑬吕牙：即姜尚，姜子牙，俗称姜太公，曾为殷纣王之臣。周武王伐纣时，任用吕牙为“师”，打败了纣王。⑭上智：具有很高智谋的人。⑮三军之所恃而动也：军队要依靠间谍所提供的情报而行动。

【译文】

凡是准备攻打的敌方军队，准备攻占的敌方城池，准备刺杀的敌方人员，都须预先了解其主管将领、左右亲信、负责传达的官员、守门官吏和门客幕僚的姓名，指令我方间谍一定要将这些情况侦察清楚。

一定要搜查出敌方派来侦察我方军情的间谍，从而用重金收买他，引诱开导他，然后再放他回去。这样，反间就可以为我所用了；通过反间了解敌情，这样，乡间、内间也就可以利用起来了；通过反间了解敌情，这样，就可以使死间传播假情报给敌人了；通过反间了解敌情，这样就能使生间按预定时间返回报告敌情了。五种间谍的使用，国君都必须了解掌握。了解情况的关键在于使用反间，所以对于反间不可不给予优厚的待遇。

从前殷商的兴起，在于重用了在夏朝为臣的伊尹，他熟悉并了解夏朝的情况；周朝的兴起，是由于周武王重用了了解商朝情况的吕牙。所以，明智的国君，贤能的将帅，能够任用智慧高超的人充当间谍，就一定能建树大功。这是用兵的关键，整个军队都要依靠间谍所提供的敌情决定军事行动。

解读

用反间计打败对手

孙子在《用间篇》中说，前殷商的兴起，在于重用了在夏朝为臣的伊尹，他熟悉并了解夏朝的情况；周朝的兴起，是由于周武王重用了了解商朝情况的吕牙。所以，明智的国君，贤能的将帅，能够任用智慧高超的人充当间谍，就一定能建树大功。这是用兵的关键，整个军队都要依靠间谍所提供的敌情决定军事行动。

刘备取蜀之战，可以说是以“上智为间”取胜的经典之作。其间虽经过一些作战，但最后还是以和平方式占领了成都，从而实现了《隆中对》的第二步战略企图，为下一步的北伐中原创造了条件。

按照诸葛亮的《隆中对》战略企图，刘备据有荆州后，下一步的战略目标就是夺取益州。益州牧刘璋是一个谙弱之辈，只求自保，而不求发展。因此，在曹操南下荆州时，曾陆续派阴溥、张肃、张松前往曹操处致意，以示向曹操称臣。赤壁之战后，因张松等劝说，刘璋不再倒向曹操，开始结交刘备，并派法正前往同刘备建立联盟，企图依赖刘备自保。而以张松、法正为代表的巴蜀集团部分成员因不满意刘璋懦弱无能，企图拥戴有作为的领袖，选中了刘备。因此，他们暗中谋划迎立刘备为益州之主。益州形势开始向有利于刘备的方向发展。

公元211年，曹操派钟繇征讨汉中张鲁，引起刘璋唇亡齿寒的恐惧。张松乘机建议迎请刘备进入益州。刘璋同意，派法正、孟达率4000名兵士，邀请刘备进入益州。巴蜀集团许多人反对引入刘备集团，认为益州只可关闭边境，等待天下太平。刘璋不听，并调黄权外任广汉县令，以排除迎请刘备的阻挠力量。

奉命出使的法正向刘备传达了刘璋的邀请，私下献策乘此机会夺取益州。这个建议得到刘备军师中郎将庞统的支持，庞统认为，从三分天下出发，应该把割据重点从饱受战乱破坏的荆州转移到条件优越的益州。而刘备担心采用法正这个欺诈的策略会损害自己的政治形象，妨碍争取益州大姓的努力。后被法正、庞统说服，决定蒙受欺诈名声而得益州之利。

公元211年10月，刘备决心以荆州为根据地，借受邀请开进益州之便，伺机夺取之。刘备沿江进入益州后，所到之处向他供应各项物品，前后所得赠品之巨以亿计算。刘璋率领步骑兵3万多人北上到达涪县（今四川绵阳）迎接刘备。张松、庞统、法正等为了使刘备“无用兵之劳而坐定一州”，策划会晤中劫持刘璋，逼其让出益州。刘备认为刚进入别人境内，还没有树立起恩德信任，不宜匆忙下手。为保障刘备北上攻击张鲁，刘璋赠送刘备米20万斛，战骑千匹，车千乘，以及增絮锦帛，并授权刘备指挥益州北部白水关（今四川广原东北）驻军。会晤后，刘备集结各路军队3万多人和大批的车辆、盔甲、兵器、装备物资北上，在白水关以南葭萌（今四川广元西南）驻军，按兵不动，广树恩德，收揽人心，进行夺取益州的准备。

公元212年12月，刘备在葭萌驻军满一年，如果继续按兵不动，将陷入被动。于是派使者对刘璋说，曹操进攻东吴，东吴忧愁危急。孙氏同我本是唇齿，况且乐进同关羽在青泥（水名，在今湖北襄樊西北一带）相持。现在不去救关羽，乐进一定获胜，而后将侵犯益州，那时的忧患要超过张鲁威胁。要求刘璋增拨一万兵力及财物粮草。刘璋同意给四千兵，其余按半数拨给。刘备借此激怒部队，指责刘璋“积帑藏之财而吝于赏功”。张松不知刘备用计，给刘备写信，问其为何丢下益州退兵？此事被其兄发现，向刘璋揭发。刘璋将张松处斩。下令禁止关戍众将把文书送给刘备。刘备大怒，以不通报文书的罪名，召见并斩杀白水军督杨怀、高沛，然后向刘璋发起进攻。

刘璋针对刘备孤军深入，兵不满万，进行依靠掠夺庄稼为生的无后方作战等弱点，企图以多击少，通过旷日持久的消耗战拖垮刘备军。公元213年5月，刘璋从事郑度向其提出坚壁清野的建议，说不如把刘备侧后巴西郡和梓潼县的百姓全部驱赶到涪水以西安置，把仓库粮食、田里庄稼统统烧光，然后高垒深沟，镇静地进行防御。刘备军前来求战时，坚守不应战。时间一长，刘备军没有物资供应，不过百天就会撤退。然后反击，一定可以把刘备俘虏。

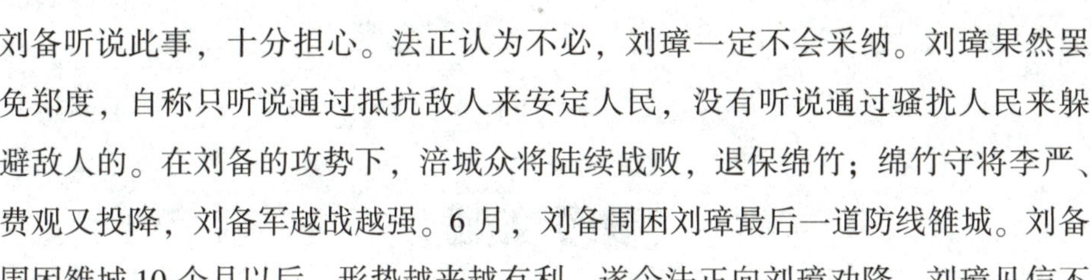

刘备听说此事，十分担心。法正认为不必，刘璋一定不会采纳。刘璋果然罢免郑度，自称只听说通过抵抗敌人来安定人民，没有听说通过骚扰人民来躲避敌人的。在刘备的攻势下，涪城众将陆续战败，退保绵竹；绵竹守将李严、费观又投降，刘备军越战越强。6 月，刘备围困刘璋最后一道防线雒城。刘备围困雒城 10 个月以后，形势越来越有利，遂令法正向刘璋劝降。刘璋见信不答。公元 214 年 4 月，雒城顽强抵抗近一年，终被攻陷。

刘备得胜之师，会合诸葛亮、张飞、赵云援军以及新到的马超军合围成都。刘备围困成都数十天，以许诺攻破后允许抢劫府库激励士气，并派从事中郎简雍进城劝降。当时，城中尚有精兵 3 万，谷帛能支持一年，吏民表示愿意死战。刘璋深感困守孤城无望，与简雍共乘一辆舆车，开城出降。刘备和平占领成都。

刘备取得益州，也可以说是奉行了“上智为间”的谋略思想。其中的“上智”人物就是益州的张松、法正及孟达。张松、法正、孟达都是久居益州，对刘璋的情况了如指掌，而三人当中以张松的才华最为卓越。由于刘璋的懦弱，张松等欲将益州献给明主。而曹操对其藐视，刘备却恩遇有加。于是，张松选择了刘备，主动为刘备在刘璋处承担间谍工作。

首先，张松在出使曹操受到不礼遇后，得到了刘备的恩遇，成为刘备的间谍。张松还将蜀中地形阔狭，兵器府库人马众寡，及各要害道路里数远近等情况一一向刘备陈述，又画地图，标示山川处所，使刘备在战前全部掌握了益州的虚实。

其次，张松回到益州后，又竭力劝刘璋拒绝曹操而接纳刘备。曹操从赤壁败还后，张松不断对刘璋劝说，促使刘璋正式断绝与曹操的往来，而结交刘备。刘璋问谁能出使荆州，张松推荐密友法正、孟达两人。两人到荆州，与刘备一见如故，并定下君臣之分。

最后，在刘备围攻成都时，法正又充分发挥其熟知益州内情的优势，给刘璋写信劝降。他从双方兵力的强弱态势、战争物资储备、土地面积及人口数量等客观情况出发，认真客观地分析刘璋所面临的不利形势，并从刘璋的利益出发，促使刘璋主动投降，为刘备和平占领成都作出了贡献。

可见，“上智为间”不失为谋敌伐国的良策。

参考文献

[1] 司马哲，岳师伦．三十六计与孙子兵法智谋鉴赏［M］．北京：中国言实出版社，2006.

[2] 吴学刚．孙子兵法智慧全集［M］．北京：群言出版社，2007.

[3] 郭化若．孙子译注——诸子译注丛书［M］．上海：上海古籍出版社，2006.

[4] 骈宇骞．孙子兵法·孙膑兵法——中华经典藏书［M］．北京：中华书局，2006.

[5] 千艺．活用孙子兵法与三十六计［M］．上海：上海大学出版社，2005.

[6] 陈昆福．孙子兵法与现代商战论［M］．杭州：浙江人民出版社，2007.

[7] 任俊华，赵清文．孙子兵法正宗（经典珍藏）［M］．北京：北京科学技术出版社，2008.

[8] 盛广智．孙子兵法——快乐国学早读本［M］．长春：吉林摄影出版社，2007.

[9] 吴承帮．孙子兵法的科学解读［M］．上海：上海人民出版社，2009.

[10] 周书德．白话孙子兵法·三十六计——传统文化经典读本［M］．西安：三秦出版社，2003.

[11] 洪兵．孙子兵法与经理人统帅之道［M］．北京：中国社会科学出版社，2005.

[12] 上官觉人．孙子兵法现代释用［M］．北京：中国华侨出版社，2008.